国家社会科学基金资助项目（09CZZ021）

宁波市行政管理学科建设资助项目（SZXW1009）

政府改革政策的执行理论研究

——以宁波市行政审批制度改革为例

（1999—2013）

龚虹波◎著

中国社会科学出版社

图书在版编目（CIP）数据

政府改革政策的执行理论研究：以宁波市行政审批制度改革为例（1999—2013）/
龚虹波著 . —北京：中国社会科学出版社，2014. 11
　ISBN 978-7-5161-5017-7

　Ⅰ.①政…　Ⅱ.①龚…　Ⅲ.①国家行政机关—政治体制改革—研究—中国
Ⅳ.①D630.1

中国版本图书馆 CIP 数据核字（2014）第 247431 号

出 版 人	赵剑英
责任编辑	喻　苗
责任校对	任晓晓
责任印制	王　超

出　　　版	中国社会科学出版社
社　　　址	北京鼓楼西大街甲 158 号（邮编 100720）
网　　　址	http://www.csspw.cn
	中文域名：中国社科网　　010-64070619
发 行 部	010-84083685
门 市 部	010-84029450
经　　　销	新华书店及其他书店

印刷装订	三河市君旺印务有限公司
版　　　次	2014 年 11 月第 1 版
印　　　次	2014 年 11 月第 1 次印刷

开　　　本	710×1000　1/16
印　　　张	15.75
插　　　页	2
字　　　数	251 千字
定　　　价	48.00 元

目　录

图目录

表目录

第一章 导 论

第一节 问题提出与选题意义

一 问题的提出

20 世纪 80 年代以来，诸如"现代化"、"新公共管理"和"新公共行政"等旗帜下推行的政府改革，在许多国家已经成为引人注目之事。这一轮政府改革浪潮最值得注意的是它的广泛性。几乎很难发现有哪个国家不为政府的重要改革做出努力。① 尽管发达国家、发展中国家和转型国家都在进行政府改革，但是不同类型，甚至同一类型的不同国家，政府改革所处的背景和面临的问题也是有很大差异的，不能统而论之。本书研究的是转型国家——中国的政府改革现象。进而言之，本书是中国政府改革现象的经验研究，而非论证中国政府改革应该如何进行的规范分析。

中国政府改革的经验现象是非常丰富的。比如七次机构改革、行政审批制度改革、财政制度改革、中央与地方关系改革、事业单位改革、农村税费改革等等。尽管改革存在"精简—膨胀—再精简—再膨胀"、"一收就死、一放就乱"、"改革—加重农民负担—再改革—再加重农民负担"等的"怪圈"，但是相较于改革开放之前，中国的每一级政府都

---

① ［美］盖·彼特斯：《欧洲的行政现代化：一种北美视角的分析》，载国家行政学院国际合作交流部《西方国家行政改革述评》，国家行政学院出版社 1998 年版，第 64 页。

发生了巨大的变化。然而，面对如此丰富的经验现象，政治与行政学的学者却没有太高的经验研究兴趣。有学者认为，原因主要在于中国的政府改革研究在理论指导上长期局限于似是而非的宏大理论阐释层面，在经验性研究上又缺乏足够的中层理论指导。① 因此，找到一个恰当的中层理论进路是走出中国政府改革的经验研究困境的首要条件。②

有学者认为，中国的政治改革可以被看作是一个政策过程。因为中国渐进的政治改革主要涉及的是现有的政治制度框架下针对现有的权威体制制定改革政策，并主要是通过现有的政治与行政体制来推行改革政策的实施，以达到政治改革的目的。从这一基本认识出发，政治改革可以被看作是政治权威在特定的政治环境和政治体系中，按照特定的规则选择的政策，并赋予实施的过程。③ 在笔者看来，这一判断对中国政治改革的重要分支——政府改革尤其契合。因为政府组织的运作主要是通过文件上行下达的政策过程展开的。而且，改革开放以来，中国政府改革的政策需求首先是由承担政治责任的政府决策团体感知、由该决策团体推动，通过执行团体来实施的政策过程。

进而言之，如果从理论上把中国政府改革的政策过程分为核心的两大部分政策制定和政策执行，那么中国的政府改革主要是政策执行层面的问题。④ 这主要基于以下三点理由：一是，在决策阶段，中国的政府改革往往以权力精英决策为主，而不是由政策各相关行为团体参与的多元决策模式。因此，在政府改革的决策阶段不会暴露中国政府改革面临的利益冲突、改革困境等问题。改革也往往呈现"说"比"做"容易

① 徐湘林：《从政治发展理论到政策过程理论——中国政治改革研究的中层理论建构探讨》，《中国社会科学》2004年第3期。

② 事实上，近几年来，国内致力于政治与政府改革研究的学者一直在寻找这种理论进路。目前主要有两种观点，即政策过程理论进路和新制度主义的进路。比较有代表性的是徐湘林（2004）、杨光斌（2003）、陈天祥（2008）、吴帅（2010）、余明桂（2010）。在笔者看来，这两种进路在新制度主义的视野下，并不存在多大分歧，参见龚虹波《政府组织内的制度变迁——对宁波市行政审批制度改革案例的解释》，《华中师范大学学报》2005年第1期。

③ 徐湘林：《从政治发展理论到政策过程理论——中国政治改革研究的中层理论建构探讨》，《中国社会科学》2004年第3期。

④ 一些研究当代中国改革问题的西方学者也选取了政策执行的视角。如 Susan Shirk（1985），O'Brien and Li（1999），David M. Lampton（1987），Hus，Szue-chin Philip（1998），Duckett J.（2001），Piotrowski S. J.，Zhang Y.，Lin W.（2009）等。

的局面。二是，由于政府改革总会涉及（或波及）社会、经济领域，这种复杂性使决策者制定出的政策往往是原则性的、模糊化的、不完全适宜的，甚至是相互冲突的。这些决策中无法解决的问题需要通过政府改革政策执行的过程来予以化解或做出抉择。三是，中国的政府改革是由决策团体的政策创新需求推动的，决策团体为了降低政策设计失误的成本（维护社会稳定和不阻碍经济增长），在政策执行中并不强调政策刚性。而且政府改革政策的制定也往往以上一轮政策执行的经验和结果为依据。因此，通过政策执行层面来观察中国的政府改革，应该能够凸显我国现阶段政府改革所面临的问题和困境。

如果从政策执行层面来研究中国政府改革的判断是正确的，那么对于中国的政府改革政策执行中所存在的"怪圈"现象，最起码可以提出以下三个关键性的问题：改革开放后，中国政府是怎样执行政府改革政策的？为什么在政府改革政策的执行中会出现"怪圈"现象？是否存在破解"怪圈"的路径？

在试图回答上述问题之前，首先需要说明的是，西方政策执行研究的经典文献已经指出，影响政策执行成败的变量是很多的。如政策影响的利益范围、政策执行者的特征、执行政策的资源、精英的注意力、政策的类型和复杂性、执行政策的时间跨度、遵从政策的激励、监控执行的能力、执行者与政策目标团体的关系等。这些变量当然会影响中国政府改革政策的执行，但这些变量都不能贴切、透彻地解释中国政府改革政策执行中存在的"怪圈"现象，更无法得出一个破解"怪圈"的理论路径。

比如，有学者研究指出，在中国政府改革政策的执行过程中，"权力精英的注意力"是一个关键变量。当权力精英的注意力聚集在某一政府改革政策时，此项改革政策的执行就呈"前进"趋势，而当权力精英的注意力转移时，该项改革政策的执行就会"倒退"。这导致了"怪圈"现象的产生。这种回答有一定的解释力，也符合我们对中国政府改革现象的常识性判断。但问题在于，权力精力的注意力在推行任何政策时都是不断转移的，为什么在中国政府改革政策的执行中会出现"怪圈"现象呢？这显然是西方政策执行研究所指出的变量无法解释的。因此，研究者需要在这些解释变量的基础上，结合中国特定的政府改革背景去寻找影响中国政府改革政策执行成败的关键性变量。

需要进一步说明的是，政府改革政策是多种多样的，可以有多种分类方法。理查德·曼特兰德（Richard Matland，1995）曾根据不同政策的执行差异，用政策目标的模糊性和利益的冲突性两个变量，提出了政策分类的"模糊—冲突"模型。[①] 为了便于研究，本书在理查德·曼特兰德（1995）公共政策分类方法的基础上，引入"手段"变量，将③分为③—1 和③—2，并指出本书所要研究的政府改革政策的类型。（见表 1—1）。

表 1—1 中的①类政府改革政策，目标清晰、利益冲突性低，这类政府改革政策的执行成败由资源决定，可以用传统自上而下的官僚等级控制模型来进行解释。[②]

表 1—1 中的②类政府改革政策，尽管利益冲突性低，但是改革政策的目标是模糊的。政策在不同部门、不同情况下被改变，执行由具体情境决策。这类改革政策通常可以用自下而上的街道层官僚（street level bureaucracies）模型加以解释。[③][④]

表 1—1 中的③—1 类政府改革政策，政策目标基本上是确定的，实现目标的手段明确，改革政策利益冲突性高。改革政策执行是自上而下的权力控制过程。[⑤]

表 1—1 中的③—2 类政府改革政策，政策目标基本上是确定的，但实现目标的手段并不明确，改革政策的利益冲突性高。政府改革政策

---

① Richard Matland，" Synthesizing the implementation literature：the Ambiguity-conflict of policy implementation"，*Journal of Public Administration Research and Theory*，Vol. 5，No. 2，1995，pp. 145-174.

② Pressman，Jeffery，and Wildavsky，Aaron *Implementation*，Berkeley：University of California Press，1973.

③ Lipsky，M.，*Street-Level Bureaucracy*，New York：Russell Sage，1980.

④ Elmore，Richard F.，"Backward mapping：implementation research and policy decisions"，*Political Science Quarterly*，No. 94，1980，pp. 601-616.

⑤ Hogwood，B. W. and L. Gunn，*Policy Analysis for the Real World*，London：Oxford University Press，1984.

的执行是自上而下和自下而上的权力相互作用过程。①②③

表1—1中的④类政府改革政策，政策目标尚未确定，且改革政策利益冲突性高，此时的政府改革政策的执行往往是象征性的。④

表1—1　　　　　　　　　政府改革政策的分类表

目标 \ 利益	低冲突性	高冲突性	
低模糊性	①	③—1：手段清晰	③—2：手段模糊
高模糊性	②	④	

本书研究的是表1—1中所示的第③—2类政府改革政策的执行。之所以选取这一类政策，是因为中国在改革开放后的政府改革中，这一类改革政策是大量存在的。比如政府机构改革、行政审批制度改革、财政制度改革、中央与地方关系改革、事业单位改革等等，而且此类改革政策的执行更多的是上下互动的过程。因此，不同的制度系统所包含的政策过程环节，以及把哪些环节作为关键性的环节都会影响此类政策的执行。⑤

二　选题的意义

本书之所以选取表1—1中所示的第③—2类政府改革政策进行研

---

① Benny Hjern and David O. Porter1，"Implementation Structures: A New Unit of Administrative Analysis"，*Organization Studies*，Vol. 2，No. 3，1981.

② Sabatier, P.，"Top-down and Bottom-up approaches to implementation research: a criticalanalysis and suggested synthesis"，*Journal of Public Policy*，Vol. 6，No. 1，1986，pp. 21-48.

③ O'Tool, L. J., Jr, and Meier, K. J.，"Modeling the impact of public management: implications of structural context"，*Journal of Public Administration Research and Theory*，No. 4，1999，pp. 505-526.

④ T. Reps, M. Sagiv, and G. Yorsh, *Symbolic Implementation of the Best Transformer*，In Verification, Model Checking, and Abstract Interpretation，2004，pp. 252-266.

⑤ ［英］米切尔·黑尧：《现代国家的政策过程》，赵成根译，中国青年出版社2004年版。

究，是因为处于转型期的中国，在"摸着石头过河"的渐进改革中此类政策不仅大量存在，而且也是改革难点所在。由于中国 1978 年以来实行了从计划经济向市场经济转型的改革，这两种体制对应着不同的社会资源分配方式。因此，政府实行的众多改革政策具有利益冲突高的特征。同时，1978 年以来，我国的改革是在"现代化"的旗帜下展开的，因此改革政策要达到什么样的政策目标往往是清晰的。如"机构精简"、"规范政府行为"、"政事分开、事企分开"等。由此可见，政府推行的众多改革政策具有"高冲突—低模糊"性特征。但是如何实现"机构精简"、"规范政府行为"、"政事分开、事企分开"等改革目标的改革手段却是不清晰的，需要"摸着石头过河"。此类改革政策在推行过程中，存在着"精简—膨胀—再精简—再膨胀"、"一收就死、一放就乱"等怪圈。那么，为什么在政府改革政策的执行中会出现"怪圈"现象？是否存在破解"怪圈"的路径？这是一个重要的理论与实践问题。从理论上看，由于我国的政治、行政体制、改革的任务不同于西方国家，此类改革政策的执行就具有了区别于西方政策执行理论的特殊性；而中国的传统政治、行政文化又加剧了它的复杂性。这种特殊性和复杂性使此类改革政策的执行具有了丰富的理论内涵。从实践上看，改革开放以来，我国政府推行了大量的第③—2 类政府改革政策，此类政策在制定阶段往往以权力精英决策为主，在执行阶段却是政策相关行为团体利益、观点汇聚的过程。由此可见，此类政策的执行与中国的改革实践直接相关。因此，从理论上分析影响并决定此类政策执行成败的变量以及这些变量之间的逻辑关系，将有助于我们更深入地理解当前中国在推行此类政策的改革实践中所遇到的问题，从而使改革参与者在其可能的选择范围内影响此类政策的执行结果。

本书具有一定的理论意义。一是，研究视角不同于已有的研究。从政策执行角度来研究中国的政府改革现象，目前国内尚无相关研究成果。国外学者虽已有一些研究，但由于国外政府改革政策的内容和政策执行的环境不同于中国，因此，国外学者的研究视角不能直接用来分析中国的政府改革政策执行。本书从政策执行角度来研究中国的政府改革问题，提出了政府改革政策的概念，并对其进行了分类。这使政府改革

的研究对象（政府改革政策）具有更强的可观察性。二是，提出了第
③—2类政府改革政策的执行现象的分析框架。本书在对政府改革政策
进行分类的基础上，从"结构—行动"互动的理论视角出发建构了
"执行结构—政策执行—执行结果"的分析框架。该分析框架将中国政
府的组织文化特征纳入政策执行的非正式执行结构进行分析。这为建构
中国政府改革研究的本土化理论提供可能。三是，提出了中国政府改革
政策的"结构转换—权力互动"的执行理论。该理论回答了为什么改
革开放后，中国政府改革政策执行中出现"时进时退"的改革循环
（即"怪圈"）现象。

　　本书具有一定的现实意义。第一，本书的研究结论有助于我们理解
改革开放后的政府改革的经验现象，从而有利于我国政府改革的参与者
在其可能的选择范围内影响今后的政府改革进程。本书提出中国政府改
革政策的"结构转换—权力互动"的执行理论比较圆满地回答了以下
三个问题：改革开放后，中国政府是怎样执行政府改革政策的？为什么
在政府改革政策的执行中会出现"怪圈"现象？是否存在破解"怪圈"
的路径？这三个问题是影响中国政府改革成败的核心问题。对这些问题
做出理论上的回答有助于改革者和实践者更深入地认识和理解中国政府
改革中存在的问题，并在其可能的选择范围内做出相对正确的决策。第
二，本书的案例研究及相关结论，对宁波市审批制度改革政策的推进具
有现实指导意义。在经验研究过程中，研究者对宁波市审批制度改革进
行了近十年（1999—2008）的跟踪调查，按年份收集了详尽的资料、
进行了实地考察、访谈了相关人员，系统地描述、解释了宁波市审批制
度改革政策的执行过程，并在此基础上进行了理论提升。这些研究有助
于我们从恰当的理论视角出发得出切实可行的政策建议和措施，从而有
利于改革者更好地推进宁波市审批制度改革。第三，本书的理论虽然是
在宁波市执行审批制度改革政策（1999—2008）的个案分析基础上得
出的，但鉴于中国改革政策的执行结构具有较好的同质性，该理论对解
释浙江省乃至中国的各级政府执行第③—2类改革政策的现象，并在此
基础上提出推进改革政策执行的政策设计和建议有一定指导意义。第
四，从研究类型上看，本书是致力于研究中国政府改革政策执行的实然

现象的经验研究，这将从一个侧面为目前较为兴盛的中国政府改革的应然设计提供一个现实基础。

第二节　研究综述

近十几年来，政府改革研究领域的文献实在是汗牛充栋。从总体上看，这些文献大致可分为规范分析和经验研究两大类。本书主要综述近十几年来国内外政府改革的经验研究成果。[1] 当然，这一大类的研究文献也是车载斗量的。因此，本书仅选择从研究方法、研究视角的异同出发，综述、比较近十几年来国内外政府改革经验研究的文献。[2] 同时，分析国内相关研究在方法和视角上与西方国家的异同和优劣，从而为本书采用视角、方法和理论发展提供一个出发点。

一　国内外政府改革研究进路

（一）国内的政府改革研究

改革开放后，中国政府改革的经验现象是非常丰富的。比如七次机构改革、审批制度改革、财政制度改革、中央与地方关系改革、事业单位改革等等。然而正如有学者指出的，由于缺乏足够的中层理论指导，面对如此丰富的经验现象，政治与行政学的学者却没有太高的经验研究兴趣。[3] 因此，相对规范分析而言，大陆的政府改革的经验研究在数量上是比较少的。已有成果按研究方法和研究视角之异同主要可分为以下三类：

---

[1]　本书的"政府改革"仅指国家政权机构中行政机关的改革，即狭义的政府改革。

[2]　笔者认为，如果从政府改革经验研究的内容出发来述评这些文献，或许对中国的政府改革实践有开阔视界、学习借鉴的作用；但是，对发展中国政府改革的经验研究的水平而言，并无多大助益。

[3]　笔者认为，政府改革研究在经验研究上存在的问题类似于徐湘林教授分析的中国政治改革研究上的困境。参见徐湘林《从政治发展理论到政策过程理论——中国政治改革研究的中层理论建构探讨》，《中国社会科学》2004 年第 3 期。

第一类是，基于个人经验或相关理论之上提出的改革规范和政策建议。① 从严格意义上说，这一类研究并不属于以描述和解释为主的经验研究。但是我国的政府改革研究似乎还没有找到一个恰当的理论视角来指导经验研究。因此，学者们基于个人经验对各级政府的改革实践，特别是每一轮的政府机构改革之后，进行了多层次的归纳和总结，并在此基础上提出相应的政策建议。这些归纳、总结和建议对中国政府改革的持续推进具有直接的现实意义，对中国政府改革的经验研究的发展也具有重要的启示性价值。而且从目前的研究现状来看，这一研究文献的数量非常多。因此，鉴于该类研究与经验现象密切结合，笔者姑且放宽经验研究的范围，也将其作为中国政府改革的经验研究的一种类型。从总体上看，这一类研究的特色是，研究者对政府改革现状的归纳及存在问题的回答，大多凭借个人丰富的经验和敏锐的直觉。因此，理论归纳虽没有系统的经验材料支撑、大多也不具有可检验性，但它与当下中国政府改革实践中存在的问题紧密相连。在此基础上提出的政策建议、前景展望也有很强的针对性和现实性。

第二类是，以描述中国政府改革的经验现象为主的类型。这一类研究以描述某一类政府改革的内容、过程和特征为目标。从已有的研究成果来看，描述的内容主要涉及中国某一级政府的改革历史与现

---

① 按时序，比较具有代表性的文献是：周志忍：《我国行政体制改革的回顾和前瞻》，《新视野》1996 年第 4 期；张国庆：《我国行政体制改革面临的"两难选择"及其应对理路》，《北京行政学院学报》2001 年第 5 期；刘熙瑞：《服务型政府——经济全球化背景下中国政府改革的目标选择》，《中国行政管理》2002 年 7 月；张康之：《解读新一届政府的行政体制改革》，《中国行政管理》2003 年第 5 期；孙彩红：《责任政府：当代中国政府改革的目标选择》，《中国行政管理》2004 年第 11 期；毛寿龙：《中国政府体制改革的过去与未来》，《江苏行政学院学报》2004 年第 2 期；李景鹏：《回顾与反思：政府机构改革的经验与教训》，《中国行政管理》2005 年第 2 期；李文钊、毛寿龙：《中国政府改革：基本逻辑与发展趋势》，《管理世界》2010 年第 8 期；燕继荣：《从"行政主导"到"有限政府"——中国政府改革的方向与路径》，《学海》2011 年第 12 期。

状，① 某些较特殊地区的政府改革的经验现象，② 以及对政府改革个案细致、深入的描述。③ 这类研究的特色是，对某类或某个较有特色的政府改革现象进行描述，并在此基础上概括改革的特征和存在的问题。这类研究大多有第一手的经验资料和数据，有助于了解中国政府改革的真实现象。在今后的政府改革经验研究中，如果这类研究能大量地积累，且研究者有明确的问题导向、科学的研究方法、深入的实地调查、细致的资料分析，而不把研究热情偏移到政策建议的经验归纳上，那么它将为中国政府改革的经验研究的发展提供一个良好的基础。

第三类是，以解释政府改革经验现象为主的类型。从总体上看，这类研究目前有三个不同的研究视角。一是利益分析。④ 可以说，利益分析视角抓住了转型时期我国政府改革的核心问题。其研究特色是梳理个人利益、组织利益、公共利益、政府利益、利益结构等概念，在这些概念间进行逻辑推理和理论演绎，并以不同层次的利益冲突、合作来解释

---

① 如陈庆云、陈霁、张庆东的《论中国地方政府的机构改革》一文描述了地方机构改革的背景、内容和特征以及面临的问题，参见张梦中、马克·霍哲《探索中的中国公共管理》，中山大学出版社 2002 年版，第 24—34 页；辛向阳《红墙决策：中国政府机构改革深层起因》，中国经济出版社 1998 年版；吴爱明、刘文杰《政府改革：中国行政改革模式与经验》，新华出版社 2010 年版；杨雪冬《过去 10 年的中国地方政府改革：基于中国地方政府创新奖的评价》，《公共管理学报》2011 年第 1 期。

② 陈瑞莲（2002、2003、2004）：《关于广东省、香港、澳门的行政改革特色的描述》；王应雄：《洋浦模式：行政管理体制改革的新特征》，《中国行政管理》1994 年第 8 期；傅小随：《"行政三权协调"与深圳行政体制改革》，《特区理论与实践》2003 年第 2 期；汪永成：《中国地方行政改革和发展的历程与特点：以深圳特区为例的分析》，《中国行政管理》2007 年第 8 期；马雁军、赵国杰：《海南省直管市县体制新一轮改革实践与启示》，《中国行政管理》2009 年第 10 期。

③ 俞可平主编：《地方政府创新与善治：案例研究》，社会科学文献出版社 2003 年版。

④ 李景鹏：《试论行政系统的权力配置和利益结构的调整》，《政治学研究》1996 年第 3 期；陈国权、李院林：《政府自利性：问题与对策》，《浙江大学学报》2004 年第 4 期；涂晓芳：《政府利益论：从转轨时期地方政府的视角》，北京大学出版社 2008 年版；李贺：《房地产调控中中央政府与地方政府利益博弈探析》，硕士学位论文，陕西师范大学，2012 年。

中国的政府改革的经验现象。二是行政生态学。① 其研究特色是把行政现象放入社会系统中来加以考察。从这一视角出发可以分析政治、经济、社会等因素对政府改革的影响。这使研究者可以从宏观层面来系统地认识、把握政府改革的经验现象，而不局限于政府组织内部。三是制度分析。② 20世纪90年代以来，在强势的制度范式的影响下，国内学者将制度学的若干概念和分析框架引入了中国政府改革的经验研究。这一研究视角具有一系列可观察的概念（如制度安排、制度变迁、行动团体、行动舞台），而且提供了一系列指导性的中层理论（如制度变迁、路径依赖）。目前，这一视角的研究大多直接借用新制度经济学、公共选择理论的概念、理论假设和分析框架来研究中国政府改革的经验现象。但是，中国政府改革的制度变迁问题比经济领域复杂得多，运用交易成本、博弈论等来分析中国政府改革现象时，似乎也难以像分析经济现象那样贴切、深刻。③ 因此，从制度分析视角来解释中国政府改革现象时，一方面需要在理性选择学派内继续进行理论的适用性改造，另一方面还需要拓宽制度研究的视野、博采各派所长。

---

① 这一进路比较有典型性的是张成福（1993），将中国政府改革的原因解释为行政生态的危机，参见张成福《大变革：中国行政改革的目标与行为选择》，改革出版社1993年版；李成言、郭丽岩《政府权能的行政生态学探讨》，《北京大学学报》2002年第39卷第6期；徐家良《WTO与政府：外在变量的作用——中国政府加入世贸组织后的变化》，《政治学研究》2002年第1期；曹惠民《生态学视角下的政府绩效评价研究——以第三方政府绩效评价为例》，《太平洋学报》2010年第18期；李辉《论协同型政府》，博士学位论文，吉林大学，2010年；唐蓉《行政生态学视域下地方政府规模适度研究》，博士学位论文，武汉大学，2011年。

② 这一进路比较有代表性的是：傅小随：《中国行政体制改革的制度分析》，国家行政学院出版社1999年版；傅大友等：《行政改革和制度创新：地方政府改革的制度分析》，上海三联书店2004年版；杨光斌：《制度范式：一种研究中国政治变迁的途径》，《中国人民大学学报》2003年第3期；王金秀：《"政府式"委托代理理论模型的构建》，《管理世界》2002年第1期；孔繁斌：《从限制结社自由到监管公共责任——中国政府社团管制正当性及其制度改革》，《中国行政管理》2005年第2期；马斌：《政府间关系：权力配置与地方治理》，浙江大学出版社2009年版；杨十二、李尚蒲：《地方政府债务的决定：一个制度解释框架》，《经济体制改革》2013年第2期，第15—19页。

③ 这主要是因为在现实的政府改革过程中，权力契约不确定性太大。或者说，制定权力契约的交易成本太高，这往往会导致契约还没有签订就已经失灵。这种契约的不确定性，使交易成本、博弈行为分析变得极其困难。这也是中国政府改革领域的制度变迁问题远比经济领域复杂的原因之所在。

此外，还有一部分文献是从管理学的视角来研究政府改革问题的。[①]这些研究从传统的管理途径或新公共管理的理论视角，对中国政府改革的目标结构、行政成本等问题做了旨在提高政府改革效率的研究。

（二）西方国家的政府改革研究

西方国家的政府改革内容非常丰富，如政府重塑、放松管制、执行局自主化改革、全面质量管理（TQM）、下一步行动方案（NEXT STEP）等等，不胜枚举。面对这么丰富的政府改革的经验现象，西方学者在近十几年来积累了大量的经验研究成果。从总体上看，这些经验研究成果不仅研究方法、研究视角多样，而且不同的方法、视角之间亦有观点交锋、知识积累。

为了便于比较国内外政府改革的相关研究成果，笔者将西方学者的研究成果也分成规范性研究、描述性研究和解释性研究三大类型。从总体上看，西方学者这三大类研究成果，在研究方法上均比较规范，而且解释性研究的量要远远多于规范性研究和描述性研究。本书现分别综述这三类研究成果如下。

1. 基于个人经验或相关理论之上的规范性研究和政策建议

这类研究往往是西方著名学者凭借自己丰富的实践经验、深厚的理论功底、敏锐的问题意识、广泛的社会知名度对重要的政府改革提出具有现实意义的规范和政策性建议。如格雷厄姆·斯科特对世人关注的新公共管理运动中的"新西兰模式"，总结出十点教训。[②] 盖伊·彼得斯

---

① 比较有代表性的有，包心鉴：《论行政体制改革的双向目标结构》，《社会科学研究》1994 年 3 月；何翔舟、贺新宇：《行政成本及其治理》，《政治学研究》2004 年第 4 期；孙学玉：《企业型政府论》，社会科学文献出版社 2005 年版；蓝志勇、胡税根：《中国政府绩效评估：理论与实践》，《政治学研究》2008 年第 3 期；尚虎平：《大国崛起的地方政府激励与效率之路——我国改革 30 年地方政府绩效评估厘清，反思与展望》，《经济体制改革》2008 年第 3 期；宋雅琴、王有强、张楠：《政府绩效视角下的行政管理体制改革战略反思——基于地方政府公务员的感知调查》，《公共管理学报》2012 年第 4 卷第 2 期；马亮：《官员晋升激励与政府绩效目标设置——中国省级面板数据的实证研究》，《公共管理学报》2013 年第 2 期。

② Graham Scott, "Public Management Reform and Lessons from Experience in New Zealand", *International Public Management Journal*, No. 3, 2000, pp. 67-78.

基于对英、德两国行政改革实践的了解，概括出行政改革的成功之道；① 这一类规范性和政策性的研究在研究方法上，事实上和我们国家并没有多大差别，但是在政府改革的所有经验研究成果中所占的数量比例要远远小于我国。

2. 对政府改革个案的描述性研究

在社会科学研究中，描述性研究是学者开展解释性研究的基础。西方国家政府改革的描述性研究不仅研究方法规范，而且大多有描述的理论视角，这为进一步开展解释性研究做了很好的学术积累。如 Ewa Nowacka and Konrand Nowacki（2000）、Anna Adamus-Matuszynska（2001）分别从"分权"和"政策执行"不同的理论视角描述了波兰的政府改革过程；②③ Kim S.（2010）从政府信任的角度描述了民众意见对日本和韩国的政府改革的影响。④ 另外，政府改革案例的描述性研究范围非常广泛。如帕特里夏·英格拉姆（1996）描述的是整个欧洲公共管理体制的改革历程；⑤ 迪特尔·格鲁瑙（2000）、迈克尔·希尔（2000）则分别描述德国和英国的行政改革历程；⑥⑦ Brudney J. L., Wright D. S.（2002）则描述了美国州政府在 20 世纪 90 年代的政府创新。⑧ 这些描述性研究大多基于细致、准确的经验材料对现象进行描述、做出推论或归纳，而不以提出政策性建言为目的。

---

① B. 盖伊·彼得斯基：《行政改革的成功之道》，载［德］赫尔穆特·沃尔曼、埃克哈特·施罗德编《比较英德公共部门改革——主要传统与现代化的趋势》，王锋等译，北京大学出版社 2004 年版，第 342—353 页。

② Ewa Nowacka and Konrand Nowacki，"The reform of public administration and the decentralization of the state in Poland"，*European Public Law*，Vol. 6，Issue 1，2000.

③ Anna Adamus-Matuszynska，"Implementing New public policy in Poland: Barriers and stimuli"，*Journal of European Area Studies*，Vol. 9，No. 2，2001.

④ Kim S.，"Public trust in government in Japan and South Korea: Does the rise of critical citizens matter?" *Public Administration Review*，Vol. 70，No. 5，2010，pp. 804-810.

⑤ ［美］帕特里夏·英格拉姆：《公共管理体制改革的模式》，载国家行政学院国际合作交流部《西方国家行政改革述评》，国家行政学院出版社 1998 年版，第 39—63 页。

⑥ ［德］赫尔穆特·沃尔曼、埃克哈特·施罗德编：《比较英德公共部门改革——主要传统与现代化的趋势》，王锋等译，北京大学出版社 2004 年版，第 234—333 页。

⑦ 同上。

⑧ Brudney J. L, Wright D. S.，"Revisiting administrative reform in the American states: The status of reinventing government during the 1990s"，*Public Administration Review*，Vol. 62，No. 3，2002，pp. 353-361.

3. 多重理论视角、多种研究方法的解释性研究

西方国家的政府改革的解释性研究非常丰富。从研究方法上看，既有理论演绎型，如 Rhonda K. Reger 等人的《重构组织：为什么推行质量管理说比做容易》;[①] 也有理论归纳型，如 Irene Fraser Rothenberg 的《哥伦比亚的行政分权和住房政策的执行》。[②] 有经典的定量分析，如 Jeffrey L. Brudney 等人的《美国政府再造：测量和解释行政改革》;[③] 也有优秀的定性分析，如 Richard Chackerian, Paul Mavima 的《综合性行政改革的执行：超越单个问题的执行研究》。[④] 有个案研究，如 Cynthia Mcclintock 的《政府改革与政策执行：来自秘鲁的教训》;[⑤] 也有多个案例的比较分析，如 Eric W. Welch, Wilson wong 的《全球化压力对公共官僚的影响——一个理论框架》。[⑥] 以上仅仅是笔者为了叙述方便而选择的具有典型性的论文。事实上，西方国家政府改革的解释性研究不仅有定性、定量等多种研究方法，而且有着不胜枚举的理论视角。本书选择了近十几年来，西方政府改革研究中比较常用的四种研究视角综述如下：

（1）组织社会学的视角。从组织社会学视角研究政治与行政学问题，有许多经典的作家，如马克斯·韦伯、赫伯特·西蒙和罗伯特·登哈特等。近十几年来，西方国家在政府改革的经验研究中，组织社会学

---

① Rhonda K. Reger, Loren T. Gustafson, Samuel M. Demarie, John V. Mullane, "Reframing the organization: Why implementing Total Quality is Easier Said than Done", *The Academy of Management Review*, Vol. 19, No. 3, Special Issue: "Total quality", Jul., 1994, pp. 565–584.

② Irene Fraser Rothenberg, "Administrative Decentralization and the Implementation of Housing policy in Colombia", *Politics and Policy Implementation in the Third Word*, Princeton University Press, 1980, pp. 145–169.

③ Jeffrey L. Brudney; F. Ted Hebert; Deil S. Wright, "Reinventing Government in the American States: Measuring and Explaining Administrative Reform", *Public Administration Review*, Vol. 59, No. 1, Jan. – Feb., 1999, pp. 19–30.

④ Richard Chackerian, Paul Mavima, "Comprehensive administration reform implementation: Moving beyond single issue implementation research", *Journal of Public Administration Research and Theory*, Vol. 11, Iss. 3, Jul, 2001, p. 353.

⑤ Cynthia Mcclintock, "Reform Governments and Policy Implementation: Lessons from Peru", *Politics and Policy Implementation in the Third Word*, Princeton University Press, 1980, pp. 64–97.

⑥ Eric W. Welch; Wilson Wong, "Effects of Global Pressures on Public Bureaucracy: Modeling a New Theoretical Framework", *Administration & Society*, Vol. 33, No. 4, September 2001, pp. 371–402.

视角的研究有不少理论修正和深入。如 Rhonda K. Reger, Loren T. Gustafson, Samuel M. Demarie, John V. Mullane（1994）用"组织身份认同"变量解释了政府组织变革经常惨遭失败的原因;[①] Kenne J. Meier（2001）通过大规模的调研、定量分析指出，传统理论认为政策执行成败的关键变量"组织的控制幅度"，只有在政府改革政策比较复杂时才会影响执行结果。[②] 还有一些研究则致力于解释政府在新形势下所面临的改革环境。如 James L. Vann（2004）通过分析政府采用"纵观大范围信息技术（IT）"项目的改革案例指出，政府组织在采用新技术、新制度时，在交流中所出现的一种集体无意识的"语法不一致"，会导致政府组织集体抗拒采用 IT 项目。[③] 近几年来，随着"社会资本"（Social Capital）研究进路在西方国家的兴起，政府改革研究领域在出现了诸多用"社会资本"来解释政府改革现象的文献。如 Stephen Knack（2002）则对政府社会资本的形式做了界定，并定量分析了各种形式的社会资本对美国政府改革绩效的影响。[④] Andrews R.（2012）则验证了社会资本和公共服务绩效之间的关系。[⑤]

（2）行政生态学的视角。自弗雷德·里格斯（Fred W. Riggis）从生态行政学的研究视角提出了三种行政模式的经典理论以来，行政生态学一直影响着政治与行政学者的研究视野。该视角能高瞻远瞩地从宏观层面来分析政府改革现象，如政治、经济、社会等因素对政府改革的影响。西方学者将这种宏观分析视野运用细致的案例研究、定量分析，做得很深入、很微观，如 Eric W. Welch, Wilson Wong（2001）就是一个很好的研究范例。这篇文章在全球化影响行政体制变革的传统行政生态

① Graham Scott, "Public Management Reform and Lessons from Experience in New Zealand", *International Public Management Journal* 3, 2000, pp. 67-78.

② Kenne J. Meier, "Structure and the performance of public organizations: Task difficulty and span of control", *Public Organization Review: A Global Journal*, No. 1, 2001, pp. 341-354.

③ James L. Vann, "Resistance to Change and the Language of Public Organizations: A Look at 'Clashing Grammars' in Large-Scale Information Technology Projects", *Public Organization Review: A Global Journal*, Vol. 4, 2004, pp. 47-73.

④ Stephen Knack, "Social Capital and the Quality of Government: Evidence from the States", *American Journal of Political Science*, Oct., 2002, Vol. 46, No. 4, pp. 772-785.

⑤ Andrews R., "Social capital and public service performance: a review of the evidence", *Public Policy and Administration*, Vol. 27, No. 1, 2012, pp. 49-67.

学的理论基础上，提出了测量全球化影响行政体制变革的具体变量和理论假设，并运用这些变量对两个案例进行了比较分析，同是对理论假设进行了检验。[①] 另外，Rothstein B. (2011)，Blaikie, Piers, and Oliver Springate—Baginski (2013) 等人都很好地展现了行政生态学研究进路在沟通政府改革研究宏观与微观层面的强大的理论解释力。[②][③]

（3）制度分析的视角。在实践中，与政府改革最密切相关的就是制度。因此，从制度分析视角来研究政府改革现象的学者也比较多。这些学者来自理性选择制度主义、社会学制度主义和历史制度主义等不同学派。这些学派的学者对政府改革的结构与行动关系有着不同的理解和回答。理性选择制度主义学派认为政府改革的成败是个体在制度约束下的理性选择，同时基于个体选择之上的集体行动也会影响制度的变迁。因此，在政府改革中，理性的行动者会逐步适应外界压力而改变的行为，所以转变政府改革成功与否潜在于改革方案的设计中。这一流派的理论资源主要来自"官僚最大化"理论、公共选择理论和准市场理论。如 Jan-Erik Lane (1997) 在运用上述理论资源提出了 DPM (Deregulation, Privatization, Marketization) 框架用来分析公共部门的改革。[④] Araral, Eduardo (2009) 则用理性选择模型分析了捐助者和官员之间的策略互动行为。[⑤] 与理性选择制度主义着眼于个体的理性选择不同，社会学制度主义关注政府改革中制度对行动者无形的规范和重要的影响。在这一进路的研究者看来制度最起码对行动者有两个重要影响：①行动者阐释外生的观念；②行动者也赋予自己所处的形势以意义。比较典型的如，Howard E. McCurdy (1995) 研究了"虚构与想象"影响公共行

---

① ［美］帕特里夏·英格拉姆：《公共管理体制改革的模式》，载国家行政学院国际合作交流部《西方国家行政改革述评》，国家行政学院出版社 1998 年版，第 39—63 页。

② Rothstein B., *The Quality of Government: Corruption, Social Trust, and Inequality in International Perspective*, University of Chicago Press, 2011.

③ Blaikie, Piers, and Oliver Springate—Baginski, eds., *Forests People and Power: The Political Ecology of Reform in South Asia*, Routledge, 2013.

④ Jan-Erik Lane, *Public Sector Reform: Rationale, Trends and Problems*, SAGE Publications, 1997.

⑤ Araral, Eduardo, "The strategic games that donors and bureaucrats play: an institutional rational choice analysis", *Journal of Public Administration Research and Theory*, Vol. 19, No. 4, 2009, pp. 853-871.

政去制度化的特征；① Schmidt，Vivien A.（2010）则指出了政府改革中观点和对话的重要性。② 历史制度主义从制度变迁的历史来考察政府改革行为与组织结构变化之间的相互作用过程。它对政府改革中结构与行动之间的关系的立场则介于理性选择制度主义和社会学制度主义之间。在历史制度主义学派的学者看来，政府改革不是一个理性选择的过程，在这一过程中会有许许多多无法预知的事情发生；同时，它也不是完全由制度的必然性决定的。政府改革研究正是要分析在一定制度下的个体和集体行为偏移和纠正。这一学派提出了"重新定向"（reorientation）、"路径依赖"（path independence）、"改革变迁"（refrom change）、"行为转向"（practical Drift）等一系列核心概念。③ 如 Pollitt，Christopher（2013）从改革变迁和路径依赖的角度研究了英国 40 年来的公共管理改革。④ 此外，这一进路比较有代表性的成果是 Brunsson（1985，1989），Olsen（1993），Richard Chackerian（1996）等人的工作。⑤

（4）政策执行的视角。近十几年来，这一研究视角的发展相当迅速。笔者认为，这一研究视角之所以得到众多学者的追随，主要有以下两个原因：一是，这一视角的研究者通过观察具体的政府改革政策比组织社会、行政生态学和制度分析视角更容易开展经验研究。二是，在西方公共政策研究中，政策执行研究在近十几年来运用社会网络分析方法和技术在研究方法和理论研究上均显示出强大的包容性，吸引众多学者的研究注意力。所以，近十几年来，西方国家从政策执行视角来研究政

① Howard E. McCurdy，"Fiction and Imagination：How They Affect Public Administration"，*Public Administration Review*，Vol. 55，No. 6，Nov. ‒Dec.，1995，pp. 499‒506.

② Schmidt，Vivien A.，"Taking ideas and discourse seriously：explaining change through discursive institutionalism as the fourth 'new institutionalism'"，*European Political Science Review*，Vol. 2，No. 1，2010，pp. 1‒25.

③ 相关核心概念可参见 Anne Flagstad，Researcher（2003）一文的综述。Anne Flagstad，Researcher，"Public Sector Transformation and Practical Drift：A Conceptual Framework，Paper submitted to the 7th National Public Management Research Conference"，*Georgetown University*，Washington D. C，October 9‒11，2003.

④ Pollitt，Christopher，"40 Years of public management reform in UK central government ‒ promises，promises..."，*Policy & Politics*，Vol. 41，No. 4，2013，pp. 465‒480.

⑤ *Journal of Public Administration Research and Theory：J—PART*，Vol. 6，No. 1，Jan.，1996，pp. 25‒47.

府改革现象的文献真是难计其数。

近十几年来，这一进路的理论研究已有一定的发展和积累。1986年，唐纳德·卡利斯塔（Donald J. Calista）提出了"系统管理"、"官僚过程"、"组织发展"和"讨价还价"等四种政府改革政策执行模型。① 到1994年，郎达·雷格尔（Rhonda K. Reger）将组织社会学与政策执行两个视角融合在一起，在组织发展模型上发展出了"组织身份认同"理论。该理论认为，雇员抗拒全面质量管理是因为"组织身份认同"阻碍他们理解激进的改革，并导致实际行动中的反对。该文还提出了政府改革政策执行的动态理论模型。在这个模型中，政府改革政策的成功执行部分依赖于管理者随时间不断重构组织的能力。同时，也需要通过一系列足以克服"组织身份认同"惯性和组织压力的改变来完成。② 而讨价还价模型到劳伦斯·奥图尔（Laurence J. O'Toole）则发展成为政策网络的博弈理论。劳伦斯·奥图尔（1997）指出，美国的公共部门改革可以用政策网络来分析。改革其实是行为者在政策网络中改变相互作用的模式。改革在非常剧烈时，会在政策网络中产生不确定性和不成熟的制度，从而导致政策网络内的信任缺失和无人愿意承担风险的低效率行动。在此基础上，劳伦斯·奥图尔（1997）提出了网络管理者增进政府改革政策执行的管理手段。③ 事实上，到劳伦斯·奥图尔提出政策网络的博弈理论时，唐纳德·卡利斯塔（1984）提出的"组织发展"和"讨价还价"两个理论模型已经融合起来了；安德鲁斯·里斯和劳伦斯·奥图尔（Andrews, R., Boyne, G. A., Meier, K. J., O'Toole, L. J., 2011）又将政策执行视角与行政生态学视角结合了起来。④ 由此可见，政策执行视角发展到政策网络阶段时表现出很好

---

① "Reorganization as reform: the implementation of integrated human services agencies", *Bureaucratic and Governmental reform* 9, JAI Press Inc., 1986, pp. 197–214.

② Graham Scott, "Public management reform and lessons from experience in New Zealand", *International Public Management Journal*, Vol. 3, 2000, pp. 67–78.

③ Laurence J. O'Toole, JR, "Implementing public innovations in network setting", *Administration & Society*, Vol. 29, No. 2, May 1997, pp. 115–138.

④ Andrews, R., Boyne, G. A., Meier, K. J., O'Toole, L. J., & Walker, R. M., "Environmental and organizational determinants of external networking", *The American Review of Public Administration*, Vol. 41, No. 4, 2001, pp. 355–374.

的理论包容性。

　　除了上述政府改革所取得的理论进展外，近十几年来，政策执行视角也有不少引人注目的实证研究成果。如 Jeffrey L. Brudney、F. Ted Hebert、Deil S. Wright（1999）通过对 1200 个政府机构的领导信件的调研，来观察这些机构自 1990 年以来执行 11 项政府再造改革政策的状况。在大规模调研的基础上，该研究提出了一个包含 5 类解释变量的总体模型，用以测量政府机构执行政府再造政策的过程和绩效。[1] 这一篇文章因其研究的创新性获得极有威望的 PPR（Public Policy Review）2000 年度的摩瑟（Mosher）奖和 1998 年美国政治科学协会公共管理支部授予的考夫曼（Kaufman）奖。J. Edward Kellough，Sally Coleman Selden（2003）则建立了一套解释美国人事管理改革扩散力的指标体系，并对这些指标与人事管理改革扩散力做了相关性分析。[2] 除定量研究外，定性研究也异彩纷呈。有对单项政府改革政策执行的研究，如 Cynthia Mcclintock（1980）对秘鲁执行土地所有权改革政策的个案研究；[3] Irene Fraser Rothenberg（1980）分析了哥伦比亚卡利（Cali）市地方分权制度背景下执行住房政策失败的案例。[4] 也有对综合性政府改革政策执行的研究。如 Richard Chackerian，Paul Mavima（2001）以佛罗里达州的改革案例提出了影响综合性行政改革政策执行的因素。笔者认为，在既定的制度条件下，政策执行过程中行为者的相互作用（如协同合作、协调交换、改革计划的撤销）是影响政府改革政策执行成败的关键变量；[5] 贝拉尔多・拉米尔和约翰・休尔兹（Berardo，Ramiro，

---

　　[1]　Ewa Nowacka and Konrand Nowacki，"The Reform of Public Administration and the Decentralization of the State in Poland"，*European Public Law*，Vol. 6，Issue 1，2000.

　　[2]　J. Edward Kellough；Sally Coleman Selden，"The Reinvention of Public Personnel Administration：An Analysis of the Diffusion of Personnel management Reform in the states"，*Public Administration review*，Vol. 63，No. 2，March/April，2003.

　　[3]　Kim S. Public trust in government in Japan and South Korea，"Does the rise of critical citizen's matter?" *Public Administration Review*，Vol. 70，No. 5，2010，pp. 801—810.

　　[4]　B. 盖伊・彼得斯基：《行政改革的成功之道》，载［德］赫尔穆特・沃尔曼、埃克哈特・施罗德编《比较英德公共部门改革——主要传统与现代化的趋势》，王锋等译，北京大学出版社 2004 年版，第 342—353 页。

　　[5]　Anna Adamus-Matuszynska，"Implementing New public policy in Poland：Barriers and stimuli"，*Journal of European Area Studies*，Vol. 9，No. 2，2001.

and John T. Scholz，2010）则对美国佛罗里达州的海岸管理的政策网络进行了实证调研，分析海岸管理政策网络的合作基础。①

行文至此，笔者需要指出的是，近些年来，有许多优秀的解释性研究是将上述几个视角融合在一起的，特别是政策网络视角在整合理论视角上更是显示出强大的包容。如 Francesca Gains（1999）、Paul Mavima Richard Chackerian（2001）、S. Philip Hsu（2004）都是综合制度分析与政策执行视角研究政府改革现象的佳作。② Laurence J. O'Toole（1997）则大多融合组织社会学和政策网络的视角来研究政府改革现象。Feiock，Richard C.，and John T. Scholz，（2010）则整合了理性选择制度主义和政策网络的研究视角。③

基于西方国家近十几年的政府改革经验研究发展过程，我们可以看出，对一个成熟的政府改革研究者而言，给复杂现象一个好的解释远比固守某个研究视角要重要得多；面对复杂的政府改革现象，研究者往往需要有机融合几个理论视角才能给出一个好的解释。同时，我们也可以发现，一种研究视角的生命力也显现在它包容其他理论视角的能力。

通过综述近十几年来国内外政府改革的经验研究成果，我们可以发现，西方国家的政策执行视角有将其他几个研究视角融合起来的发展态势。而这一具有较好发展前景的研究视角尚没有引起国内学界的足够重视。虽然中国的政府改革更多的是一个政策执行层面的问题，但是当我们直接用西方的政府改革政策执行理论来解释中国的政府改革现象时，总是显得不那么贴切。无论是 Laurence J. O'Toole 的政策网络，还是 Rhonda K. Reger 等人提出的组织身份认同理论，都无法回答中国的政

① Berardo，Ramiro，and John T. Scholz，"Self-organizing Policy Networks：Risk，Partner Selection，and Cooperation in Estuaries"，*American Journal of Political Science*，Vol. 54，No. 3，2010，pp. 632-649.

② Paul Mavima Richard Chackerian，Adiministrative Reform Adoption and Implementation：the influence of Global and local institutional force，Koninklijke Brill NV. Leiden，2001，pp. 92-110；S. Philip Hsu，"Deconstructing Decentralization in China：fiscal incentive versus local autonomy in policy implementation"，*Journal of Contemporary China*，Vol. 13，No. 40，August，2004，pp. 567-599；Francesca Gains：Implementing privatization policies in "NEXT STEP" agencies，*Public Administration Review*，Vol. 77，Issue 4，1999.

③ Feiock，Richard C.，and John T. Scholz，eds.，*Self-organizing Federalism：Collaborative Mechanisms to Mitigate Institutional Collective Action Dilemmas*，Cambridge University Press，2010.

府改革政策执行中出现的"时进时退"的改革循环（即"怪圈"）现象。笔者认为，这主要是因为，西方的政府改革政策的执行理论不能涵盖中国政府组织文化的本土化特征。而这些组织文化特征对表1—1中所示的第③—2类政府改革政策的执行而言恰恰又是至关重要的。① 因此，本书尝试将中国政府组织文化的本土化特征纳入政策执行的非正式执行结构进行分析。通过分析政府改革政策的正式执行结构、非正式执行结构两者之间关系以及政策执行结构与执行过程的相互影响来解释中国政府改革政策执行的成功与失败。

二　政策执行的理论模型

中华人民共和国是中国共产党领导下的人民民主专政的社会主义国家。在这一政治体制之下，中国公共政策的执行现象就具有区别于西方的一些特殊性。更重要的是，这一政治体制又与中国传统社会的"差序格局"、"关系共同体"等非正式的制度结构交融在一起。中国政策执行现象的特殊性就具有了更丰富的内涵与意蕴。所以，中国的政策执行问题历来是许多西方学者的研究兴趣所在。近30多年来，一批西方学者如李侃如（Kenneth Lieberthal）、戴维·M. 兰普顿（David M. Lampton）、鲍大可（A. Doak Barnett）、裴鲁恂（Lucian Pye）、夏竹筠（Susan L. Shirk）等人一直在关注、研究中国的政策执行情况。虽然西方学者的研究在某些方面较为偏颇，且或多或少地受到意识形态和文化差异的影响，但其研究成果对我们更深入地理解中国的政策执行过程是有帮助的。近十几年来，中国政策执行现象的特殊性也引起了越来越多国内学者的关注。对中国具有丰富内涵和意蕴的政策执行现象，中西方学者做出了不少具有竞争性的理论解释。从政策执行的个体层面来看，解释中国政策执行现象的理论大致可分为四种研究进路，即"官僚制"进路、"政治动员"进路、"博弈"进路和"政策网络"进路。②

---

① 因为此类政府改革政策的执行是自上而下和自下而上的权力相互作用过程。

② 本书是从政策执行的个体层面来研究中国政府改革政策的执行现象的。政策执行的理论可从不同层面进行分类。相关研究请参见邓雅仁《政府再造政策执行之分析：兼论中央与地方政府政策执行互动之关系》，硕士学位论文，"国立"中山大学，2000年。

（一）中国政策执行的理论模型

1. "官僚制"模型

由于当代中国的基本决策，主要依靠党和政府的各级组织加以贯彻执行。因此，用"官僚制"进路来解释中国的政策执行现象具有一定的合理性。"官僚制"进路通常认为，政府组织的目的在于实现政策目标。而政策目标是由国家的政治机构决定的，并不取决于政策执行中的个人、群体或利益团体。依照韦伯的观点，官僚制具有如下特征：层级制（在一种层级划分的劳动分工中，每个官员都有明确界定的权限，并在履行职责时对其上级负责）、连续性（借助于提供有规则的晋升机会的职业结构）、非人格化（工作按照既定的规则进行，而不听任于任意和个人偏好，每一项事务都要记录在案）、专业化（官员们根据实绩进行选拔，依据职责进行培训，通过存档的信息对他们进行控制）。①据此，复杂的公共政策目标将在政策执行过程被细分为可处理的、可重复的任务。每一项任务归属于某一特定的公职，然后由一个权力集中的、等级制的控制中心加以协调。

在这一研究视角下，中国政策执行的核心问题是，中央（上级）政府应该如何控制或协调地方（下级）政府以实现政策目标。换言之，政策执行研究的目的在于，找出中国政策执行中的阻滞（梗阻或执行不力）机制并试图予以消解。对这一问题的回答，研究者需要有一个前设的、应然的规范标准，即在什么样的情况下，政策执行将是不阻滞的。而韦伯的"官僚制"进路则是对这一问题的系统回答。因此，在这一研究视角下，研究者大多采取自上而下的政策执行研究进路，分析政策执行中的个体、制度（正式制度与非正式制度）与"官僚制"进路的差距，从而得出实现政策目标的政策执行建议。② 从这一进路出发，在中国政策执行过程出现的信息流通不畅、认知缺陷、认同障碍、

---

① ［英］戴维·毕瑟姆：《官僚制（第二版）》，韩志明、张毅译，吉林人民出版社2005年版，第57页。

② 这一进路的文献比较多，比较有代表性的是：丁煌：《政策执行阻滞机制及其防治对策——一项基于行为和制度的分析》，人民出版社2002年版；丁煌：《监督"虚脱"：妨碍政策有效执行的重要因素》，《武汉大学学报》2002年第2期；金太军、钱再见、张方华等：《公共政策执行的梗阻及消解》，广东人民出版社2005年版。

政策本身欠缺、执行方式欠缺、人情—面子—关系网等非正式制度的妨碍、"条块分割"、"党政双轨"等正式制度的缺陷等都是政策执行阻滞的解释变量。

但是，一个具有争议性的问题是，"官僚制"进路能否解释中国的政策执行问题？进而言之，即便是在规范意义上，"官僚制"进路对中国的政策执行实践是否有足够的指导意义？质问的理由在于，中国的政策执行结构与韦伯意义上的官僚制相去甚远。一方面，中国的传统文化背景对官僚制的基本特征只能提供微弱的支持。官僚制特有的要求是任人唯贤、非人格化、照章办事和程序，而中国传统社会的运作则取决于身份、血缘和人情面子。这两者之间存在着严重的脱节。另一方面，政府行政管理的统治性地位难以受到系统化的制度约束时，要把政府行为中纯粹的行政管理性要素，与在"发展经济"中的任务和环境分离开来是不容易的。然而，这些任务和环境本身又导致了其与"官僚制"进路的差异。

上述对"官僚制"解释进路的批评理由或许太过于笼统了。因为在该进路的政策执行研究者看来，尽管中国的政策执行结构与韦伯意义上的官僚制相去甚远，但这并不意味着官僚制对中国的政策执行实践不具有规范意义，也不意味着中国的政策执行现象完全没有官僚制的某些特征。因此，如果从该进路对中国政策执行现象的解释力着眼，批评就不应该笼统地指责"官僚制"进路与中国政策执行结构相去甚远。而是应该指出"官僚制"进路的前提假设，从而分析该模型的适用范围。事实上，"官僚制"进路隐含着四个前提假设：①政治与行政（政策制定与政策执行）是截然分开的。②假定政策目标的规定是很清楚的，实现这些目标所需的资源也是充足的。③执行政策的组织从属于严格的等级控制制度。④政策决策团体能够改变和控制环境。① 当然，这些前提假设对大多数公共政策的执行而言实在是过于严格了。但不排除有公共政策能较好地符合上述前提。我们可以推测，"官僚制"进路能较好地解释理查德·曼特兰德（Richard Matland，1995）模糊—冲突模型的

---

① 转引自戴维·米勒（英文版主编）《政策实施.布莱克维尔政治学百科全书》，邓正来（中译本主编）译，中国政法大学出版社2002年版，第372、373页。

政策分类中，利益低冲突性、目标低模糊性的政策执行现象。[①]

2. "政治动员"模型

在中国政策执行现象的研究中，如果"官僚制"的研究进路更多地回答了中央（上级）政府应该如何控制或协调地方（下级）政府以实现政策目标，那么"政治动员"进路的解释则更好地回答了中央（上级）是如何控制或协调地方（下级）以实现政策目标的。事实上，在当代中国，政治动员通常是与政策执行过程紧密结合在一起的。政治动员模式是当代中国政策执行的一大特色。邓小平曾指出："社会主义国家有个最大的优越性，就是干一件事情，一下决心，一做出决议，就立即执行，不受牵扯。"[②]美国一些研究中国问题的专家也认为，中国政治生活的一个明显而又独特的方面就是，它在很大程度上是一种动员政治。[③] 因此，用"政治动员"进路来解释中国的政策执行现象能很好的反映中国政策执行区别于西方的特殊性。

"政治动员"进路有狭义与广义之分。狭义的政治动员模式仅指通过意识形态宣传来发动群众参与政策执行过程，以此驱动政策的贯彻落实。如胡伟（1998）指出，所谓政治动员，就是在国家利益、民族利益、人民利益等名义下，运用大众舆论和宣传教育等政治社会化手段调动民众对执政者及其政策的认同、支持和配合，从而加强政治体系的施政能量，促进政策的贯彻执行。它是中国共产党的群众路线运用于政策执行中的一种具体表现形式。[④] 在狭义的政治动员模式中，由党认定并得到广大群众拥护的意识形态目标具有刚性。政策执行者必须无条件拥护，并加以贯彻。如改革开放前的"三反"、"五反"运动，改革开放后"以经济建设为中心"路线。从政策执行的角度看，狭义的政治动员模式能在某些领域内使政策渗透力达到最快、最大，甚至达到"官僚制"进路也难以企及的政策执行效果。

---

① Richard Matland, "Synthesizing the implementation literature: the Ambiguity – conflict of policy implementation", *Journal of public Administration Research and Theory*, Vol. 5, No. 2, 1995, pp. 145–174.

② 《邓小平文选》第3卷，人民出版社2001年版，第240页。

③ 参见王景伦《走向东方的梦——美国的中国观》，时事出版社1994年版，第112—113页。

④ 胡伟：《政府过程》，浙江人民出版社1998年版，第312—313页。

但是，由于狭义的政治动员模式过于简单化的意识形态刚性，使一些错误的决策也会迅速贯彻下去，造成国家和社会的灾难。[①] 因此，改革开放后，中国的政策执行在逐渐摒弃大规模的群众运动。狭义的政治动员模式正在呈式微的趋势，而广义的政治动员模式却在日益兴盛。所谓广义的政治动员模式不仅仅指通过意识形态宣传来发动群众参与政策执行过程，更主要的是指在政府组织内通过意识形态或政治控制来驱动政策执行的现象。在西方国家官僚制的实践中，一般采用三种经常相互冲突的方法来控制政策执行过程。即国会立法、法院司法和总统行政管理。细言之，政府努力通过法院所保障的参与机会及相应的理性水平来执行政策，并努力保证期望中的行政决策质量。同时，总统和国会两者都致力于按照本身的政策倾向监督和控制行政人员的政策执行行为。[②] 而中国对政策执行的控制主要是通过维护和贯彻中国共产党对政府的领导地位来实现的。细言之，中国共产党通过在同级政府中设立相应的党组织机构，通过保留任命政府官员的权力、提出政策路线和否决政府决策的权力，促使政府官员按照党的指示执行政策。[③] 即便在改革开放后，中央与地方在经济上、行政上进行了分权，但是中央通过贯彻"党管干部"路线，依旧有足够的资源和权力，在必要时促使地方在政策执行时与其保持一致。[④] 因此，出现了一些学者所概括的基层政府政策执行中的压力型体制。[⑤] 与西方国家相对法治化的政策执行控制相比较，中国的政策执行过程有着更为突出的政治驱动现象。[⑥] 近些年来，在"依法治国"的口号下，中国的政策执行也在试图改变这种政治驱

---

① 如"文化大革命"、"大跃进"等政策的执行。

② ［美］威廉·F. 韦斯特：《控制官僚——制度制约的理论与实践》，重庆出版社 2001 年版，第 1 页。

③ Susan L. Shirk, *The Political Logic of Economic Reform in China*, Berkeley, University of California Press, 1993.

④ Lee, James zhongzi, "Central-local political relationships in post-mao china- a study of recruitment policy implementation in wuhan", *The Doctor Degree Dissertation for Ohio University*, 1993.

⑤ 如荣敬本等在县、乡级政府层面上分析了上级政府通过职位提升、降级、撤职等政治压力来促使下级政府完成行政指标的压力型体制。参见荣敬本等《从压力型体制向民主合作体制的转变——县乡两级政治体制改革的比较研究》，中央编译出版社 1998 年、2001 年版。

⑥ 所谓政治驱动是指政府工作人员执行政策的动力来自职位提升、降级、撤职等政治压力，而不是法律或程序规定。

动的模型。有些学者进一步分析了政治动员的行动逻辑，并提出政治动员的自身缺陷和结构性困境（如张济顺，2004；孔繁斌，2006；苟丽丽、包智明，2007）。这主要是因为，"政治动员"进路中存在一个矛盾的主题：政治动员的政策执行模式是促进政治变迁的有力工具，但是启动政治动员模式的关系网络也会阻碍政策的有效执行。特别是在确立法理权威的改革中，这种阻碍就尤其明显。①

尽管"政治动员"进路反映了中国政策执行现象的特殊性，但它并没有完全解释中国政策执行中出现的问题。因为依照"政治动员"进路的解释，中国的政策执行将是高效的。但是这无法解释为什么中国的政策执行中出现了"上有政策、下有对策"，以及"悬而未决"、"不断反复"现象。显然，像官僚制进路一样，"政治动员"进路也只能解释某一类政策的执行现象。我们可以推测，"政治动员"进路可较好地解释表1—1中第③—1类政策的执行。② 即利益高冲突性、目标低模糊性、手段清晰的政策执行现象。

3. "博弈"模型

与"政治动员"进路相反，"博弈"进路认为，中国政策执行过程是一个决策者与执行者之间、执行者与执行者之间，基于各自利益之上的博弈过程。其核心观点是，中国改革开放以后，社会利益团体的分化、中央与地方的分权化改革，在各项政策的执行过程中，政策制定者已经无法像改革开放前那样完全控制政策执行者了。为了政策的有效执行，决策者不得不允许甚至鼓励政策执行者在政策制定过程中讨价还价，也不得不接受和容忍政策执行过程中所出现的博弈行为。当然，中国政策执行所出现的博弈现象与西方国家还是有差异的。西方国家的博弈是在一定的制度框架下的博弈行为，因此有比较稳定的政策执行结构。而中国政策执行中的博弈行为尚没有成熟的制度框架，均是参与者相机而动，因此，其政策执行结构是不断变化的，博弈的形式和产生博弈的原因具有多样性。

---

① Barrett L. McCormick, "Leninist Implementation: the Election Campaign", in David M. Lampton, *Policy Implementation in Post-Mao China*, Berkeley, California Press, 1987, pp. 383–413.

② 参见本书表1—1。

中国政策执行中的博弈形式既可以是有秩序的，也可以是无秩序的。所谓有秩序的博弈是指，博弈行为得到政策认可，是决策者设计的一个政策执行环节，商量或讨价还价的内容在政策目标范围之内。如在中国 1978—1988 年干部离、退休政策的执行过程中，干部离、退休政策的执行结果即实现了决策者的政策目标，也体现了政策目标团体（离、退休干部）的个人利益。之所以如此，是因为干部离、退休政策的执行，允许代表中央政策的工作部门（中间人）与离、退休干部个体之间进行充分的讨价还价（商量）。① 再如改革开放后，尽管中国共产党对政府依旧有绝对的领导权，但政府却成了政策博弈的场所。因为党的领导人鼓励官员们代表自己辖区的利益进行讨价还价。他们认为，这种讨价还价会有利于实现党的利益。② 所谓无秩序的博弈是指，博弈行为未得到政策认可，是政策执行过程中随时发生的讨价还价及策略性行为，其内容也往往在政策目标范围之外。无秩序的博弈是对预期政策结果不满意的政策执行者设法逐渐突破已有的政策安排，采取"特殊政策、灵活措施"和"变通执行中央政策"的做法以维护自身利益。

中国政策执行中产生博弈现象的原因主要有以下三点：一是在"以政治稳定为基础"、"摸着石头过河"的渐进改革中，决策团体为了减小改革所引起的社会动荡，降低政策设计失误所带来的成本，在政策执行过程中并不强调政策刚性。换言之，当推行的新政策有碍于稳定或不利于经济发展时，决策团体可以允许政策执行者偏离原初的设计目标。这导致了政策执行过程中博弈现象的产生。③ 二是博弈主要来自利益驱动，特别是各级党政机关基于自身特殊利益的反改革力量与中央的改革力量之间存在着博弈。中央的政策经常被地方政策执行者的利益扭曲。地区和单位经常最大化自由裁量的资源，它们运用这些资源去最小

① Melanie, manion, "Policy implementation in the People's Republic of China: Authoritative Decisions Versus Individual Interests", *The Journal of Asian Studies*, Vol. 50, No. 2, 1991, pp. 253-279.

② Susan L. Shirk, *The Political Logic of Economic Reform in China*, Berkeley, University of California Press, 1993.

③ 参见徐湘林《以政治稳定为基础的中国渐进政治改革》，《战略管理》2000 年第 5 期；徐湘林《渐进政治改革中的政党、政府与社会》，中信出版社 2004 年版。

化内部冲突，最大化本地区或单位的权威。① 三是中央权威监督政策执行过程和及时评估政策执行结果的能力相当有限。②

"博弈"进路比较贴切地描述和解释了中国政策执行中的某些现象，而且似乎恰好弥补了"政治动员"进路的解释缺陷，但"博弈"进路也有一定的理论局限性。我们可以推测，在表1—1的政策分类中，利益高冲突性、目标和手段高模糊性的政策（第③—2、④类）执行可能更具有"博弈"进路的特征。③ 但问题在于，这些类型的政府改革政策的执行，也处于党的领导和监督之下，党也在对这些政策的执行进行政治动员。那么在这些政策的执行过程中，博弈与政治动员是如何结合在一起的？在等级制的官僚体系中，博弈又是怎样展开的？有何特征？这些问题"博弈"进路理论没有做出回答。

4. "政策网络"模型

随着政策网络研究在欧美国家的盛行、国内学者特别是公共政策研究领域的学者，在近十年来开始关注这一理论的发展脉络及其在中国的适用性问题。从总体上看，近十年来，国内学界在政策网络上的研究精力投入在不断增加。④ 这些研究主要可以分成三大类：第一类是，译介、梳理西方国家政策网络的发展脉络。这类文章每年都有发表，2007年其发表文章的数量达到顶峰，为13篇（占当年该主题所发表文章总量的34%）。近几年发表的数量每年都在递减，但其数量仍然不少，2010年为8篇（占当年该主题所发表文章总量的17.8%）。⑤ 由此可

① 参见李景鹏《中国政治发展的理论研究纲要》，黑龙江人民出版社2003年版，第251—253页；David M. Lampton, *Policy Implementation in Post—Mao China*, Berkeley, California Press, 1987。

② David M. Lampton, *Policy Implementation in Post—Mao China*, Berkeley, California Press, 1987.

③ 参见本书表1—1。

④ 从CNKI上可检索到的发表的论文数，可看到这一现象。1999年以"政策网络"为主题的论文是2篇，2000年6篇，2001年4篇，2002年5篇，2003年5篇，2004年14篇，2005年18篇，2006年25篇，2007年38篇，2008年50篇，2009年53篇，2010年45篇。（2010年的篇数从2009年的53篇减少到45篇，是不是国内学者对政策网络的研究兴趣的下降，还有待以后若干年的数据）。

⑤ 据CNKI上可检索到的发表的论文数统计，2004年在"政策网络"为主题的论文中综述性论文为2篇，2005年6篇，2006年7篇，2007年13篇，2008年11篇，2009年9篇，2010年8篇。

见，国内学界对西方国家政策网络的译介、梳理的高峰期已过。换言之，从总体上看，国内学者已进入政策网络领域。当然对西方政策网络理论的最新发展跟踪将会一直持续。第二类是，规范性的政策网络研究。[①] 这一类研究的路径类似于比较传统的官僚制进路。研究者把政策网络理论某些特征、内含的价值作为一个前设的、应然的规范标准来分析我国当前公共治理中的制约性因素，并寻找发展政策网络特征和价值的创新机制。比如，有学者归纳政策网络的特征是要素的依赖性、互动的持续性、规范的认同性、社会的自主性。[②] 政策网络具体表现出三个核心价值：以灵活的企业精神的政府设计处理政策问题，以集体选择的资源互换分析政策问题，以小而美的管理规模提升行政效率。基于政策网络的上述特点和价值，使之成为中国公共政策规范分析中的民主、法制和公民意志结合起来的载体。同时，政策网络是一个有规则的治理结构，可以使各主体制度化、规范化地参与公共治理的载体。[③] 第三类是，经验性的政策网络分析。这一类研究将西方国家的政策网络理论作为描述、解释我国公共政策过程的分析工具，并在此基础上提出解决问题的政策性建议。学者们用"政策网络"理论分析的政策领域主要有我国的教育政策（邓凡，2010；魏峰，2008；胡金荣，2007）、房地产政策（刘双良，2010；杨代福，2009；丁煌，2008；朱亚鹏，2008；张建伟、娄成武，2007）、社区治理政策（蔡敏，2010；陈春，2009）、农村税费改革等政策执行现象（唐皇凤，2004）、政策参与（朱旭峰，2008）、怒江水电开发（朱春奎，2010）。

---

① 这一类研究在政策网络的研究文献中也占有一定的比重，比较有代表性的有，杨海涛、李德志：《政策网络视角下的社区治理失灵问题研究》，《东北大学学报（社会科学版）》2010 年第 6 期；董幼鸿：《论公民参与地方政府政策评估制度建设——以政策网络理论为视角》，《上海行政学院学报》2009 年第 4 期；饶常林：《从地方政府到地方治理：政策网络的分析》，《天津行政学院学报》2009 年第 4 期；彭勃、邵春霞：《服务型公共政策中的合作机制：以城市安全政策为例》，《上海交通大学学报（哲学社会科学版）》2007 年第 1 期。

② Klijn. E-H., "Analyzing and managing Policy Processes in complex Networks: A theoretical Examination of the concept policynetworks and its problems", *Administration & Society*, Vol. 28, No. 1, May 1996, pp. 90–119.

③ 王春福：《服务型政府的基本理念、行为方式和建构机制》，《理论探讨》2009 年第 3 期。

总体上看，2007 年以来，这类研究的数量在急速增加。[①] 其占当年该主题所发表文章总量的比重从 2007 的 18.4% 上升到 2010 年的 28.9%。同时，研究领域也在不断拓展。但是，我国政策网络的研究模型目前主要还停留在描述阶段，或者还仅仅在比喻的意义上运用"网络"这个词。为了使"政策网络"模型具有因果解释力，我们还需要在借鉴西方国家的第三代政策网络研究的基础上，寻找解释我国公共政策现象的重要变量，以建构相应的"政策网络"模型。

（二）西方国家政策执行的网络模型

近三四十年以来，西方公共政策执行研究中政策网络模型正在逐渐兴起。特别是近十几年来，政策网络研究引入社会网络分析（social network analysis）后形成了第三代政策网络研究，出现了许多追随者和重要文献。[②] 国内学术界有不少学者介绍、评述过西方政策网络研究进路，[③④⑤⑥⑦⑧] 但这些工作还没有对第三代政策网络研究的巨大进展给予足够的关注。事实上，正是政策网络研究与社会网络分析的结合，不仅使其摆脱了"仅仅在比喻意义使用网络这个词，不具有因果解释力"

---

① 据 CNKI 上可检索到的发表的论文数统计，这一类研究 2001 年为 1 篇，2003 年 1 篇，2004 年 1 篇，2005 年 1 篇，2006 年 1 篇，2007 年 7 篇，2008 年 9 篇，2009 年 2 篇，2010 年 13 篇。其中，2009 年为什么降至 2 篇，是纯粹的巧合还是另有原因，尚需进一步观察、分析。

② Dassen A. Networks, *Structure and Action: Steering in and Steering by Policy Networks*, University of Twente, 2010, pp. 35—40.

③ 石凯、胡伟：《政策网络理论：政策过程的新范式》，《国外社会科学》2006 年第 5 期。

④ 孙柏瑛、李卓青：《政策网络治理：公共治理的新途径》，《中国行政管理》2008 年第 5 期，第 106—109 页。

⑤ 鄞益奋：《网络治理：公共管理的新框架》，《公共管理学报》2007 年第 1 卷第 4 期。

⑥ 朱亚鹏：《政策网络分析：发展脉络与理论构建》，《中山大学学报（社会科学版）》2008 年第 5 期，第 192—199 页。

⑦ 陈敬良、匡霞：《西方政策网络理论研究的最新进展及其评价》，《上海行政学院学报》2009 年第 3 期，第 15 页。

⑧ 丁煌、定明捷：《国外政策执行理论前沿评述》，《公共行政评论》2010 年第 1 期，第 119—148 页。

等诟病,①而且显现出研究复杂社会所需的难能可贵的理论品质,即包容性。这种包容性既体现在研究方法、理论研究中,也体现在不同国别的公共政策经验上。正是这种包容性使它有潜质成为复杂社会下公共政策研究的一个重要"范式"。

1. 政策网络在研究方法上的包容性

社会科学在研究方法上的争论从来没有中断过。暂且不提"实证"与"阐释"之间的难以消解的分歧。即便在"实证"进路内,"结构与行动"、"定性与定量"、"描述、解释与规范"的分歧和融合都是难题。而第三代政策网络研究在"实证"进路内消弭分歧、实现融合上表现出很好的包容性。

(1)结构与行动的结合。

在社会科学研究中,"结构"与"行动"是经典的二元难题。②以埃米尔·涂尔干为代表的结构论者认为,社会事实只能用抽象的、普遍的本质即社会结构来加以说明。只有认识、把握了社会结构,才能对个体的行动做出解释。而以马克斯·韦伯为代表的"行动"分析取向则强调个体行动的意向性和反思性,及其对结构性制约的突破和改变。因此,现代社会科学的大师们如安东尼·吉登斯、皮埃尔·布迪厄等都在致力于消解"结构"与"行动"的对立,并寻找两者的结合点。第三代政策网络研究之所以受到众多学者的持续关注,正是因为它能较好地结合"结构"与"行动",站到了社会科学研究范式发展的前沿。

在第三代政策网络研究中,"结构"与"行动"的结合是通过考察政策网络内个体之间的关系来实现的。McCoy,Mike,Mark Lubell(1997)关于美国加州夫勒斯诺市和克恩县的土地利用规划精英的政策网络研究是个非常典型的例子。③分析这一研究给出的政策网络,我们

---

① Dowding, K., "Model or Metaphor? Review of the Policy Network Approach", *Political Studies* (XLIII), 1995, pp. 136-158.

② 叶启政:《进出"结构—行动"的困境:与当代西方社会学理论论述对话》,台北三民书局2004年版,第309—369页。

③ McCoy, Mike, Mark Lubell, "Policy Networks: Collaborative Land Use Planning in California", unpublished paper. Marshall J., Hopkins W., Richardson R., 1997, pp. 607-613.

可以发现：①关于"行动"：在政策网络中，精英之间的联系是不一样的。有的精英联系密集，有的却很孤立。②关于"结构"：有的政策网络结构比较破碎。这不利于政策网络内不同群体之间信息和利益的整合；有的政策网络结构则相对整合。这有利于土地规划政策的决策和执行。在此基础上，第三代政策网络研究不仅可以分析不同网络结构的成因，① 政策网络结构与政策绩效之间的关系，以及改进政策网络管理的措施等即时性的问题，而且运用 TERGM 模型还可以模拟、预测政策网络结构的历时性演变。② 至此，第三代政策网络研究在结合"结构"与"行动"上显现出前所未有的发展潜力和美好前景。

（2）定性与定量的结合。

社会科学的"实证"研究有定量、定性两种方法。定量研究运用统计的方法，从许多具体事件中去寻找总体描述或验证因果假设。定性研究则专注于一个或少数几个案例，用深入访谈和深度的历史资料分析，通过比较散漫的方法对一个事件或单位做出全面的、理解性的解释。③ 从总体上看，定量和定性方法各有缺陷：定量研究只能得到表面的、肤浅的信息，抓不住事物的本质特征；定性研究依据典型的或少量个案得出的结论不一定具有普遍性。因此自韦伯的"理解社会学"以来，学者们就努力在社会研究中将两者综合起来。

在这一努力中，最大的困难就是如何将整体的大多数特征都操作化并统一在理论模型中加以分析。④ 而第三代政策网络研究在提供统一的理论模型上显示出很大的优势。首先，政策网络研究与社会网络分析结合后，可以用组合变量（compositional variables）、关系变量（relational

① Robins, Garry, et al., "An introduction to exponential random graph models for social networks", *Social Networks*, Vol. 29, No. 2, 2007, pp. 173–191.

② Hanneke, Steve, Wenjie Fu and Eric P. Xing, "Discrete Temporal Models of Social Networks", *Electronic Journal of Statistics*, Vol. 4, 2010, pp. 585–605.

③ King G, Keohane R. O., Verba S., *Designing Social Inquiry: Scientific Inference in Qualitative Research*, Princeton University Press, 1994.

④ 袁方：《社会学研究方法教程》，北京大学出版社 2004 年版，第 147 页。

variables)、属性变量（Attributes variables）来描述政策网络并推论因果关系。① 其次，第三代政策网络研究中，网络边界可以根据研究目的和研究对象来确定。因此，这一理论模型可以用来表征整体网络结构特征，② 也可以用来描述、分析团体之间的关系。③ 这使得统计样本的确定可以根据理论研究的需要来定。最后，在定性研究上，第三代政策网络研究对其他学科的社会理论具有很好的包容性，使其有丰富的理论来源和强劲的理论发展潜力；在定量研究上，则能直接采用社会网络分析方法和技术的最新进展。定性与定量的结合，使第三代政策网络研究具有强大的后援力量。

（3）描述、解释、规范的结合。

一般来说，社会科学研究很难将描述、解释、规范整合进一个理论模型，但第三代政策网络却可以被运用于上述三类研究。更难得的是，它还实现了理论研究和应用研究的结合。

首先，第三代政策网络研究有较强的描述功能。其方式大致有两种：一是，运用相关概念、分类和理论描述政策网络内多个行动者之间相互作用的过程和结果。④⑤ 二是，运用社会网络分析的方法和技术描述政策网络结构（如网络密度、网络中心化、网络集聚子群、结构洞）和政策网络内行动者之间的相互关系（如中间人、最短距离、行动者

---

① 有学者指出，近30多年来，西方政策网络研究可分成三代：第一代以分类和把政策网络当成治理工具为特征；第二代从公共管理的视角，把政策网络看成一种管理工具；第三代把社会网络分析引入政策网络研究，初步形成政策网络理论。Dassen A., *Networks*: *Structure and Action*: *Steering in and Steering by Policy Networks*, University of Twente, 2010, pp. 35-40.

② Borras, S., & Olsen, H. P., "Combining Qualitative and Quantitative Methods for the Analysis of Network Governance: Promises, Problems, Payoffs and Potentials", In P. Bogason & M. Zolner (Eds.), *Methods in Democratic Network Governance*, New York: Palgrave, 2007, pp. 207-223.

③ Isett, K. R., & Provan, K. G., "The Evolution of Dyadic Interorganizational Relationships in a Network of Publicly Funded Nonprofit Agencies", *Journal of Public Administration Research and Theory*, Vol. 15, No. 1, 2005, pp. 149-165.

④ Atkinson, M. M., & Coleman, W. D., "Strong States and Weak States: Sectoral Policy Networks in Advanced Capitalist Economies", *British Journal of Political Science*, Vol. 19, No. 1, 1989, pp. 47-67.

⑤ Marsh, D., & Rhodes, R. A. W., "Policy Communities and Issue networks: Beyond Typology", In D. Marsh & R. A. W. Rhodes (eds.), *Policy Networks in British Government*, Oxford: Clarendon Press, 1992, pp. 249-268.

的节点度、行动者中心度）。①② 这些描述能展现政策网络的结构、运作过程和结果；运用 UCINET、PAJEK 等网络分析软件还能清晰地展现政策网络图。强大的描述功能为政策网络的因果解释奠定了扎实的研究基础。其次，第三代政策网络研究由于其良好的理论包容性，在研究中展现出很强的因果解释力。目前，政策网络研究主要关注：①不同政策网络之间的比较，并解释政策网络的某些特征（如网络的中心化、破碎度、结构洞）对行动者关系的影响；②用来解释政策网络结构的形成原因与变迁动因、政策网络结构与绩效之间的关系等。最后，政策网络在规范研究上也颇显优势。比如，比较现实的政策网络与规范的（想要达到的）政策网络存在的差距，并提出改变网络内行动者关系的政策性建议。③ 再比如，从行动者的相互关系入手分析政策网络的结构转型和结构改造。④ 这些规范性的研究往往把政策网络看成治理工具，从如何进行网络治理的角度来研究政策网络。这使得政策网络的理论研究和应用研究很自然地融合了起来。

（4）社会学、经济学、政治学等多学科的整合。

面对复杂的公共政策现象，整合多个学科的理论和方法进行研究显然是非常必要的。但问题的关键在于如何整合。以往的跨学科研究，往往是将经济学、管理学、社会学等学科的理论和方法直接用来分析公共政策现象，但很少把它们有机地整合起来。换言之，就像是公共政策研究中运用其他学科的零星工具，而无法将这些零星工具组合成一个功能更强的系统性工具。第三代政策网络研究在有机组合各学科理论和方法上显示出很强的优势。

第三代政策网络研究这种很强的理论组合优势得益于社会网络分析工具。社会网络分析使政策网络不再是一个比喻，而是一个实实在在的由诸多变量组合而成的研究模型。但是社会网络分析只是一个分析模

---

① McCoy M., Lubell M., *Policy Networks*: *Collaborative Land Use Planning in California*, unpublished paper, Marshall J., Hopkins W., Richardson R., 1997, pp. 607–613.

② 龚虹波:《基于 UCINET 的联合审批政策网络分析》，2013 年，待发。

③ Kickert, Walter JM, Erik‐Hans Klijn, and Johannes Franciscus Maria Koppenjan, eds. *Managing Complex Networks*: *Strategies for the Public Sector*, Sage, 1997.

④ Edelenbos J., Klijn E. H., "Trust in Complex Decision‐Making Networks A Theoretical and Empirical Exploration", *Administration & Society*, Vol. 39, No. 1, 2007, pp. 25–50.

型，运用这一模型来研究什么问题、政策网络边界如何界定、各类变量如何选择都需要有理论的支撑。① 此时，政治学的（如治理理论）、经济学的（如理性选择理论）、社会学的（如社会资本理论）乃至其他交叉学科的（如游戏生态学）理论都可以根据研究需要与之结合在一起，形成一个有机的系统性分析工具。这种"政策网络理论+社会网络分析+其他社会科学理论"的有机组合大大加强了政策网络理论的因果解释、规范分析和实际预测的能力。

综上所述，第三代政策网络分析很好地缓解了传统社会科学内冲突已久的诸多矛盾，在整合多种研究方法上显示出很强的优势。但第三代政策网络研究之所以受到众多西方学者的关注和追随，更重要的还在于它在理论研究上对其他学科理论的包容性。

2. 政策网络在理论研究上的包容性

理论研究是为社会现象提供因果解释的工作。社会网络分析本身并不提供因果解释。但这一分析模型能与诸多社会理论结合起来。这使得第三代政策网络研究能与其他社会理论结合起来为复杂政策现象提供因果解释，同时推动政策网络理论的发展。目前，在第三代政策网络研究中经常结合的理论有：新制度主义理性选择理论、社会资本理论、治理理论和博弈生态学理论。

（1）与新制度主义理性选择理论的结合。

在公共政策研究中，以埃里诺·奥斯特罗姆等人提出的制度分析和发展框架（IAD）在新制度主义理性选择理论上的贡献是引人注目的。IAD分析框架提出了：①行动舞台、行动者、行动情境、集体行动、物品属性、共同体属性、多中心治理等诸多概念；②关于个体理性选择的理论和模型；③宪法选择、集体选择、操作层面等多层次分析模型；④基于个体选择之上的集体行动所产生的制度绩效和制度变迁。② IAD主要的价值在于它提供了一个系统探究某一问题（公共池塘的治理问题）的方法和一整套可供观察的变量。虽然IAD分析框架大多采用案

① 有学者把社会网络分析描述为一个寻找其他理论的理论模型。Collins R., Collins R., *Theoretical sociology*, San Diego: Harcourt Brace Jovanovich, 1988.

② McGinnis M. D., "An introduction to IAD and the language of the Ostrom workshop: A simple guide to a complex framework", *Policy Studies Journal*, Vol. 39, No. 1, 2011, pp. 169-183.

例研究的方法，且主要运用于自然资源等公共物品的治理，但它的多中心治理理论却与政策网络理论不谋而合。因此，把 IAD 分析框架的概念、分析方法、分析层次等运用到政策网络研究是许多西方学者的努力。

这种努力使第三代政策网络研究比 IAD 分析框架具有更强的解释力和预测力：①拓展了 IAD 分析框架的研究范围。IAD 主要运用于公共物品的自组织治理，但政策网络研究与 IAD 结合后，可用来研究政府组织的治理[1]、非政府组织的治理[2]、政府与非政府组织的合作治理[3]。②可运用定量研究的方法来检验理论假设。IAD 分析框架由于变量众多，不太适合于定量研究。因此，大多采用案例研究的方法进行推论。但第三代政策网络研究克服了这一弊端。它与 IAD 分析框架结合后可以检验行动者的理性选择理论[4]、政策网络的自组织过程，[5] 并定量地模拟制度的形成过程。[6] ③通过分析政策网络结构与行动者之间的关系，能更直接、更清晰地解释、预测制度绩效和制度变迁。IAD 分析框架主要通过个案来解释制度成败与制度变迁的原因。而第三代政策网络研究则可以解释政策网络结构与政策绩效之间的关系，[7] 运用社会网络

① Marsh D., Rhodes R. A. W., *Policy Networks in British Government*, Clarendon Press, 1992.

② Isett, K. R., & Provan, K. G., "The Evolution of Dyadic Interorganizational Relationships in a Network of Publicly Funded Nonprofit Agencies", *Journal of Public Administration Research and Theory*, Vol. 15, No. 1, pp. 149–165.

③ Scholz, John T., and Cheng–Lung Wang, "Cooptation or Transformation? Local Policy Networks and Federal Regulatory Enforcement", *The American Journal of Political Science*, Vol. 50, 2006, pp. 81–97.

④ Scholz J. T., Berardo R., Kile B., "Do networks solve collective action problems? Credibility, search, and collaboration", *Journal of Politics*, Vol. 70, No. 2, 2008, pp. 393–406.

⑤ Berardo R., Scholz J. T., Self–Organizing Policy Networks, "Risk, Partner Selection, and Cooperation in Estuaries", *American Journal of Political Science*, Vol. 54, No. 3, 2010, pp. 632–649.

⑥ Schneider, Mark, John Scholz, Mark Lubell, Denisa Mindruta, and Matthew Edwardsen, "Building Consensual Institutions: Networks and theNational Estuary Program", *The American Journal of Political Science*, Vol. 47, 2003, pp. 143–158.

⑦ Howlett, M., "Do Networks Matter? Linking Policy Network Structure to Policy Outcomes: Evidence from Four Canadian Policy Sectors 1990–2000", *Canadian Journal of Political Science*, Vol. 35, No. 2, pp. 235–567.

的多时段分析和计算机模拟还可以预测政策网络结构变化趋势。[①]

（2）与社会资本理论的结合。

第三代政策网络研究与社会资本理论结合回答的问题是：为什么有些政策网络比其他政策网络具有更好的政策绩效。它回答了为什么行动者在某些政策网络中比在其他政策网络更能获得或动用资源以及什么样的政策网络有助于群体成员实现利益协调并提供更多的合作平台（如信息渠道、义务和预期、社会规范）。

事实上，政策网络研究与社会资本理论的结合似乎是应有之义。因为在社会学中，社会网络分析和社会资本理论几乎是融合在一起的。社会资本的代表性学者代林南就把社会资本界定为嵌入在社会网络中的资源，行动者能通过网络中的各种联系来获得或动用这些资源。[②] 近几十年来，中西方社会学者在这一研究方向上做了诸多努力，并产生了一系列重要的成果。1985 年马克·格兰诺维特首先论证了人类行为是"嵌入"在社会结构中的。[③] 此后，詹姆斯·科尔曼探讨了封闭（Closure）的社会结构在产生义务、期望和社会规范中所具有的作用。[④] 罗纳德·伯特则分析了开放的社会结构（如 Brokerage 和 structure hole）所拥有的社会资本。[⑤] 还有一些学者则致力于测量社会网络中的社会资本，以拓展社会资本的定量研究。[⑥] 到目前为止，这个研究方向上的中西方文献真正是汗牛充栋。

社会学领域的巨大进展为政策网络研究与社会资本理论的结合提供

① Desmarais B. A., Cranmer S. J., Forecasting the locational dynamics of transnational terrorism: a network analytic approach //Intelligence and Security Informatics Conference (EISIC), 2011 European. IEEE, 2011, pp. 171−177.

② Lin, Nan, *Social Capital: A Theory of Structure and Action*, Cambridge University Press, 2001a.

③ Mark Granovetter, Economic Action and Social Structure, "The Problem of Embeddedness", *The American Journal of Sociology*, Vol. 91, No. 3, Nov., 1985, pp. 481−510.

④ James S., "Coleman: Social Capital in the Creation of Human Capital", *The American Journal of Sociology*, Vol. 94, Supplement: Organizations and Institutions: Sociological and Economic Approaches to the Analysis of Social Structure, 1988, pp. S95−S120.

⑤ Burt R. S., *Structural Holes: The Social Structure of Competition*, Harvard University Press, 2009.

⑥ Borgatti S. P., Jones C., Everett M. G., "Network Measures of Social Capital", *Connections*, Vol. 21, No. 2, 1998, pp. 27−36.

了良好的研究基础。但是，当社会资本理论运用到政策网络研究时，首先要解决的问题是，政策网络中的社会资本研究能否假定"良好的合作与协调（正社会资本）自然导致好的政策结果"？安·沃克提醒政策网络研究者小心，因为政策网络不同于社会网络。在政策网络中有等级化的权力，良好的合作和协调可能源于权力腐败，开放的结构也可能导致政策的不稳定，从而导致坏的政策绩效。[①] 因此，政策网络内的社会资本研究必须关注利益、资源分配和政策目标。从总体上看，目前这一进路的学者主要致力于以下三方面的工作：①探讨政策网络中的社会资本与政策绩效之间的关联机理；[②] ②界定和测量政策网络内的社会资本和政策绩效；[③] ③运用社会资本理论来定性、定量地解释或验证政策绩效和政策网络结构的变化。[④⑤]

（3）与治理理论的结合。

政策网络与治理理论的结合由来已久。早在第三代政策网络研究之前，研究者就把政策网络看成是区别于官僚制和市场化的一种治理模式，提出网络治理（network governance）。网络治理为利益团体参与政策过程、影响政策结果提供机会，同时也是政府管理社会、调控资源的重要工具。目前，这一进路的研究主要致力于以下几方面的工作：①探讨政策网络对治理的作用，并分析如何实现有效的网络治理。[⑥] ②探讨

① Walker A., "Understanding social capital within community/government policy networks", *Social Policy Journal of New Zealand*, 2004, pp. 1-18.

② Hatmaker D. M., Rethemeyer R. K., "Mobile trust, enacted relationships: social capital in a state-level policy network", *International Public Management Journal*, Vol. 11, No. 4, 2008, pp. 426-462.

③ Mathur N., Skelcher C., "Evaluating democratic performance: Methodologies for assessing the relationship between network governance and citizens", *Public Administration Review*, Vol. 67, No. 2, 2007, pp. 228-237.

④ McCoy M., Lubell M., "Policy Networks: Collaborative Land Use Planning in California", unpublished paper, Marshall J., Hopkins W., Richardson R., 1997, pp. 607-613.

⑤ Henry A. D., Lubell M., McCoy M., "Belief systems and social capital as drivers of policy network structure: The case of California regional planning", *Journal of Public Administration Research and Theory*, Vol. 21, No. 3, 2011, pp. 419-444.

⑥ Jones C., Hesterly W. S., Borgatti S. P., "A general theory of network governance: Exchange conditions and social mechanisms", *Academy of Management Review*, Vol. 22, No. 4, 1997, pp. 911-945.

政策网络结构的类型、特征与有效网络治理之间的关系。① ③探讨网络治理中民主参与的过程和结果。即分析网络治理的参与者、参与者的利益表达以及对治理绩效的影响。② ④探讨网络治理的政策工具。③

在此基础上，第三代政策网络研究也在尝试将社会网络分析的方法和技术运用于网络治理。④⑤ 但由于治理理论本身不像社会资本理论那样有较好的定量研究基础，所以这一方向至今尚无明显进展。

（4）与博弈生态学的结合。

何为博弈生态学？众所周知，博弈论主要分析两个或两个以上的博弈者在一个场域中的目标、角色、战略。但在现实生活中，博弈者会把一个场域的博弈带到另一个场域中，比如银行家会为了自己特定目的去利用政治家和新闻记者，反之亦然。这种场域的相互作用和相互影响会形成无法预料的类生态功能。这就是博弈生态学（ecology of games）。⑥或许博弈生态学实在是太超前于博弈论了。因此，这一进路的研究通常也只是定性的案例研究。但第三代政策网络研究与博弈生态学结合后，就可以运用社会网络分析方法定量研究政策网络内的博弈生态了。它既可以检验政策网络内行动者博弈行为的相关理论，⑦ 也可提出变量之间的相关性。⑧ 当然，从某种意义上说，新制度主义理性选择、博弈论、

① Provan K. G., Kenis P., "Modes of network governance: Structure, management, and effectiveness", *Journal of Public Administration Research and Theory*, Vol. 18, No. 2, 2008, pp. 229-252.

② Sørensen E., "Democratic theory and network governance", *Administrative Theory & Praxis*, Vol. 24, No. 4, 2002, pp. 693-720.

③ Salamon, Lester M., ed., *The Tools of Government: A Guide to the New Governance*, Oxford University Press, 2002.

④ Parker R., "Networked governance or just networks? Local governance of the knowledge economy in Limerick (Ireland) and Karlskrona (Sweden)", *Political Studies*, Vol. 55, No. 1, 2007, pp. 113-132.

⑤ Christopoulos D. C., "The governance of networks: Heuristic or formal analysis? A reply to Rachel Parker", *Political Studies*, Vol. 56, No. 2, 2008, pp. 475-481.

⑥ Long N. E., "The local community as an ecology of games", *American Journal of Sociology*, 1958, pp. 251-261.

⑦ Cornwell B., Curry T. J., Schwirian K., "Revisiting Norton Long's ecology of games: a network approach", *City & Community*, Vol. 2, No. 2, 2003, pp. 121-142.

⑧ Lubell M., Henry A. D., McCoy M., "Collaborative institutions in an ecology of games", *American Journal of Political Science*, Vol. 54, No. 2, 2010, pp. 287-300.

博弈生态学最基本的假设都是基于理性选择之上的。但是，第三代政策网络研究与博弈生态学相结合后，更适合分析复杂社会现象的理性选择行为，得出更具解释力的研究结论。

至此，本文综述了第三代政策网络研究中几个比较重要的理论结合进路。事实上，它还可与组织理论结合①、与博弈论结合②等等不胜枚举。同时，它在组合多个理论时也显示出很好的发展前景。第三代政策网络研究在理论上强大的包容性使其具有以下三个优势：①它更适合于复杂社会的研究需求。②它为不同学术背景的学者在政策网络研究中找到了共同的兴趣点。③它为产生并丰富政策网络理论提供了良好的平台。这也是越来越多的西方学者投入第三代政策网络研究中来的重要原因。

3. 政策网络对公共政策中国经验的包容性

第三代政策网络研究因其良好的包容性显示出强劲的发展势头，于是我们要问：第三代政策网络研究能否包容中国的公共政策经验呢？如果能够的话，运用它来研究中国公共政策现象时面临着什么样的优势和劣势？以及可能在哪些方面基于中国的公共政策经验做出应有的理论贡献？

首先，第三代政策网络研究能否包容中国的公共政策经验呢？持否定观点的学者认为，由于政治、行政体制和社会文化等诸多差异，中西方国家的公共政策结构和过程大相径庭。中国并不像西方国家那样在政府、经济、社会等领域形成了多个利益主体之间合作和协调。因此，用政策网络理论来分析中国公共政策现象是不恰当的。但是，需要指出的是，合作与协调并不是形成政策网络的必要条件。它是政策网络运转良好的条件。形成政策网络的两个必要条件是：（1）多个利益主体；（2）利益主体之间的互动。对于第一个条件而言，当下中国在经济、社会领域的利益分化已无须赘述，即便在行政领域也出现明显的利益分化。在政府组织内部，从"条"上看，各级政府事实上是不同的利益主体；

---

① 参见 Milward H. B., Provan K. G., "Measuring network structure", *Public Administration*, 1998, pp. 388-390。

② 参见 Walker A., "Understanding social capital within community/government policy networks", *Social Policy Journal of New Zealand*, 2004, p. 9。

从"块"上看，各部门参与多属性的公共政策时，亦是不同的利益主体。① 但对于第二个条件"利益主体之间的互动"，有学者认为，中国的公共政策经验是"高位推动"②、"政治动员"。③ 事实上，随着社会、经济的发展，如今的"高位推动"和"政治动员"并不像新中国成立初那样纯粹是严厉的自上而下层级控制，更多的是一种促进各层次、各部门合作与配合的政策手段。因此，如果从政策网络管理的视角来理解"高位推动"和"政治动员"，可以解读成网络治理以促进政策网络内的合作与协调。这样的解读更符合，也更有利于中国的公共政策实践。由此可见，从政策网络形成的两个条件来看，政策网络是能够包容中国的公共政策经验的。

其次，尽管第三代政策网络研究具有很好的包容性，但中国的公共政策经验不同于西方国家，运用政策网络进路来研究中国公共政策问题时所面临的优劣势也是不同的：①中国处于转型期的社会结构，是中国政策网络研究最具挑战性的优势。中国改革开放 30 多年以来的发展，是通过经济体制转轨和社会结构转型来实现的。④ 中国的社会结构转型既有从传统向现代的转型，也有现行体制在面对复杂社会问题时所做的应对性转型。但是人们不确定中国的社会结构转型的结果是什么，甚至不明确当下的社会结构究竟怎样，以及在转型过程中遇到了什么样的问题。而这些问题均能借助政策网络具体的经验研究来展现和回答。由此可见，中国社会所处的特殊时期，于政策网络研究而言，既是挑战又是优势。相对于西方国家已经定型的政策网络结构而言，转型中的政策网络结构有着更丰富的理论内涵。②中国公共政策现象的复杂性，既是中国政策网络研究的劣势，同时也是优势。中国的公共政策现象比西方国家的复杂。这种复杂性主要源于以下三方面：其一，中国政策网络中行动者之间的互动可能是间接的、多场域的、非即时的，不像西方国家那

---

① 贺东航、孔繁斌：《公共政策执行的中国经验》，《中国社会科学》2011 年第 5 期，第 61—79 页。

② 同上。

③ 李斌：《政治动员与社会革命背景下的现代国家构建——基于中国经验的研究》，《浙江社会科学》2010 年第 4 期，第 33—39 页。

④ 郑杭生：《改革开放三十年：社会发展理论和社会转型理论》，《中国社会科学》2009 年第 2 期，第 10—19 页。

样是直接的、制度化的。其二，转型中的政策网络结构的变数大。由于制度的不稳定以及正式与非正式制度的冲突，在中国的公共政策实践中，政策网络的结构是会不断转变的。其三，"关系"① 更增加了中国政策网络分析的复杂度。这主要是因为：第一，"关系" 与政策网络研究的个体理性假设之间存在着微妙差异。"关系" 中的个体既是理性的，又是非理性的。第二，"关系" 很难进行定量化研究。第三代政策网络研究的巨大进步之一就是定性与定量研究的结合。但"关系"是华人社会人与人之间的微妙关系，很难收集数据加以定量研究。② 上述中国政策网络结构特征和公共政策现象的复杂性，增加了研究者在分析中国政策网络时的难度。但是如果研究者能解决困难，哪怕是只前进一小步，都是对政策网络研究巨大的原创性贡献。

最后，基于上述分析，笔者认为，在努力发挥中国政策网络研究优势的基础上，我们至少可以在以下几方面做出理论贡献：①转型社会的政策网络结构特征、类型及相关理论。与西方国家基本定型的政策网络结构不同，中国的政策网络结构是多样且多变的。在中国公共政策的经验中，有时正式制度影响政策网络结构，有时是非正式制度，有时则是正式制度和非正式制度共同起作用；有时是自上而下权力控制下的合作，有时又是自下而上放权搞活后的互动；有时是政府、经济二模（mode）交叠的政策网络结构，有时是政府、社会的二模（mode）交叠，有时则是政府、经济、社会的多模（mode）交叠。这些多样且多变的政策网络现象，需要从理论层面加以概括与提炼。②影响转型社会的政策网络内行动者互动行为的因素，如信任、行动舞台、合作者选择等等。在西方国家的政策网络中，成熟的正式制度和传统习俗整合在一

---

① "关系"是理解中国社会结构关键性的社会文化概念。金耀基：《关系和网络的建构——一个社会学的诠释》，《二十一世纪》（香港）1992 年第 12 期。

② 当然，学者们也在定量研究"关系"上做了不少努力。如邱展谦、洪晨桓、祝道松等《知觉关系量表之发展》，《管理评论》2007 年第 26 卷第 1 期，第 47—70 页；边燕杰、刘翠霞、林聚任《中国城市中的关系资本与饮食社交：理论模型与经验分析》，《开放时代》2004 年第 2 卷第 4 期；Luo, Jar-Der, "Guanxi Revisited—An Exploratory Study of Familiar Ties in a Chinese Workplace", *Management and Organizational Review*, Vol. 7, No. 2, 2011, pp. 329 - 351。

起共同提供行动者的互动平台。但转型国家的正式制度往往是不成熟且多变的，正式制度与非正式制度又彼此脱节。在这样的制度环境下，政策网络内的行动者的互动基础是什么？这不仅仅是中国的问题，也是所有转型国家所面临的共同问题。③"关系"对中国政策网络内人际互动的影响，以及对政策网络结构转型的影响。"关系"广泛存在于华人社会的人际互动之中。"关系"如何影响华人社会的政策网络内行动者的互动？它与西方国家政策网络内的人际互动有什么区别，又如何影响政策绩效？它对政策网络结构的转型起着什么作用？这些问题都亟须在理论和经验层面做出回答。④转型社会的政策网络治理策略。有了上述问题的研究铺垫，我们就可以从网络治理的层面对转型社会的政策网络管理提出更有现实意义的应对性策略。

第三节　本书的创新及研究进路

本书在改革开放后中国政府改革的背景下回答以下三个问题：改革开放后，中国政府是怎样执行政府改革政策的？有哪些变量影响并决定了政府改革政策执行的成功与失败？这些变量之间有着什么样的逻辑关系？对这些问题的回答，有助于我们理解当下政府改革中会存在的"怪圈"现象，并寻找破解"怪圈"的路径。

一　本书的创新

对于上述问题的回答，本书在中西方政府改革和政策执行两个领域的已有研究基础上，主要有两个创新：第一，从政策执行网络分析的视角，来考察具体政府改革政策的执行过程。之所以借鉴西方的政策网络分析模型，主要是因为，中国处于转型期的政策执行结构实在是一个重要分析对象。在具体的政府改革政策的执行过程中，政策执行结构是如何形成的、具有什么样的特征、它对政策网络行动者的行为以及相互之间的关系有着什么样的影响。这些问题在以往中国政府改革和公共政策执行研究中，都还没有从理论层面和实证研究上加以关注和考察。第二，将中国政府组织的"关系"文化纳入政府改革政策的执行网络中加以分析。与西方"规则"导向的社会网络不同，华人社会的联结以"关系"为导向。"关系"网络是华人获取社会资本的重要途径。从社会发展来看，我们努力完善市场经济、倡导法治理念、推进技术进步，致力于减少"关系"文化对政策执行带来的负面影响。但"关系"作为华人社会处理日常人际关系的文化养成，既不可能也不必要加以根除。事实上，"关系"建构在像香港、台湾那样现代化的中国人社会里也并没有消失。① 因此，我们需要直面"关系"在政府改革政策执行中的作用，分析它如何影响执行网络中行动者的行为选择，从而探讨它对执行网络的影响机制。只有在分析清楚"关系"对政府改革政策执行的影响机理之后，我们才能得出发挥其正面影响、减少其负面影响的政策性建议。

基于此，本书为实现上述创新，采用了以下研究思路和研究方法。

二 研究思路

如前所述，表1—1中所示的第③—2类政府改革政策的执行是自上而下和自下而上的权力相互作用过程。而在这一作用过程中，政府组织文化特征是至关重要的。因此，本书将"关系"纳入政策执行结构中加以分析。基于此，本书从考察具体的政府改革政策执行案例——宁波市行政审批制度改革（1999—2013 年）中，改革政策的参与者之间的行为互动入手，分析政府改革政策的执行结构特征及其变化的内在动力、执行结构与参与者行为的互动过程，在此基础上归纳中国政府改革政策的执行网络理论。

基于此，本书的总体思路大致可用图1—1表示。

（1）采用理查德·曼特兰德（Richard Matland，1995）的"利益—目标"二维模型分类方法，将中国 1978 年以后的政府改革政策进行分类。确定本书的研究范围是"高冲突—低模糊"型政府改革政策的执行。

---

① 金耀基：《关系和网络的建构———一个社会学的诠释》，《二十一世纪》（香港）1992年8月号。

（2）在这一研究范围内选取典型案例，提出研究问题。

（3）在研究问题的指导下，进行文献收集、阅读、整理，并进行理论研究，提出分析此类政府改革政策执行的理论框架。

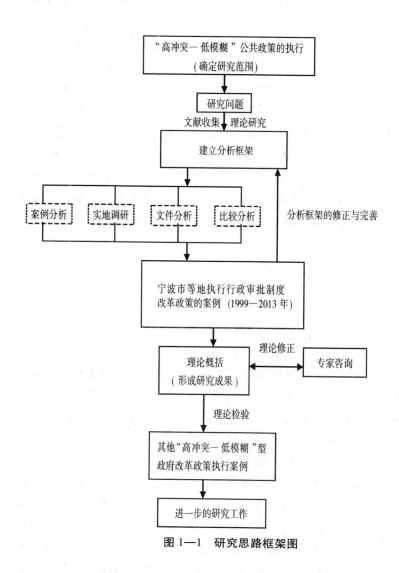

图1—1 研究思路框架图

（4）在分析框架的指导下，对浙江省的宁波市、象山县和杭州市

1999 年至今执行审批制度改革政策的案例进行调研、分析。同时，对上述分析框架做进一步修正和完善。

（5）在案例研究的基础上概括解释"高冲突—低模糊"型政府改革政策的执行网络理论，形成研究成果，并向有关专家咨询，获得反馈信息，修正理论。

（6）选取另外的"高冲突—低模糊"型政府改革政策的执行案例，进行解释。检验上述理论的适用性。进而提出下一步的研究工作。

本书的目的是提出解释中国政府改革政策执行现象的中层理论。具体而言主要有以下几点：①构建解释中国政府改革政策执行现象的分析框架。②用上述框架来分析宁波市等地 1999 年以来执行审批制度改革政策的案例。③通过案例分析归纳出中国政府改革政策的执行网络理论。当然，本书提出的执行理论并不能解释改革开放后中国政府改革的所有经验现象。笔者只能猜测，政府改革政策类型越接近于本书的前提假设（即为第③—2 类政府改革政策的执行）时，本书提出的执行理论可能越适用。

本书的理论假设是，政府改革政策的执行是政策决策团体与政策执行团体之间权力互动的过程。这种互动是由权力精英驱动的，并在政策执行结构不断转变的情况下进行的。政策执行网络中参与团体之间的权力合作与协调是影响政府改革执行成败的关键性变量。

那么怎样研究权力互动呢？权力互动是指中国政府改革政策的执行过程中，政策执行参与团体在政策执行结构中运用权力资源相互讨价还价、策略互动的过程。权力互动是由权力精英驱动，且政策执行结构不断转变下的博弈过程。权力互动的特点就在于与执行结构相伴随的博弈规则不断地变化。权力互动当然是基于利益的，但是复杂的执行结构变化是权力互动的最主要特征。因此，权力互动的研究不同于一般意义上的博弈研究。前者在于分析行为团体间复杂的权力关系，并指出这些权力关系变化与博弈行为及结果之间的关系。后者则旨在给定博弈规则的前提下找出博弈行为的均衡解。进而言之，对权力互动研究而言，寻找博弈均衡解的理论努力并无多大的现实意义。因为在现实的政府改革政策的执行过程中，执行结构改变所引起的博弈规则的不确定性太大。

权力互动的分析框架如图 1—2 所示。

本书将权力互动放在政策执行结构中加以分析。所谓政策执行结构是指参与政策执行的行政实体的能力分配状况。[①] 为了便于分析，本书依据政策执行参与者在执行结构中的权力、地位与影响政策目标方式的差异，将政府改革政策执行的参与者分成以下三类行动团体：决策团体、执行团体和自发行动团体。[②] 由于本书界定的政府改革政策是利益高冲突的，那么决策团体与执行团体的利益差异是一直存在的。上述分析框架存在着以下三个理论假设。

假设 1：在政府组织内部，按其在执行结构中的权力、地位与影响政策目标方式的差异，可将政府改革政策执行的参与者分成两类行动团体：决策团体和执行团体。

假设 2：在中国政府改革政策的执行过程中，存在着两类政策执行结构：正式执行结构和非正式执行结构。在这两类政策执行结构下，政府改革政策的执行结构有以下四种模式：A 模式、B 模式、A+B 模式和A−B 模式（图 1—2）。A 模式即政策通过正式执行结构来执行；B 模式即政策通过非正式执行结构来执行；A+B 模式即政策在正式执行结构和非正式执行结构相整合的情况下执行；A−B 模式即政策在正式执行结构和非正式执行结构相排斥的情况下执行。

假设 3：政府改革政策的执行是在上述四种政策执行结构模式不断变化的情况下进行的。本书试图通过分析在上述四种政策执行结构模式下，政策执行参与团体在政府改革政策执行中的权力互动现象，提出影响政府改革政策成败的关键性变量及其相互之间的逻辑关系。

本书的案例研究是在上述分析框架和理论假设的指导下进行的。

---

① 贺恩和波特尔（Benny Hjern 和 David O. Porter，1981）将政策执行结构定义为政策项目的执行者用来实现项目目标的行政实体。笔者认为，这个定义似乎过于模糊。在本书中，笔者借用罗伯特·基欧汉关于结构（structure）的定义，将政策执行结构定义为政策项目的参与者的权力分配状况。参见［美］罗伯特·基欧汉、约瑟夫·奈《权力与相互依赖》，门洪华译，北京大学出版社 2002 年版，第 22 页。

② 由于自发行动团体在本书的研究案例中没有出现，所以本书的权力互动框架中只显示两类行动团体，即决策团体和执行团体。

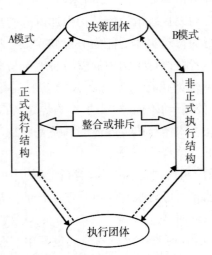

图 1—2 权力互动的分析框架

三 研究方法

从总体上说，本书的研究包括理论建构和经验研究两部分。理论建构采用归纳与演绎相结合的方法；经验研究则主要采用案例研究法、实地调研法、文件分析法和比较研究法。在整个研究过程中，理论建构与经验研究是一个不断互动的过程。建构的理论指导研究者去选择观察的案例、收集案例资料，并尝试性解释所选择的案例。同时，案例研究中观察到不能被解释的事实又促使研究者不断地修正已建构的理论。

（一）理论建构的方法

根据华莱士的"科学环"，理论有两个来源：第一，从经验观察出发，采用归纳法形成概念、命题和理论。第二，从已有的理论假设出发，通过逻辑推论形成理论。① 本书采用了两个来源相结合的研究方法。之所以如此，是因为在中国政府改革政策的执行理论研究中，既有可供立足的理论研究基石，也需要根据中国政府改革现象的特殊性对已有的理论进行修正。所以，本书既不是只采用第一个来源的扎根理论研究，也不是纯粹用演绎法的第二个来源的理论研究，而是采用归纳与演

---

① 参见袁方《社会研究方法教程》，北京大学出版社 1997 年版，第 93 页。

绎相结合的理论建构方法。

（二）经验研究的方法

在社会科学的研究方法中，经验研究方法是非常丰富的。本书根据研究目的和研究对象的需要，主要采用以下几种研究方法。

1. 案例研究法

本书选择的案例主要是浙江省宁波市在 1999—2011 年的审改政策执行。另外，本书也选择了浙江省象山县、杭州市等几个区域在1999—2011 年的审改政策执行作为辅助案例印证和补充宁波市的主案例。案例研究有以下三个主要途径：（1）运用"执行结构—政策执行—执行结果"的理论框架分析审改相关文件以及实地访谈、参与观察等获得的文献资料，对上述案例进行重复性的解释构建，以不断提炼和改进理论假设。（2）通过对审改资料、数据（如审批事项、审批时限和审批流程）的统计分析，为本书的理论假设寻找量化的经验证据。（3）时间序列分析。通过对研究区域长时间的跟踪观察，分析执行结构变化对审改结果的影响以及试点改革对审改结果的影响等。

之所以选择宁波市作为主案例，除了调研上的便利性条件外，更主要的是因为它既符合本书的理论前提假设，又具有较好的典型性。① 第一，这个案例符合本书所界定的政府改革政策的类型（即第③—2类政府改革政策）。宁波市的行政审批制度改革从表面上看，是政府对一些不适合经济、社会发展的审批事项做出调整。但从深层次看，这一过程体现的其实是政府自身的改革。② 宁波市审批制度改革的动力来自中央、省、市的决策层，决策层有比较清晰的审改目标，但对如何实现这一目标的手段却是模糊的。同时，审批制度改革是一个利益冲突性高的政府改革政策。如果说宁波市原有的行政审批制度赋予了各审批部门通过行政许可而实现对生产和经营之特许权的垄断，那么审改的一个主要目标便是弱化甚至打碎这一垄断权。如果说这种特许权由于存在较大的自由裁量空间，而能给审批部门及其工作人员带来某种利益，那么审改就是对这种利益的重新调整。第二，这个案例具有较好的典型性。首

---

① 笔者是宁波人，已对宁波市行政审批制度改革进行了 10 多年的跟踪调研。

② 不少学者曾对这种观点进行过论证。如徐湘林《行政审批制度的体制制约与制度创新》，《国家行政学院学报》2002 年第 6 期。

先，我国各级政府的机构设置和组织运作具有一定的同质性。分析宁波市的政府改革政策执行过程基本上可以反映其他各级政府执行政府改革政策的最基本特征。其次，审改是全国范围内推行的一项政府改革政策。其面临的问题以及采取的措施并不包含很强的宁波特色。最后，宁波市作为东部沿海开放城市，审改政策推行得相对比较深入。因此，对这一案例的分析可充分显现政府改革政策执行过程中的问题。

2. 文件分析法

在本案例的研究中，文件分析具有重要地位。这不仅因为在宁波市审改政策的执行过程中，文件运作是与政策执行相伴随的。而且也在于研究者可以就审改中某个文件产生的过程和情境提出一系列问题。在宁波市执行审改政策的案例中，文件的种类是多种多样的。主要包括政府对内、对外发布的文件（包括文件的起草、修改过程）、领导人讲话记录、反映政府内部运作的材料（如会议纪要、大事记、请示函、批复、工作总结、统计报表）、报纸杂志及网络上的相关资料等。在本案例的研究中，笔者对宁波市审批制度改革进行了 10 多年（1999—2013 年）的跟踪调查、按年份收集了详尽的资料，充分掌握了宁波市 10 多年来执行审改政策的各类文件材料。这些文件不仅能反映出案例中正式执行结构的运作状况。同时，通过分析这些文件的变迁，也能发现非正式执行结构的运作对政策执行过程与结果的影响。

3. 实地调研法

由于研究者无法始终亲身经历政府改革政策执行的现场，光凭对各类文件的解读可能会对事件的理解有所偏差，而且文件也不可能完全记载事件的鲜活性和完整性。因此，政府改革政策的执行研究需要有实地调研来补充文件分析法的不足。当然，笔者想进入政府改革的现场总是有很大的困难。而且研究者与调研者的关系，以及调研的时机和策略都会对调研结果产生很大的影响。但政府工作人员大多有较高的文化素养，对自己身处的工作环境中所发生的事件也大多有细致的观察和独到的见解。因此，笔者如果能获得调研机会，对理解政府改革事件会有较大的参考价值。

本书的实地调研主要采取访谈法和参与观察法。访谈则采取当面访谈和电话访谈相结合的方式。本项目的访谈对象：（1）审改政策制定的相关人员（如审改领导小组的成员、起草文件的秘书）。（2）审改政策执行的中层官员（如各局的正副局长、各县市区的主要领导）。（3）审改政策执行的基层人员（如"窗口办事人员"）。（4）审改政策执行的相关社会人员（如企业主）。本项目的参与观察有两种途径：（1）调研者到各调研点的"窗口"和"审改办"等地察看真实的审批运作过程。（2）笔者赴审改相关部门挂职锻炼，通过直接参与审改政策的执行进行观察。

本书的调研周期采取不定期与定期相结合的方式。不定期方式是指研究者根据研究区域的审改政策执行的进展状况进行调研。当研究区域的审改有新动作时，研究者就进行跟踪调研。定期方式是指研究者对研究区域每隔三个月进行一次电话访谈，每隔半年进行一次实地调研。

4. 比较分析法

另外，本书在主、辅案例的研究中采用了比较分析的方法。主要比较所选案例的审改执行结构、执行过程、执行结果的异同，分析产生这些异同的原因，在此基础上形成理论假设。具体比较的内容为：（1）"试点"审改区域与"非试点"审改区域的比较。（2）主案例中"试点"审改时期与"非试点"审改时期的比较。（3）主案例中"削减审批事项"、"改革政府行为"、"部门内审批职能归并"、"行政审批标准化建设"等各个审改时期比较。（4）"省会"城市与"非省会"城市的比较。（5）"市"与"县级市"的比较。

第四节　本书结构

本书共分六章。

第一章是导论。主要解决以下三个问题：第一，陈述本书致力于研究的问题及研究的意义。着重探讨从政策执行角度来研究政府改革现象的现实意义与理论意义，并划出本书所要研究的政府改革政策的类型。第二，从研究方法、研究视角的异同出发，综述、比较近十几年来国内外政府改革经验研究、中西方政策执行的理论模型两个领域的研究成果。第三，分析本书在研究进路上的创新点，提出本书从执行网络，即

"结构"与"行为"的视角互动来研究政府改革政策的研究进路,并说明本书所采用的研究思路与研究方法。

第二章分析国内外政府改革经验研究、中西方政策执行的理论模型在分析中国政府改革现象时存在的不足,指出本书的理论创新空间,并且分析了建构政府改革政策的执行理论所面临的挑战和必须解决的问题。

第三章建立了政府改革政策执行的分析框架和变量体系。首先,本章在已有的研究基础上归纳了中国政府改革政策的正式执行结构、非正式执行结构的特征,并基于这些特征提出了四种政策执行结构模式。其次,笔者分析了政策执行结构中行动团体的类型及其权力资源,个体行动者在政府改革政策执行中的策略选择模型。最后,作者在结构与行动互动的视角下,建构了中国政府改革政策执行的分析框架和变量体系。

第四章是案例研究。本章用第三章提出的分析框架和变量体系分析了宁波市 1999—2013 年间执行审批制度改革政策的案例。通过描述、分析宁波市审改由起时,政策执行结构的初步确立,审改过程中执行结构从 A 模式向 A+B 模式、再从 A+B 模式向 A′模式两次转换过程中改革决策团体和改革执行团体的权力互动现象,解释了宁波市削减审批事项成功和规范政府行为所面临困境的原因。

第五章是理论归纳。通过对宁波市执行审批制度改革政策的案例研究,本书归纳了中国政府改革政策执行中的执行结构转换的动力学、权力互动过程中各行为团体的行为模式。并在此基础上分析了影响政府改革政策执行结果的关键变量。

第六章是结论。重申本书得到的研究结论。指出本研究的理论创新及其适用范围、研究中存在的问题和有待进一步深入研究的问题。

第二章　寻找政府改革政策的执行理论

尽管政府改革政策与社会政策、经济政策（如教育政策、扶贫政策、环境保护政策、能源政策）等有着很大的差异，但政策执行的研究者似乎并没有注意到将政府改革政策作为一种类型加以研究。[①] 在研究政府改革政策的执行时，研究者们往往借用已有的政策执行理论资源，而忽略了政府改革政策执行的特殊性。当然，这并不是说，政府改革政策执行理论的研究应该完全摆脱已有的政策执行研究的理论进路。笔者认为，寻找中国政府改革政策执行理论首先应在中国政策执行已有的理论模型的基础上，分析上述理论模型在解释政府改革现象时所面临的缺陷，剖析在已有理论模型中被忽略掉的重要变量，才能面对建构政府改革政策执行理论所具有的挑战。

第一节　已有理论模型的缺陷

"官僚制"模型、"政治动员"模型、"博弈"模型和"政策网络"模型是目前研究者对描述、解释中国政策执行现象比较常用的理论模型。政府改革政策作为公共政策中比较特殊的一种类型，其政策执行现象既有着中国政策执行过程的共同性，又有着明显区别于一般政策类型的特殊性。因此，用上述四种政策执行的理论模型来解释政府改革政策的执行现象时，经常发现不贴切，也无法解释一些重要的政府改革

---

① 本书将在本章第一节第二项中界定政府改革政策，并详细论述它的特殊性。

现象。

一 无法解释政府改革的"怪圈"现象

改革开放以来，政府改革一直是党和国家行政工作的中心。实践者和研究者似乎比较一致地认为，政府改革不仅是巩固和推动经济改革的重要内容，而且也是贯通经济改革与政治改革的唯一桥梁。然而，与经济改革取得的鲜明成绩相对照，政府改革却容易给人"只做表面文章"的印象。[①] 而且至今还是"硬骨头"，需要有"涉险滩"的勇气。[②] 这主要是因为，在政府改革中存在着一个非常突出的现象，即在每一次改革之后，都会出现否定改革成果的回潮现象。国内学者将这种"时进时退"的改革循环现象概括为"怪圈"。在政府改革中，"怪圈"现象非常广泛。如政府机构改革中存在着"精简—膨胀—再精简—再膨胀"的"怪圈"，中央与地方关系的改革中存在着"下放—上收—再下放—再上收"的"怪圈"，行政审批制度改革中存在着"削减—增加—再削减—再增加"的"怪圈"等等。"怪圈"因其以变化、发展和前进为幻象而对政府改革的顺利展开造成极大危害。因此，政府改革的实践者和研究者比较一致地认为，只有走出不断回复的"怪圈"，才是中国政府改革之出路所在。

对于这一中国政府改革实践的核心问题，国内学术界从不同的视角做出了理论解释。其中比较系统的有以下三种解释进路。第一，行政生态学的研究进路。[③] 此进路的研究者认为，我国的政府改革是与国家、社会的整体发展以及其他诸领域的改革紧密联动的。因此，政府改革研究应采取一种宏观整体的途径。该进路认为，导致中国政府改革"怪圈"的原因在于现代化的国家发展战略、中国 20 多年来的宏观改革的路径选择——增量改革与政策调整、改革理念的偏失、人大预算监督的

---

① 参见《政府改革的道路》，《经济观察报》2002 年 7 月 11 日。
② 王甘武：《深化政府机构改革是一场艰苦的革命》，《半月谈》2013 年第 6 期。
③ 如黄仁宗《论我国政府机构改革"怪圈"的成因》，《探索》2001 年第 5 期；李媛媛、陈国申《从"放权"到"收权""简政放权"的怪圈——"莱芜经验"的反思》，《社会主义研究》2005 年第 5 期；刘爱芳《破解政府机构改革怪圈的路径选择——以治理理论为视角》，《武陵学刊》2010 年第 3 期。

乏力等。第二，利益分析的进路。[①] 这一进路的研究者认为，"怪圈"出现的原因在于，政府部门的利益不是立足于财政压力下的精简、统一、效能，而是在于维护、扩大改革前的权力。因此出现了改革的不断反复。第三，制度分析的进路。[②] 该进路的研究者认为，"怪圈"出现的原因可以从中国政治与行政的正式与非正式制度的变迁来加以解读。正是制度变迁中所遇到的问题，如行动团体是否形成、是否有充分的利益博弈、路径依赖、社会文化模板等是导致"怪圈"的主要原因。

　　上述研究视角各有其特色和贡献，本书尝试从政策执行的视角来研究中国政府改革"怪圈"出现的原因。这主要是因为：从政策执行的视角来研究中国的政府改革具有很好的可观察性。如果说政府改革从总体上看是极其复杂的现象，那么一项具体的政府改革政策的执行过程和结果，是研究者可以观察到的。研究对象的可观察性，使研究者可以通过所选案例的实地调查，来抽象影响政府改革政策执行成败的关键性变量。

　　既然政策执行是政府改革研究的一个不错的进路，那么既有中国政策执行的理论模型是否能较好地解释政府改革政策执行的"怪圈"现象呢？

　　事实上，当我们用"官僚制"进路、"政治动员"进路、"博弈"进路和"政策网络"进路来解释中国政府改革政策的执行现象时，似乎每一个理论模型都有欠贴切，都无法让研究者得到满意的解释。

　　首先，从研究对象看，"官僚制"进路最适合于解释政府改革政策的执行现象。因为政府改革政策的执行是在科层制中展开的。从理论上说，执行政策的政府组织具有较严格的等级控制制度，这符合"官僚制"进路的研究假设。但是中国政府改革政策的执行显然无法用简单的加强层级控制走出"怪圈"。这主要是因为，中国政府改革政策的目标虽然是既定的，但是如何实现这些目标的手段却是模糊、不确定的。而且决策团体也无法改变、控制改革的环境。这都需要政策执行者在具体的操作中加以调适。因此，"官僚制"进路对于中国政府改革政策执

---

① 参见本书第一章导言中的相关论述。
② 同上。

行研究的理论启示，与其说是设计应该如何加强监督以走出改革"怪圈"，不如说是回答了在哪些情况下政策执行无法进行监督。

其次，从研究现象上看，"博弈"进路最适合于解释政府改革政策的执行现象。因为政府改革"怪圈"现象是由政府改革政策执行过程中决策者与执行者之间、执行者与执行者之间，基于各自利益之上博弈产生的。但问题在于，如果正像"博弈"进路所指出的，政府改革政策的决策者已逐渐失去了对政策执行者的控制，政策结果是由政策决策者和政策执行者之间的讨价还价产生的，那么政府改革为什么会出现"时进时退"的现象？因此，政府改革政策执行的研究不能停留在"博弈"进路所致力的"讨价还价是如何展开的"，而应该回答在政策执行的博弈过程中，为什么有时候是"进"，有时候是"退"，影响"进、退"的关键性变量是什么？

再次，从研究现象的特征看，"政治动员"进路最适合于解释政府改革政策的执行现象。因为改革开放后，几乎每一个重要的政府改革政策的执行都明显带有"政治动员"进路的特征。传达、试点、计划、组织、指挥、协调、总结，以及"党管干部"体制下的政策执行与干部考核的挂钩等。然而，假设如"政治动员"进路所指出的，党通过保留任命政府官员的权力、提出政策路线和否决政府决策的权力，完全有能力使政府官员按照党的指示执行政策，那么为什么政府改革政策的执行会不断出现否定改革成果的回潮现象？因此，中国政府改革政策的执行尽管有"政治动员"进路所描述的一些特征，但并不像"政治动员"进路所解释的那样简单。政府改革政策执行研究应该回答"政治动员"进路是怎样在政策执行过程失效的？为什么会失效？

最后，从研究方法上看，"政策网络"进路最适合于解释政府改革政策的执行现象。因为，政策网络把分析中国公共政策执行最重要的一个变量"执行结构"吸纳了进来，在结构与行为的互动中来考察政策执行过程。[①] 但是，当我们用西方的政策网络理论来分析中国的政府改

---

① 当然，"政策网络"研究进路这一试图调和宏观的结构主义和微观的行为主义两者之间的矛盾，并超越二者的缺陷的理论抱负，也引发一系列问题。如缺乏严谨的分析模型，研究范围过于宽泛，解释变量过多等等。参见 Dowding、Petersons。（转引自陈建国 2010 年的《政策网络的理论审查》）

革政策执行现象时，仍然存在着以下几个无法解决的问题：第一，尽管西方学者把政策网络看成是一个光谱性的结构，一端是紧密联系的铁三角，另一端则是松散联系的议题网络，中间则是政策子系统和亚政府，但这些政策网络的结构显然与我们政府改革政策的执行结构存在着巨大差异。① 第二，在西方政策网络的研究中，某一类型的政策网络的形成和变迁是在既定规则下，平等行为主体的权力博弈过程。而中国政府改革政策的执行结构的形成和变迁没有一个既定的规则，而且最主要的是，执行结构中的行为主体也不是地位平等的。因此，中国政府改革政策的执行现象也需要从结构与行为的互动中来考察其过程和结果，但它并不具有西方政策网络理论所具有的一些特征。

由此可见，现有的四种中国政策执行的理论模型都不能贴切地解释政府改革政策的执行现象，从而也无法回答现阶段中国政府改革所面临的实践问题。因此，当我们寻找中国政府改革政策的执行理论时，需要从源头出发，找出政府改革政策相较于其他政策类型的特殊性，再从这些特殊性入手，来检视上述理论模型解释失效的原因。

二　忽略的政府改革政策的特殊性

上述四种中国政策执行的理论模型在解释政府改革政策执行现象时所出现的困难，主要是由于政府改革政策相对于其他政策类型所具有的特殊性引起的。因此，寻找政府改革政策的执行理论首先需要厘清政府改革政策所具有的特殊性。

众所周知，国家推行政府改革政策，其目的大多在于促使各级政府组织能更好地执行社会政策、经济政策，以促进社会、经济的发展。在转型国家，推行政府改革政策又往往与政府职能转变联系在一起。比较典型的是，落实一项经济（社会）改革政策同时也是推行一项政府改

---

① 参见罗茨和威尔克斯等的分类：Rhodes R. A. W., "Understanding Governance: Policy Network, Governance", *Reflexivity and Accountability*, Open University Press, 1997, p. 38; Wilks S., Wright M., Conclusion: Comparing Government-Industry Relations: States, Sectors, and Networks//Wilks S., Wright M., *Comparative government-Industry Relations*, Clarendon Press, 1987, pp. 274-313.

革政策的过程。① 但是，这种联系与重叠并不意味着政府改革政策可以与社会政策和经济政策混为一谈。因为，从政策执行过程和结果来看，政府改革政策相较于社会政策、经济政策而言具有一定的特殊性。

特殊性是由比较而产生的。因此，在分析政府改革政策的特殊性之前，首先需要将其与其他的政策类型区分开来，然后在政策执行层面上进行比较。基于此，我们先来看一下与政府改革政策相对应的几个重要的政策领域：社会政策和经济政策。

社会政策可以定义为政府影响公民福利的政策行为。其内涵包括政府用于福利和社会保护的政策，特别是有关教育、医疗卫生、社会保障、人口控制、环境保护和住房等政策。② 经济政策是指政府影响国家经济运行而采取的政策行为。其内涵可包括货币政策、投资政策等。③ 从政策执行的对象来看，社会政策和经济政策都是以公民（或特定的公民群体）为政策目标团体，政策所调整的利益主要在公民群体间、公民代际间流动；各级政府组织和公民（或特定的公民群体）是共同的政策执行者。从政策执行的成败来看，政策执行成功的关键在于各类政策执行者之间的良好合作，以及所涉利益调整的公民群体对政策执行机构的服从。从政策执行的效果来看，社会政策、经济政策的执行效果可以直接通过经济问题、社会问题的解决与否来衡量。比如，以我国高等教育发展政策为例，在这一项社会政策的执行中，政策目标团体是全国各高等院校，政策执行团体包括教育部、省教育厅、市教育局、高等院校等。在此项社会政策的执行中，政府机构（教育部、省教育厅、市教育局）当然发挥着重要作用，但是作为政策目标团体的高等院校却是高等教育发展的主体。此项社会政策执行的成败关键在于以高等院校为主体和纽带的各类政策执行者之间能否形成良好的合作关系和有效的权力互动。

与上述社会政策和经济政策不同，政府改革政策是指政府为提高自身管理经济、社会的能力、方式、效率等所采取的政策行为。其内涵可

---

① 这主要是因为，转型意味着政府管理经济、社会模式的转变。如本书的研究案例——行政审批制度改革即是比较典型的例子。

② ［英］迈克尔·希尔：《理解社会政策》，刘华升译，商务印书馆 2003 年版，第 1 页。

③ 刘易斯、何宝玉：《发展计划：经济政策的本质》，北京经济学院出版社 1988 年版。

包括机构改革政策、中央与地方关系改革政策等与政府组织自身改革相关的一切政策。政府改革政策在政策执行过程和结果上看，具有一定的特殊性。这些特殊性主要体现在以下几方面：

1. 政府改革政策是在政府组织内部推行的

社会政策、经济政策是在社会、经济领域内推行的，而政府改革政策则是在政府组织内部推行的。当然，社会领域内的公民（或特定的公民群体）在公共政策执行过程中也可以自发组织起来，影响政策执行过程。但是这种组织的功能与能力依旧不同于政府组织。处于政府组织中的政策执行参与者可以不同程度地利用政府组织本身所具有的惩罚权力、报偿权力和制约权力，来影响政府改革政策的执行过程。特别是在很大程度上可以依赖于制约权力的隐蔽和公开行使。[①] 因此，如果同样存在政策执行中的目标团体的不服从现象，那么在政府组织内部推行的政府改革政策，其目标团体有着更多可以利用的权力。而且我们可以推论，社会政策、经济政策执行中目标团体表达利益的关键在于，政策目标团体的集体行动能否形成以及其对政府组织产生政治影响的可能性问题；但政府改革政策执行中目标团体表达利益的关键在于，政府组织内部的政策执行参与者之间的权力互动。

2. 政府改革政策的目标团体具有特殊性

社会政策和经济政策的目标团体是公民（或特定的公民群体），而政府改革政策的目标团体则是政府组织内的各级官员或工作人员。一般而言，社会政策、经济政策涉及社会领域不同群体或阶层之间的利益关系，并不直接针对政府组织内的各级官员和工作人员。在社会政策、经济政策的执行中，政府组织内的各级官员和工作人员在有效解决社会、经济问题和化解社会矛盾时可以置身事外。但是政府改革政策却不同，它的政策目标针对的是现行政府体制的弊端。通常需要在政府组织内重

---

① 这种隐蔽或公开的制约权力——对一个具体政府部门的目标的普遍接受，得到了有关这些目标的信息大量流通的支持，流通手段包括会议、讲演和报刊、电台和电视的内容，经常还与公众可接触到的精明的不断显示自身重要性的管理人员有关。［美］约翰·肯尼思·加尔布雷思：《权力的分析》，陶远华、苏世军译，河北人民出版社 1988 年版，第 113 页。

新配置权力来改进政府行为。[①] 因此，政府改革政策的目标团体往往是政府组织内的官员及工作人员。而作为政府改革政策目标团体的官员及工作人员又同时是政府改革政策的执行者。另一方面，政府改革政策对公众的影响却是间接的。这导致公众对政府改革政策的执行过程和结果较为冷漠。[②] 尽管政府改革政策涉及众多的权力与利益关系，[③] 而且事实上也往往间接涉及每个公民的权力和利益，但是由于政府改革政策的改革对象是政府组织内的官员及工作人员。因此，公众不会像关注其亲身经历的社会政策、经济政策那样关注政府改革政策的执行状况。更谈不上像社会政策、经济政策的执行那样亲力亲为地监督。

3. 政府改革政策的执行绩效更难评估

由于行政生态环境的复杂性，社会政策、经济政策的执行绩效评估往往是困难的，但政府改革政策的执行绩效评估似乎更为困难。如果说社会政策、经济政策的执行还可以通过社会问题、经济问题的解决与否来加以衡量，那么政府改革政策在执行过程中的评估往往会得到否定性的回答。这一现象可以由组织权力的"双峰对称"理论来加以解释。组织权力的"双峰对称"理论认为，组织只有赢得内部对其目标的服从时才能赢得外部的服从。其外在权力的大小和可靠性取决于内部服从的程度。[④] 政府改革政策的执行过程，是政府组织内部服从的动荡时期，往往会连带着外部服从危机的出现。因此，在政策执行绩效无法得到肯定性反馈的情况下，很难设计一个理想的政府改革政策的执行方案。政府改革政策的推行者只能摸索着前行，以求改革不要引起太大的社会震荡。

---

① 徐湘林：《中国政治改革政策的目标设定和渐进策略选择》，《吉林大学社会科学学报》2004 年第 6 期。

② 余致力：《民意与公共政策——理论探讨与实证研究》，台湾五南图书公司 2002 年版，第125 页。

③ 一般地说，政府改革政策涉及的权力和利益关系主要包括：政府与政党的关系，政府内部中央与地方、上级与下级以及部门与部门之间的关系等；政府与社会的关系，政府与企、事业单位的关系，政府与公民的关系。参见汪玉凯《中国行政体制改革二十年》，中州古籍出版社 1998 年版，第 14 页。

④ ［美］约翰·肯尼思·加尔布雷思：《权力的分析》，陶远华、苏世军译，河北人民出版社 1988 年版，第 55 页。

综上所述，政府改革政策与一般政策（如经济政策、社会政策、教育政策等）是有巨大差异的：首先，政府改革政策的推行面比一般政策小。一般政策面向全社会，是"官"与"民"之间的关系；而政府改革政策只在政府组织内部推行，是"官"与"官"之间的关系。其次，政府改革政策的参与者，无论是改革决策团体还是执行团体，都是拥有一定权力的。即使是最基层的行政人员在履行其职能时也有一定的自由裁量权。因此，这使政府改革政策的参与者有了一定的腾挪空间。最后，政府改革政策的绩效只能被政府组织内部人员直接、深切地感知，广大公民对其绩效的了解是间接而肤浅的。而且在我国现行的政治、行政体制下，公民既没有参与政府改革的机制，也缺乏参与的兴趣。因此，如果不是政府改革政策的决策团体主动寻求公民的关注和参与，政府改革是很难得到社会力量的支持的。

三 遗漏的三个重要影响因素

政府改革政策在执行层面上所具有的特殊性，使政府改革政策执行现象和问题会有别于其他类型政策。所以，当我们直接用中国政策执行的理论模型来解释这些现象和问题时，就难免会欠贴切。基于政府改革政策的特殊性以及中国的政府改革经验，笔者认为，目前中国政策执行现象的四个理论模型遗漏了三个重要的影响因素："执行结构"、"权力互动"和"关系运作"。

首先，"执行结构"是政府改革研究遗漏的第一个重要变量。政府改革的政策执行结构是在不断变化的，遗漏执行结构的变化就无法很好地解释政府改革政策的参与者之间的权力互动。因此，无法理解为什么有时政府改革政策能推行下去，有时又受到抵制甚至倒退。政府改革的政策执行结构的变化是由以下两方面原因引起的：第一，处于转型期的社会结构是政府改革政策的执行结构不断变化的根本原因。中国的社会结构转型既有从传统向现代的转型，也有现行体制在面对复杂社会问题时所做的应对性转型。在处于转型的社会结构中，整个国家和社会的正式制度往往还不完善和稳定，正式制度和非正式制度也没有很好地整合在一起。因此，与西方国家已经基本定型的政策执行结构不同，中国的政策执行结构也是多变的。在多变的政策执行结构下，产生了政府改革政策执行中多样化的个人策略选择，即有时是正式制度独自起作用（即按规则办事），有时则是正式制度和非正式制度共同起作用（即灵活运用规则，规则和情面兼顾），有时甚至是非正式制度单独起作用而撇开了正式制度的控制（即违规办事）。第二，政府改革政策在政府组织内推行的特殊性加剧了执行结构的不断变化。政府是按照科层制来设置各级组织的。从严格意义上说，在科层组织内政府改革政策应该做到政行令通，各项政府改革政策也应该能得到很好的贯彻落实。但事实并非如此，世界各国政府改革政策的执行都面临着不同程度的困难。韦伯传统的理想行政组织科层制已经受到了现代政府组织实践的严峻挑战。中国的政府改革实践也表现为参与者之间权力分配和相互联系不断地变化。时而是自上而下权力控制下的合作，时而是自下而上放权搞活后的互动，时而又是权力撤退后的各自为政。与社会相比较，政府组织易于"政治动员"，同时也易于反复、变化。

其次，"权力互动"是政府改革研究遗漏的第二个重要变量。事实上，权力互动现象在政府改革政策执行中是大量存在的。第一，政府改革政策是在政府组织中推行的。这为政策执行的参与者提供了丰富的权力来源和众多的权力运作手段。一个极端的例子，在行政审批制度改革中，改革政策要求某审批部门的官员放弃某一项审批权力。而该审批部门的官员即使是名副其实地放弃了此项审批权，也不能确认他对此审批事项将不再产生影响。改革政策削减了他此项审批权力，但没有剥夺政府组织赋予他的其他众多的权力。在与此审批事项相关联的事件上，该官员可以在法律许可范围内不同程度地利用政府组织赋予他的处罚权力；凭借政府组织的财政行使其报偿权力；更可以一本正经、兢兢业业地向上级、同事汇报工作情况，提供数据、信息等手段进行谁也没有察觉的制约权力。这些在政府组织内俯拾可得的权力，对政府组织外的政策执行参与者而言是不可企及的。第二，面对如此丰富的权力来源，政府改革政策执行中对权力行使的监督却是有限的。一位公民或一家企业在政府工作人员执行社会政策或经济政策时，倘若受到了其认为不公正的待遇，总会设法通过其他权力途径去瓦解这种导致不公正的权力（当然前提是有其他的权力途径）。但对于政府改革政策执行中运作的权力，公民无法确切感知的，也不会去主动监督。因此，政府改革政策执行中的权力制约大多局限于政府组织内部，而无法借助于政府组织外部的力量。[1] 这种局限于政府组织内部的权力制约，更加剧了政府改革政策执行过程中权力运作的复杂性。因为这最起码引出以下两个问题：一是政府组织内部的权力制约方式。二是权力制约方式变化对权力运作过程的影响。第三，面对如此丰富、复杂的权力关系，政府改革政策执行过程中如何设计理想的权力运作方式却是难以确定的。政府改革政策的执行绩效难以评估，决策者仅仅知道必须执行政府改革政策，但具体如何执行才不至于使社会、经济体系发生灾难性动荡，这是决策者难以确知和控制的。因此，政府改革政策的决策者虽然有政府组织赋予的对政策执行者的控制权，但无法取代政策执行者面对具体的情境所采取的行动权。所以，政府改革政策的执行通常难以有一个确切的蓝图。即使有，也必须在面临具体问题时不断地做出调适。这一特性使政府改革政策执行的权力运作方式具有多变性。

最后，"关系运作"是政府改革研究遗漏的第三个重要变量。"关系"是华人社会成年人处理日常人际关系的文化养成。源于儒家文化传统的"关系"，在现代社会以模拟传统的家族血缘关系的方式，来建构人与人之间的信任、规范、义务和预期（如"拉关系"和"走关系"）。[2] 显然，"关系"文化与政府组织所倡导的"规则"文化是格格不入乃至背道而驰的。因此，党和政府一直在意识形态层面将"关系"排斥在政府组织之外，致力于消除"关系"文化对政策执行带来的负面影响。但"关系"作为华人社会的文化养成是不可能根除的。[3] 而且，由于政府组织是权力、利益的集中之地，"关系"运作与权力运用、利益分配结合起来，"关系"对政策过程的影响比其在社会领域还更大一些。这种影响既有正面的（如能通过"关系"整合资源，实现

---

[1]　在中国执行政府改革政策的历史上，也曾有过借助政府组织外部的力量来推动政府组织内部政策执行的经验。如改革开放前的"三反"、"五反"运动。但是，这种经验并不成功。主要在于，依靠政治动员的政府组织外部力量，在制约政府组织内的权力运作方面，不仅不够细致，而且难以控制。

[2]　Lin, Nan, "Guanxi: A conceptual Analysis", *Contributions in Sociology*, Vol. 133, 2001b, pp. 153-166.

[3]　事实上，"关系"建构在像香港、台湾那样现代化的中国人社会里也并没有消失。金耀基：《关系和网络的建构——一个社会学的诠释》，《二十一世纪》（香港）1992 年 8 月号。

更好的合作与协调），也有负面的（使个别组织帮派化、帮派之间合作困难、运用"关系"突破法定规则以及资源的不公正分配等）。① 在政府改革政策的执行过程中，因此，我们需要直面"关系"在政府改革政策执行中的作用，分析它如何影响执行网络中行动者的行为选择，从而探讨它对执行网络的影响机制。只有在分析清楚"关系"对政府改革政策执行的影响机理之后，我们才能得出发挥其正面影响、减少其负面影响的政策性建议。

通过上述分析可知，政府改革政策的执行是深陷在复杂多变的"权力"和"关系"结构之中的。已有的四种政策执行理论模型之所以不能很好地解释改革开放后的中国政府改革政策的执行现象，主要是因为遗漏了中国政府改革政策执行过程中上述三个重要变量。

在"官僚制"进路和"政治动员"进路的理论假设中，政府改革政策执行过程中复杂多变的权力互动和"关系运作"是不存在的。因此，也不存在由此而产生的执行结构的变化。"官僚制"进路假设执行政策的政府组织从属于严格的等级控制制度；政策决策团体能够改变和控制环境。而"政治动员"进路则假设决策者通过保留任命政府官员的权力、提出政策路线和否决政府决策的权力，能促使政府官员按照其指示执行改革政策。虽然，改革开放后的政府改革政策是通过各级政府组织来执行的，有着"官僚制"进路的一些特征。而且，由于政府改革政策是自上层决策者发动的，且涉及利益的重新分配，因此又会自然地沿用改革开放前的"政治动员"进路的一些因素。但是，这并不意味着政府改革政策执行过程中的权力关系只有改革政策的决策者对执行者的控制权。即便是在最严格的控制权之下，政策执行者的行动权依旧是存在的。控制权与行动权之间的不断互动，导致权力结构的变化；而反过来，权力结构的变化又导致行动权与控制权此消彼长及互动方式的变化。

"博弈"进路的理论假设虽然肯定了政策执行过程中权力的互动现象，但却忽略了"关系"运作和执行结构的变化。"博弈"进路认为，

---

① 龚虹波：《论"关系"网络中的社会资本——一个中西方社会网络比较分析的视角》，《浙江社会科学》2013 年第 12 期。

由于中国改革进程中不断强化的分权趋向，政策决策者已逐渐失去了对政策执行者的控制，政策结果是由政策决策者和政策执行者之间的讨价还价产生的。但在"博弈"进路中，决策者与执行者之间博弈行为是在一个不变的权力结构下展开的，各自的权力资源和权力范围已在既定的权力结构中做了分配。"博弈"进路的研究核心即在既定的权力结构下，这种讨价还价是怎么展开的，以及对政策执行结果的影响。因此，政策执行中的博弈行为也就类似于经济领域内既定的制度框架下行为者基于利益之上的博弈。这一模型用来解释社会政策、经济政策的执行时，或许有可取之处。因为这些政策的执行，公民（或特定公民群体）与政府组织之间的权力资源和权力范围可以视作在现行的相对稳定的政治体制下已做了分配。但这一假设很难适用于中国政府组织内的权力现状。在当前的政府行政体制下，政策决策者对政策执行者的控制权，在某一时段、某一事件上可能是很大的；而在另一时段、另一事件上又可能是很小的。这种差异就来自于权力关系的变化。而且政府改革政策执行中权力结构的变化并不是政策执行参与者的主观因素决定的。①

"政策网络"进路从政策执行结构和执行过程互动的视角出发，来考察中国的政策执行现象。但还没有关注到政策执行过程中"关系"的影响，以及"关系"运作和权力互动所引发的政策执行结构不断转换的特征。事实上，我们在宁波市行政审批制度改革的研究中发现，审改文件所规定的正式执行结构与实际在运行的执行结构差异巨大，关系复杂，根本不能用固定不变的政策执行结构来研究我国的政府改革现象。

基于上述分析，笔者认为，寻找中国政府改革政策的执行理论，并给改革开放后的中国政府改革政策的执行现象及实践中存在问题一个令人比较满意的理论解释，那么该理论就不能忽略中国政府改革政策执行过程中，行动者之间复杂、多变的权力关系、"关系"运作以及与之相伴随的不断变化的执行结构。

---

① 一些研究者认为，转型国家的政策执行随领导人的意志和注意力而改变。在笔者看来，这是一种很简约化的理解。

第二节　建构政府改革政策的执行理论的挑战

从逻辑推论中发现解释某现象的重要变量，并不意味着以该变量为特征的新理论的诞生。事实上，从前者到后者还有一段相当遥远且难以预料的路途。

研究者在这一路途中所面临的挑战主要是，面对现实场景中复杂的现象，需要在这些观察到的复杂事件中找出简单关系。为了实现这一目标，研究者首先要有创见地提出各种理论变量，再对各种变量之间的逻辑关系作富有想象力的细致分析。不过，虽然"大胆假设"是重要的，但是"小心求证"也同样重要。从复杂事件中推论出正确而富有洞见的简单关系，需要研究者不断来回奔波于理论与现实之间，以避免埃莉诺·奥斯特罗姆所指出的，"被束缚在自己编织的理论网结之中，……强行把正方形、三角形和椭圆形都剪裁成圆形"。① 诚如曼库尔·奥尔森所言，当事件的结果为已知时，研究者能够使用任意数量的材料来支持自己的观点，他总可能编造出别人难以驳倒的某种"解释"的，……正因为很容易找出一种或几种属性来解释某一个人类或社会的现象，所以我们必须坚持判断真伪的原则：一是，对规律的任何解释必须适用于两个以上的事件才算成立；二是，由于一般不可能考察所有的事例，因此最好的办法是将全部事例分类，首先考察某一类中的全部事例。这样至少可以排除在这一事件中选取事例的偏见。② 当然，曼库尔·奥尔森在这里只是给出了判断理论真伪的两个粗略的原则。事实上，建构理论这一艰苦而难以预料的路途中，有着太多的陷阱让研究者落入其中。不过，这也许就是理论建构对智识挑战的乐趣所在。

---

① ［美］埃莉诺·奥斯特罗姆：《公共事物的治理之道》，上海三联书店 2000 年版，第 45 页。

② ［美］曼库尔·奥尔森：《国家兴衰探源——经济增长、滞胀与社会僵化》，商务印书馆 2001 年版，第 13—17 页。

如果说上述挑战是每一个尝试建构理论的研究者都必须面对的，那么笔者在建构政府改革政策的执行理论时除上述几点之外，还必须面对以下几个具体的挑战。

第一个挑战来自于权力结构研究中的结构（structure）与行动（agency）问题。① 在政府改革政策的执行研究中，权力互动是由权力精英驱动，并且处于不断变化之中。权力互动的特点就在于互动规则不断地变化。权力互动当然是基于利益的，但是复杂的权力关系变化是权力互动过程的最主要特征。因此，权力互动研究不同于经济学意义上的博弈研究。前者在于分析行为团体间复杂的权力关系，并指出这些权力关系变化与政策执行行为、结果之间的关系；后者则旨在给定规则的前提下找出博弈行为的均衡解。而对权力互动现象而言，寻找博弈均衡解的理论努力并无多大的现实意义。因为在现实的政府过程中，权力契约不确定性太大。或者说，制定权力契约的交易成本太高，这往往会导致契约还没有签订就已经失灵。因此，权力互动的研究着重于权力结构变动之下的互动行为，需要关注结构（structure）与行动（agency）两端。在一定的权力结构下，行为者之间的权力互动是如何展开的；权力互动过程又是如何影响权力结构改变的。这种处于不断变化中的权力互动关系又是如何影响政府改革政策的执行结果的。在这一动态的研究背景下，研究者必须面临如何恰当地融合行动（agency）取向和结构（structure）取向的研究进路的挑战。

另一个挑战来自于对政策执行现象的复杂性。虽然政策执行似乎是浅显易懂且可观察到的，但是当学者着手去研究它时会发现，它有很多内容是不可见的。同时，它也是多主体、多层次的，甚至呈复杂的网络状。J. 普雷斯曼和 A. 威尔达夫斯基早在 1973 年研究联邦政府的政策

---

① 结构（structure）与模式化的关系、人类行动的限制以及宏观的社会现象相联系；行动（agency）则往往与人类的创造力和社会行动相联系。从本体论上看，前者认为，人类行动有本体论的优先性，结构是由个人目标最大化的个体创造的；后者则认为，社会结构有本体论的优先性，人类的行动是由结构塑造的。事实上，自韦伯以来，社会理论的大家们，如福柯、吉登斯、布迪厄、哈贝马斯等都在努力融合这两条进路，以缓解行动与结构之间的紧张。参见 Roger Sibeon, *Rethinking Social Theory*, London. Sage Publications Ltd, 2004 一书的论述。

如何在奥克兰大落空的个案时就发现，即使在政策条件都非常乐观的情况下（如项目资金充足、参与者的赞同等），政策执行也有可能失败。这种失败便是由于共同行动的复杂性引起的。如很多的参与者，因此而产生的多种观点，长而曲折的决策、执行通道。① 正如埃莉诺·奥斯特罗姆所指出的，公共政策在任何一个层次的分析中，有着各种各样不同的规则、外部环境的特征和由相关个体形成的共同体结合，共同构成了一个有机的而非简单叠加的整体。② 对于如何处理复杂现象，社会科学家有着许多方法论上的争论。③ 这些方法论上的争论也反映在政策执行的研究中。有学者试图通过寻找关键变量解释复杂的政策执行现象；有学者则将可辨认的大小变量全建构入模型；有学者则认为只有深度的阐释才能理解复杂的政策执行现象。④ 由前人的研究经验可知，面对复杂的政策执行现象，如果研究者既想避免后现代的阐释主义，又没有建构宏大的政策执行理论模型的抱负，那么通过寻找关键变量来建构政策执行的中层理论显然是一个不错的进路。然而，这个看起来不错的进路，操作起来则有着更多的困难。这主要是因为，这一进路既不能像前者那样全然沉迷于理论建构，也不能像后者可专注事件细节。这一进路必须在复杂现象与关键变量之间架起一座桥梁。然而，不幸的是，由于中国政府改革政策执行的复杂性和相关案例研究积累的稀少，我们很少有希

① Jeffery L. Pressman & Aaron Wildavsky, *Implementation*, 3rd ed Berkeley: University of California Press, 1984.

② 保罗·A. 萨巴蒂尔编：《政策过程理论》，彭宗超译，生活·读书·新知三联书店2004年版，第48页。

③ 这种争论大致可分成三个进路，实证主义（后实证主义）、阐释主义、批判主义。关于实证主义和阐释主义的分歧与融合，笔者比较同意米切尔·希尔的观点：在早期的经验研究中，考虑到问题的定义的假设的形成，阐释主义是必要的；即使是后期的经验研究，解释结果，得出结论和提出建议，阐释主义是必要的。但为了知识的积累和可验证性，在中期的经验研究中，需要实证主义。

④ 参见米切尔·希尔的《治理视野中的政策执行》一书中对西方各政策执行理论大家的研究成果的综述。

望通过纯粹的归纳来建构理论。因此，一个替代性的出路是进行理论演绎。① 即将一小套概念（或变量），加入到已有概念（或变量）之中，形成对政策执行复杂现象的竞争性解释。然而，这一进路的研究者需要处理好以下两方面的问题：一是，选取的新变量是否与现象相符；二是，选择的已有概念体系是否恰当。这些问题都需要研究者奔波于理论与复杂现象之间，不断地修正和改进理论。

不过，最大的挑战还是来自于反映中国政府改革政策执行现象特殊性的"关系"变量。这里的特殊性是指，政策执行中的某些现象和性质纯粹属于中国政府改革政策的执行。它既不属于中国其他政策的执行，也不属于其他国家的政策执行。本研究的前提假设是政府改革政策的执行相对于其他类型的政策执行具有特殊性；② 中国的政府改革政策的执行相对于西方国家的政策执行也具有特殊性。对特殊性的肯定是本研究进行理论演绎的前提。然而，当我们把这种特殊性贯彻到理论建构中去时，就会面临很多问题。最主要的在于以下两点：一是，反映"关系"运作的变量如何提取。"关系"虽然在华人社会中普遍存在，但却是一个隐秘的话题。特别是在政府组织内，更是一个敏感的话题。人们一般不会公开谈论自己的人际关系网。因此，采用一般的设计调查问卷、访谈等方式均无法观察到真实的"关系"运作。当然，如何对"关系"运作进行实证研究，学界也有了一些研究成果，如邱展谦（2007）、③ 边燕杰（2004）等。④ 但这些成果主要来自于对社会领域

---

① 政策执行的复杂性和相关案例研究积累的稀少，并不是本书作者在研究中所面临的独特问题。事实上，西方的政策执行研究者也面临着同样的问题。进行理论演绎的替代性出路也同样被西方学者，如 Laurence O'Toole 等人运用。参见 Laurence O'Toole，Robert S. Montjoy，"Interorganizational Policy Implementation：A Theoretical Perspective"，*Public Administration Review*，Vol. 44，No. 6，Nov. -Dec.，1984，pp. 491–503。而且在笔者看来，在具体的一项研究中，研究方法的演绎与归纳并不是截然分开的。如果我们说，本书采取了理论演绎的方法，那是指研究者在理论逻辑推理上比较彰显，理论的归纳部分比较隐蔽而已。归纳与演绎的理论，最后都将在对现实的解释过程中得到检验。

② 参见本章第二节的论述。

③ 邱展谦：《知觉关系（Guanxi）量表之发展》，《管理评论》2007 年第 1 期，第 47—70 页。

④ 边燕杰：《城市居民社会资本的来源及作用：网络观点与调查发现》，《中国社会科学》2004 年第 3 期，第 136—146 页。

"关系"现象的研究这些变量。在研究政府组织内的"关系"时，它的适用性还需要做一些改造。基于此，政府组织的"关系"运作变量的选取应该来自于研究者的参与观察和亲身体验，或前人已有的研究成果，或两者兼而有之。但不管来自何种途径，都需要由本书的研究案例来加以检验。二是，这些反映"关系"运作的变量如何与其他变量结合在一起。这些关键性变量是影响其他变量的变化，还是与其他变量共同起作用？或者两者相互作用共同影响中国政府改革政策的执行过程与结果？这些问题的回答不仅仅只关涉逻辑推理正确与否，也需要现实中的政府改革政策执行现象来加以检验。如果建构的理论与现实中的执行现象之间有出入，那么问题有可能来自于以下三方面：反映特殊性的变量选取不当、已有的概念体系的选择不当、变量之间的关系分析不当。因此，研究者在着手解释中国政府改革政策执行现象的特殊性时，必须关注上述三方面的问题。一个能描述、解释中国政府改革政策执行现象的理论，需要根据其特殊性对现有的理论进行恰当的改造。

第三章　政府改革政策执行的分析框架

在政策执行研究中，一个具普遍性的发现是，政策执行涉及表面上看来陷入众多关系的许多行动者。这些行动着的个体有着各自的意愿、动机和行为策略。但是，这些行动着的个人又不是完全自由的。每一个行动者都在政策执行结构中有着自己的角色和位置。在中国自上而下的政府改革政策的执行过程中，相互依赖甚至交叉重叠的政府组织成为政策执行结构的母体；权力资源丰富、以政策执行为业的官员成了政策目标团体。权力关系作为连接个体行动者与政策执行结构的纽带，成为政府改革政策执行研究中的关键性变量。

本章将在结构（structure）与行动（agency）互动的视角下建构中国政府改革政策执行的分析框架。第一节，笔者从结构（structure）视角出发，在已有研究成果的基础上，描述、归纳中国政府改革政策的正式执行结构、非正式执行结构的特征。并基于这些特征分析上述两种结构在现实政策执行过程中可能产生的四种结构模式，即 A 模式、A+B 模式、A−B 模式和 B 模式。第二节，笔者从行动（agency）视角出发，首先划分政府改革政策执行中的参与团体类型；然后分析各个政策执行参与团体所拥有的权力资源；最后确立政府改革政策执行中的行动者运用权力资源的策略选择的理论模型，并在此基础上探讨政府组织内的集体行动问题。第三节，笔者在结构（structure）与行动（agency）互动的视角下，建构中国政府改革政策执行的分析框架，指出此分析框架的变量体系。同时论证从该视角来分析中国政府改革政策执行的合理性。

第一节　政府改革政策的执行结构

西方国家的政策执行研究者，自贺恩和波特尔（Benny Hjern and David O. Porter，1981）提出"执行结构"（implementation structure）的研究途径后，目前已经基本上达成了用"政策网络"（policy networks）来概括西方国家政策执行结构的共识。但是，中国政府改革政策的执行结构却远比西方国家复杂得多。其正式执行结构与非正式结构差异之大，关系之复杂，根本不能用类似于"网络"等形象的比喻来标识。[①]基于此，笔者在分析结构与行动的互动关系、建构政府改革政策执行的分析框架之前，先概括中国政府改革政策的执行结构的基本特征。

虽然参与政策执行的政府组织会因政府改革政策的不同而有很大的差异，但是，由于中国各级政府在组织设置和组织文化上具有很大的相似性和同构性。[②] 因此，可以把政策执行时产生的政府组织的主要结构特征一般化。

一　"有限分权"的正式执行结构

政府改革政策是在政府组织内部推行的，并由政府组织内的各级官员及工作人员来执行。因此，政府改革政策的正式执行结构与各级政府的体制化结构相吻合。基于已有的关于中国各级政府架构的体制化结构的描述和概括，笔者认为，中国政府改革政策的正式执行结构具有"有限分权"的特征。所谓"有限分权"是指在政策执行结构中权力分

---

① 实际上，产生这种正式执行结构与非正式结构之间巨大差异及复杂关系之根源可在中国近、现代社会发展史中寻找。传统帝制中国在近代受到西方国家民主、法治思潮的强势冲击，必然要受这一潮流的影响。但是，几千年的文化积淀、社会心理似乎根本不可能立马改变。这种不适应表现在政策执行结构上，有时就难免会出现"穿着西装、戴着瓜皮小帽"的现象。

② 关于中国各级政府在组织设置和组织文化上具有很大的相似性和同构性方面的研究，请参见谢庆奎（1995、1998）、夏海（2001）、胡伟（1998）、Lucian Pye（1968）、Andrew G. Walder（1983）、David M. Lampton（1987）等人的作品。

配的清晰度有限。即在中国公共政策的政策执行结构中，部门与部门之间、甚至官员与官员之间的权力范围都无法清晰界定。这就要求政策执行者在权力行使过程中相机而动，因时、因地、因人、因事而异。当然，这并不是说我国政策执行的正式结构不存在或不起作用，而是说由于结构设置的原因导致了权力交错、重叠。这些交错、重叠的权力才需要机动性分配。

目前，国内外学者对中国各级政府政策执行的正式结构的描述和概括，最集中的是以下两大特征：一是，"党政双轨"的执行结构；二是，"条、块结合"的矩阵结构。① 近些年来，随着中国政府"党政分开"、"事业单位改革"等改革的展开，学者们对上述改革的研讨也可视作是对上述两大特征的补充和延续。

"党政双轨"的执行结构是指中国共产党通过在同级政府中设立相应的党组织来实现党的领导。② 一般来说，在中国的政府组织中，只要有政府组织就肯定会有同级的中国共产党组织。由于"党领导下的政府"、"党管干部"等政策的执行，党组织和各级政府一样，只要党组织愿意，它也可以领导、参与政策执行过程。但这并不是说，在政策执行功能上，党、政已有明确的职责与权限划分。而且在当代中国的不同时期，党、政在政策执行上的功能也是有所不同的。在毛泽东时代，实行中国共产党的绝对领导。此时，在"党政双轨"制结构中，"政"的力量相对较弱，其功能依附于党。在"文化大革命"时期，这种现象达到了极致。在改革开放以后，我国进行一系列"党政分开"的改革，要求各级党组织不干预具体的政策执行过程，集体力量加强战略上和思想上的领导作用。但是，为了实现党组织的有效领导，党一直保有两项重要的权力：一是，任命政府官员的权力，即"党管干部"路线；二是，提出政策路线和否决政府决策的权力，即"实行党的领导"路线。③ 因此，在具体的政策过程中，党组织凭借着这两条路线依旧可以

---

① 如胡伟（1998）、Kenneth Lieberthal and Michel Oksenberg（1988）、李侃如（1998）、David M. Lampton（1987）等。

② 胡伟：《政府过程》，浙江人民出版社 1998 年版，第 292 页。

③ Susan L. Shirk, *The Political Logic of Economic Reform in China*, Berkeley, University of California Press, 1993.

参与政策执行的过程。事实上，由于"党政不分"的行政传统，再加之制度设计上党组织与政府组织千丝万缕的关系，在很多情况下党组织并没有也无法不参与具体政策执行的过程。[①] 那么在政策执行中党组织与政府组织如何分权呢？这并没有具体的可操作的制度化规定。因此，只能由当事人相机而动，因时、因地、因人、因事而异。[②]

"条、块结合"的矩阵结构是指我国各级政府的行政部门实行双重隶属制度。地方行政部门既受地方人民政府（通常称为"块"）的领导，又受国务院等上级主管部门（通常称为"条"）的领导或指导。"条条"指的是从中央到地方各级政府业务内容和工作性质相同的职能部门；"块块"指的是由不同职能部门组合而成的各个层级政府；"条块关系"则是指各级政府组织在条块结构基础上形成的交互关系。[③] 由于我国幅员辽阔，人口众多，单一的"条条"或"块块"都无法有效地管理重大的经济和社会生活。而"条块结合"形成的矩阵结构则有助于政策在广大的地域范围内推行。但是，同时也造成了"条块分割"的弊端。如在我国，市农产品原料的生产由省农业厅管理，科技由省科委管理，进出口由省外经贸委管理，进出海关由省海关管理，金融由中国人民银行省行管理，各专业银行还有自己的一套管理系统。再加之"条条"与"块块"的分权根本无法做出严格的体制上的规定。一般来说"条条"是指"业务关系"，如教育部、省教育厅、市教育局、县教育局、乡镇教育科为"业务关系"；"块块"则是指"领导关系"，如宁波市人民政府内的所有市级机构属于"块块"。宁波市教育局既要接受省教育厅的"条"的业务指导，同时也接受宁波市人民政府"块"的领导。在接受双重领导的体制下，在政策执行中，行政部门到底听从"条条"的指导还是服从"块块"的领导呢？这要看具体的政策执行情境。通常情况下，"条"、"块"关系也是中央控制地方的一种调控手段。中央政府想加强对地方政府的控制时，"条条"上的管理和指导就会加强；反之，如果中央想调动地方政府的积极性，则减弱"条条"

---

① 胡伟：《政府过程》，浙江人民出版社 1998 年版，第 294 页。

② 从行政效率考虑，政策执行上的分权是有碍于行政效率的提高的，而机动分权虽然很灵活，但同时也很多变，让人难有稳定的预期。

③ 马力宏：《论政府管理中的条块关系》，《政治学研究》1998 年第 4 期。

上的管理和指导，给"块块"更多的自主权。然而，由于"条"、"块"政策和"条"、"块"利益有时会打架，因此，地方政府在政策执行中也会出现用"条条"的政策来搪塞"块块"、用"块块"的要求来敷衍"条条"等策略性行为。①

针对复杂、交错、重叠的政策执行结构，我国政府也一直在努力加以改善。1997年开始的事业单位改革就可以看作是简化这一结构的努力。事业单位在我国政策执行结构中的数量是非常巨大的。据不完全统计，到1994年底，我国的事业单位已达到130多万个。截止到1997年底，我国各类事业单位总人数已达2846万多人。② 中央自1997年以来，围绕事业单位改革先后出台了一系列政策。其政策目标在于实现政企分开、转变政府职能。到2005年底，虽然事业单位改革政策在全国各省、市、自治区、直辖市都得到了一定程度的落实，但离中央的政策目标尚有较大距离。改革后的事业单位与政府部门之间依旧有着千丝万缕的关系。乃至一些行政性事业单位在上级政府的授权下，依旧行使着行政权力，代表着政府，发挥"二政府"的作用。③ 因此，正在改革中的"政事关系"（即政府与事业单位的关系）在一定时期内尚不能真正简化我国的政策执行结构。有时，改革的不确定性反而加大了我国政策执行的正式结构"有限分权"的特征。

综上所述，现阶段，我国政府改革政策执行的正式结构具有"有限分权"的特征。在一定程度上，政策执行过程中哪些权力起主要作用、哪些权力起辅助作用并不是千篇一律的。往往是因时而异、因地而异、因人而异、因事而异，常常极为灵活、机动、无形、多变。这种"有限分权"的特征导致了政策执行过程中权力的支离破碎，形成"政出多门"的局面。这种局面下，推动政策执行极其困难，但阻碍政策执行却轻而易举。④

---

① 关于这种策略性行为的详细描述请参见扬鹏《产业政策在中国的境遇——一位基层官员的实践体会》，《战略与管理》2001年第2期，第57页。

② 参见《中国统计年鉴1995》、《中国统计年鉴1998》、《中国机构》1999年第1期。

③ 康晓光：《权力的转移——转型时期中国权力格局的变迁》，浙江人民出版社1999年版。

④ ［美］李侃如：《治理中国》，杨淑娟译，"国立"编译馆1998年版。

二 "关系主导"的非正式执行结构

在中国政策执行结构中，除了"有限分权"的正式执行结构外，还存在着"关系主导"的非正式执行结构。非正式执行结构是政策执行中分配权力的另一种机制。它是由于传统、社会和组织文化的影响，在组织中自生、自发形成的。"关系主导"是中国政府改革政策的非正式执行结构的基本特征。

众所周知，华人社会人与人之间的"关系"（Guan xi）不同于西方社会的"relationship"，它具有了很强的华人社会的文化特征。许多国内外学者用"关系"（Guan xi）这一重要的概念来解释中国社会秩序和社会结构之下复杂的人际关系现象，以区别于关系（relationship）。①"关系主导"的非正式执行结构是指基于"关系"维护和发展基础之上形成的权力分配机制。其所描述的最大特征是"关系网络"中的行为者之间资源、信息的可交换性。需要指出的是，在中国"关系主导"的非正式执行结构中，人情与面子发挥着重要作用。在"关系主导"的非正式执行结构，政策执行中的人际交往既不按照正式制度进行，也不像市场规则按"公平法则"进行。政策执行者碍于"人情"与"面子"会采取代价大于预期回报，甚至突破正式规则的行为。② 因此，在这种模式下，"关系"是一种稀缺的且有很大价值的资源。因此，政策执行者的行为往往以维持和发展自己的"关系网络"为导向，从而使政府改革政策的非正式执行结构显示出"关系主导"的基本特征。

在政府改革政策的执行中，"关系主导"的非正式执行结构是在一定的"关系"基础上形成的。现代华人社会的"人情—面子"关系起源于强调基于家族血缘的伦理关系的儒家文化。③ 到了现代，华人社会

---

① 比较具有代表性的是黄光国、胡先缙（2004）、翟学伟（2004、2005）、胡必亮（2005）、Lucian Pye（1968）、Bruce J. Jacobs（1979）、Andrew G. Walder（1983，1986）、Lee，James zhongzi（1993）等。

② 参见黄光国的人情与面子的理论模式图。黄光国：《人情与面子：中国人的权力游戏》，载黄光国、胡先缙《面子——中国人的权力游戏》，中国人民大学出版社 2004 年版，第5页。

③ 金耀基：《关系和网络的建构———一个社会学的诠释》，《二十一世纪》（香港）1992年8月号。

又以模拟家庭（pseudo‑families）的方式来建构适应现代社会的"人情—面子"关系①。即人们通过这种方式模拟传统的家族、血缘关系，并以此来建构人与人之间的信任、义务和预期。换言之，具有"关系"的人们通常拥有模拟家庭的因素，如同乡、同窗、校友、老同事，甚至扩展到共同的爱好等。当然，这些特殊的"关系"基础对政策执行结构中每一个人的重要性，会随着个人对认同对象的重视程度差异而有所不同。而且不同层级的政策执行机构、政治舞台类型、时间因素等也会影响上述关系基础的重要性。②

　　当然，个体之间有上述"关系"基础并不一定就有了可资利用的"关系"或形成了"关系主导"的非正式执行结构。其间还有一个重要的变量，即"感情"。有"关系"基础的个体之间，如果感情好，则存在可资利用的"关系"；如果感情不好，则不存这种"关系"。由此可见，在华人社会的"关系"运作中，情感性目的和工具性目的是不加以区分的。③ 感情需要双方通过不断的"人情"互赠来培养。在不断的"人情"互赠过程中，个体之间逐渐加深了信任度，从而维持、发展了彼此之间的"关系"。在这个过程中，"关系"基础为个体之间的"人情"互赠提供了一个相对封闭的平台。在这个平台上有着交往者共同熟悉的其他个体。行为者在"人情"互赠中守不守信用、够不够义气，也将会被这个平台中的其他个体感知。因此，在政府改革政策的执行过程中，"关系"其实类似于"信用卡"、"保险费"和"荣誉证书"，为政策执行者之间的权力互动和利益交换提供了信任与合作的平台。

　　但是，在"关系主导"的非正式执行结构中，并不是每个政策执行者都拥有均等的"关系资源"。事实上，每个行动者所拥有的"信用

---

　　① Lin, Nan, "Guanxi: A conceptual Analysis", *Contributions in Sociology*, Vol. 133, 2001b, pp. 153–166.

　　② 参见 Bruce J. Jacobs《中国政治联盟特殊关系的初步模式：台湾乡镇中的人情和关系》，载黄光国、胡先缙《面子——中国人的权力游戏》，中国人民大学出版社 2004 年版，第93 页。

　　③ 因此，一些国外学者认为，中国的关系就是情感开路、工具性交换跟随而上，分不清华人在"人情—面子"关系中赠送礼物还是行贿受贿。参见边燕杰，2010；K Tsetsura，2009；Leung，TKP，Wong，YH，2001。

卡"、"保险费"和"荣誉证书"的数量差异非常大。一般来说，领导者拥有的"关系资源"比较多。这主要有三个原因：一是，领导者在正式执行结构中拥有权力资源比较多，可以保障他在"关系主导"的非正式执行结构中的"面子"馈赠和"人情"交换中比常人多的机会和实力；二是，领导者往往在政策执行结构中处于核心地位，信息沟通和资源分配的中心点。因此，比常人更能掌握非正式执行结构中的"关系网络"现状，从而也能与常人更好地运作"关系"资源；三是，领导者处于科层组织的最高层，其个人的人格化因素更容易为下属所关注，比常人更有机会展现自己的个人魅力。因此，也会比常人有更多的追随者，较常人更容易建立和维护自己的"关系网络"。[①] 虽然正式执行结构中的领导者往往拥有较多的"关系资源"，在"关系网络"中处于核心地位，但并不能简单地概括为正式执行结构和非正式执行结构在权力分配上是重合一致的。事实上，在"关系主导"的非正式执行结构中，有时位于科层组织下层的小人物，由于"关系"因素得到某个科层组织上层大人物的庇护而拥有较多"关系"权威。[②] 而位于科层组织上层的某个大人物可能由于不善运作"关系"资源而大权旁落。[③]

由此可见，政府改革政策执行过程中，"有限分权"的正式执行结构和"关系主导"的非正式执行结构分配权力的方式是不同的。首先，正式执行结构按照政策执行者的职位来分配权力资源；而非正式执行结构按照政策执行者的"关系"资源来分配权力。其次，正式执行结构虽然是因"有限分权"而变得模糊不清，但非正式执行结构却因为广泛的"关系"因素而更加不可预测。最后，权力在"有限分权"的正式执行结构由上而下呈等级状分布，通常只有一个权力中心。而"关系主导"的非正式执行结构有几个分散的"关系网络"，即所谓的"圈

---

① 正是基于这一点，有些学者如胡伟（1998，p. 314）、谢庆奎（1995，p. 93）等将中国政策执行的非正式结构概括为"人格化结构"。即指依靠领导人的人格力量所形成的权力制衡。笔者认为，这种概括虽然指出了我国政策执行的非正式结构的特征，但究到底，这种人格化的特征还是通过"关系"中的人情来运作的。

② 即我们平常称此人有"后台"、"背景"、"靠山"、"保护伞"或有人给他"撑腰"等。

③ 翟学伟：《人情、面子与权力的再生产》，北京大学出版社 2005 年版，第 229 页。

子"。① "圈子"成员利益互赖且情感关联，且对外有很强的竞争力，易于争取外部资源。

三　四种执行结构模式

区分上述两类政策执行结构只是出于研究的需要，事实上，在现实的政府改革政策的执行中，"有限分权"的正式执行结构和"关系主导"的非正式执行结构经常是黏合在一起的。它们之间或相互整合、或相互排斥，共同影响着政府改革政策的执行过程和结果。

目前，国内外学术界对于中国政策执行的正式结构与非正式结构之间的关系，主要有两种观点。一种观点认为，"关系主导"的非正式执行结构阻碍"有限分权"的正式执行结构有效地分配和整合权力资源，从而带来了政策执行中出现的种种问题。② 另一种观点则认为，"有限分权"的正式执行结构如果与"关系主导"的非正式执行结构能很好地整合在一起，不仅不会阻碍政策执行，相反，还会促进政策执行并取得良好的政策绩效。③ 当然，上述两种观点表达了两类政策执行结构之间相当重要的关系，但依据逻辑推理，"有限分权"的正式执行结构和"关系主导"的非正式执行结构之间共有四种关系，如图1—2所示。

在图1—2中，政策执行的行动团体（包括决策团体和执行团体）可以在以下四种政策执行结构模式中行动。④ 分别是A模式、A+B模式、A-B模式和B模式。

（1）A模式：在政策执行过程中，"有限分权"的正式执行结构独自起作用，"关系主导"的非正式执行结构中的"人情—面子"因素不影响政府改革政策的执行。由于决策者能通过重新配置权力来调整正式

---

① 罗家德、王竞：《圈子理论———以社会网的视角分析中国人的组织行为》，《战略管理》2010年第1期。

② 比较典型的是持官僚模型研究进路的学者，如丁煌（2002）。

③ 持这一点的学者如胡伟（1998）、David M. Lampton（1987）等。当然，胡伟教授把中国非正式执行结构概括为"人格化的结构"，笔者认为，归根到底，这种人格化的特征还是通过"关系"中的人情来运作的。因此，胡教授的观点也可视作是中国"关系主导"的非正式执行结构对正式执行结构相互作用关系的一种观点。

④ 在此，笔者仅粗略地提出政策执行的两大行动团体：政策决策团体和政策执行团体。理由将在下一节中详细论述。

执行结构。因此，A 模式下的正式执行结构并不是一成不变的。决策者可根据政策执行的需要，通过增设、撤销或合并机构来改变既有的正式执行结构，从而形成新的 A′ 模式。

（2）A+B 模式：在政策执行过程中，正式执行结构与非正式执行结构共同起作用，且"关系主导"的非正式执行结构中的"人情—面子"因素促进了权力在"有限分权"的正式执行结构中的有效配置。这种模式的出现有赖于两个前提：一是，"关系主导"的非正式执行结构自身的整合度。在政策执行结构中只有一个"圈子"；或虽有多个"圈子"但"圈子"间互不拆台。二是，"有限分权"的正式执行结构和"关系主导"的非正式执行结构整合得比较好。"有限分权"的正式执行结构由于机构的重叠、交错对政府改革政策执行中哪些权力起主要作用、哪些起辅助作用或不起作用无法做出彻底明确的规定。而"关系主导"的非正式执行结构能从有效实现政策目标的角度出发，对这些不明确的权力做出因事而异、灵活、机动的划分。此时，"关系主导"的非正式执行结构对权力的分配将促进政府改革政策执行的速度与效率。

（3）A-B 模式：在政策执行过程中，正式执行结构与非正式执行结构共同起作用，但"关系主导"的非正式执行结构中的"人情—面子"因素加剧了"有限分权"的正式执行结构中权力的无效配置。出现这种模式可能有两种原因：一是，"关系主导"的非正式执行结构本身相互排斥。即在政策执行结构中存在多个"关系网络"，它们之间相互排斥，而且出现了因"关系网络"间的恶性竞争、相互拆台而影响政府改革政策的执行。这些支离破碎且相互排斥的"关系网络"，使政府改革政策"有限分权"的正式执行结构更加难以贯彻。二是，"关系主导"的非正式执行结构与"有限分权"的正式执行结构相互排斥。在这种情况下，即使"关系主导"的非正式执行结构本身可能整合得比较好，但如果其运作不是从有效实现政策目标的角度出发，对"有限分权"的正式执行结构中尚待明确的权力是否划分及如何划分的依据偏离政策目标。那么，"关系主导"的非正式执行结构的存在也必将阻碍政府改革政策的执行。

（4）B 模式：在政策执行过程中，非正式执行结构独自起作用，而正式执行结构不影响政府改革政策的执行。这是一种比较特殊的政策执行结构模式，在中国比较特殊的历史时期曾经出现过。[1] 其具体表现为国家政策的执行完全撇开党和政府的各级组织。决策者通过其独特的人格力量所形成的"关系网络"来贯彻政策。由于这种政策执行结构模式能把政策执行的参与者广泛动员起来，但也会造成不同程度的失控现象，可能使政策执行的结果与最初的政策目标大相径庭。[2] 因此，改革开放后，中国的政策执行很少在这种模式下展开，决策者更倾向于凭借政策执行的正式结构。

第二节　执行结构中的政策执行

在分析了上述四种政策执行结构模式后，现在来讨论处于执行结构中的行动者及其选择性行为。虽然执行结构限定行动者选择的背景（context），但行动者依据其权力资源的类型和大小，在执行结构内总是拥有或多或少的选择自由权。这些自由选择权不仅影响政策执行的结果，同时还会影响政策执行结构的改变。

一　政策执行参与团体的分类

当我们的分析视角由政策执行结构转向政策执行者时，不免会被形形色色、数量众多的个体行动者所困扰。这些个体行动者不仅在人力资本、工作部门、工作岗位、行政级别、关系网络中的地位等方面各不相同，而且参与政策执行的动机、利益和态度也不一致。但政府改革政策的执行是政府组织内的集体行动，因此，研究者总可以依据一定的标准对这些千差万别的个体行动者进行分类。本书按其行动的相似性将政策执行参与者分成决策团体、执行团体和自发行动团体。其中执行团体又可分为中层官员和基层官员两类次一级的行动团体。[3]

---

① 如"文化大革命"时期的政策执行，即是这一模式的经典案例。
② 胡伟：《政府过程》，浙江人民出版社1998年版，第323页。
③ 本书运用的政策执行参与团体概念包括决策团体、执行团体和自发行动团体。政策执行参与团体区别于政策执行团体。政策执行团体等同于执行团体，包括中层官员与基层官员。

（一）决策团体、执行团体和自发行动团体

从总体层面看，依据政策执行参与者在执行结构中的权力、地位与影响政策目标方式的差异，政府改革政策执行的参与者可分成三类行动团体：决策团体、执行团体和自发行动团体。[①]

决策团体和执行团体位于政府组织的内部。[②] 决策团体是由在执行结构内处于最上层的领导阶层、负责政策决策的个体行动者组成的行动团体。这些个体行动者基于相同的政府改革需求，采取集体行动促进政府改革政策的执行。执行团体则由在执行结构内处于被领导阶层、执行政府改革政策的个体行动者组成。这些个体行动者基于相同的利益，采取集体行动形成政策执行的行动团体。当然，在我国现有的政府体制内，地方政府的领导人在本级政府的政策执行结构内是决策团体，但同时又是上级政府的政策执行结构中的执行团体；执行团体对下级政府来说，则又可能是决策团体。在我国现有的政府体制内，中央政治局（书记处）是唯一具有决策团体身份的组织。中央政治局（书记处）以下各级政府在特定的政策执行结构中都可能有决策团体、执行团体的双重身份。但这种现象的连续性并不影响分类。因为在某一具体的政策执行结构中，决策团体和执行团体依据本书提出的划分标准还是能区分开来的。

自发行动团体位于政府组织的外部。它是由社会领域内的个体行动者基于相同的需求和利益自愿组织起来，并采取集体行动影响政府改革政策执行的社会团体。自发行动团体能否形成一般来说与一国的政治、

---

① 这一组概念虽然来自于研究者对中国政府改革政策执行过程的观察，但研究者提出这一组概念受到 D. 诺斯等新制度经济学家的行动团体理论的启发。其中，决策团体类似于初级行动团体，是一个决策单位。它们的决策支配了安排创新的进程。这一单位可能是个人，也可能是由个人组成的团体。执行团体类似于次级行动团体，也是一个决策单位。用于帮助初级行动团体获取收入，进行制度安排的个人或由个人组成的团体。当然，这里仅仅是类似而已。这两组概念间也有许多不同之处。关于行动团体的理论请参见 L. E. 戴维斯、D. C. 诺斯《制度变迁的理论：概念与原因》，载［美］R. 科斯、A. 阿尔钦、D. 诺斯《财产权利与制度变迁》，上海三联书店 1994 年版，第 271 页。

② 研究者是从政策执行参与者与政策执行结构中的权力、地位与影响政策目标方式的差异来区分决策团体和行动团体的。这并不意味着决策团体只负责决策，而执行团体只负责执行。事实上，决策团体不仅负责决策，同时也负责政策执行的发动、激励、协调和监督。（这也正是研究者将决策团体作为政策执行参与者团体的理由，尽管在字面理解有些矛盾）。执行团体也会在执行中做出各种各样的决策，甚至以各种各样的途径参与决策团体的决策。

行政文化、政治体制有关，但更直接的还在于政府组织外的公民在政策执行过程中能否解决行动的外部性问题和"搭便车"问题，走出曼瑟尔·奥尔森所谓的集体行动的困境。① 由于政府改革政策的目标团体往往是政府部门的官员及工作人员，尽管从根本上看政府改革政策涉及公众的权力与利益关系，但其影响却是间接的。因此，公众对政府改革政策的执行过程和结果较为冷漠。② 即使在西方发达国家，政府改革政策执行中形成的自发行动团体也比较少。在我国，公民历来缺乏政治参与和意见表达的传统，政府改革政策执行中的自发行动团体更是少见。所以公民即使对政府改革政策的执行有相同的需求，也往往无法形成自发行动团体，只作为潜在的行动团体存在。

（二）中层官员与基层官员

在执行团体内部，依据政策执行参与者在政策执行结构中权力、地位与影响政策目标方式的差异，又可分为两类次一级的行动团体：中层官员和基层官员。

中层官员是指在政府改革政策的执行中，介于决策团体与基层官员之间的政策执行团体。这一团体往往在政策舞台上扮演着决策团体和执行团体的双重角色。中层官员上连决策团体、下接基层官员，其上、下连接的位置在政策执行中起着重要作用。有学者认为，改革开放后，我国政府的中层官员与上层决策团体之间是依附性关系。由于在 20 世纪80 年代，我党在政府的中层领导岗位上，已成功地实现了由"革命型官僚"向"技术型官僚"的转换。所以这些以专业技术、管理才能见长的技术官僚，由于缺乏维护自身权力的自主的社会政治基础，从而与上层政治权威形成了依附性的关系。③ 但是笔者认为，这并不意味着具有依附性的中层官员在政府改革政策的执行中将对上层决策团体唯命是从。在政府改革政策的执行中，决策团体为了降低决策失误的成本，在

① ［美］曼瑟尔·奥尔森：《集体行动的逻辑》，上海三联书店 1996 年版。

② 这种公民对政府改革政策执行的冷漠似乎并不是中国所特有。西方发达国家也存在同样的现象。相关研究综述请参见余致力《民意与公共政策——理论探讨与实证研究》，台湾五南图书公司 2002 年版，第 323 页。

③ 徐湘林：《后毛时代的精英转换和依附性技术官僚的兴起》，《战略与管理》2001 年第 6 期。

执行中并不强调政策刚性，而允许具有专业技术、管理才能、了解情况的中层官员有一定的自由裁量权。而在中层官员与基层官员的联系中，中层官员是委托者和监督者。同时也与基层官员形成一定的"关系网络"。需要指出的是，改革开放后，中层官员在中国政府改革中也往往成为政府改革政策的目标团体。

基层官员是指在政府改革政策的执行中，直接面对民众的第一线的政策执行团体。政策执行研究对基层官员的关注开始于李普斯基（Michael Lipsky）。根据李氏的观察，几乎所有的公共政策都需要由基层官员来执行。他们不仅在其工作范围内拥有相当的自主权，而且能够控制服务对象；他们所做的任何决定、所建立的标准作业程序，以及对不确定性与工作压力的设计，都能有效地成为公共政策。[1] 基层官员一方面把自己看成制度系统中的齿轮，另一方面他们似乎拥有大量的自由裁量权。回旋于这两点之间，基层官员在既定的政策执行结构中，不会轻易接受上级的控制。[2] 在中国政府改革政策的执行过程中，基层官员所具有的另一个特性是，他们不仅仅是第一线的政策执行团体，同时也往往是政府改革政策的目标团体。

在上述分类中，政府组织内的行为团体（决策团体、执行团体）与政府组织外的行动团体（自发行动团体）基本上可以依据行动者的身份进行区分，因此，相对比较清晰。[3] 而政府组织内的决策团体与执行团体，以及执行团体内的中层官员及基层官员的区分在与现象比对时则是无法坚持精确性的。不过，这似乎是任何尝试分类的研究者都面临的问题。正如戴维·毕瑟姆把政府组织内的人员分成长官、官员和工作人员时指出的，边界对任何概念都是一个问题，因而在任何情景之下都要坚持精确性完全是一种迂腐之举。[4]

---

[1]　Lipsky, M., *Street-Level Bureaucracy*, New York: Russell Sage, 1980, p. 611.

[2]　Ibid., p. 161.

[3]　但这种清晰也是相对的，因为不能在逻辑上排除政府组织内的成员在工作之余，也参加了政府组织外的行动。

[4]　［美］戴维·毕瑟姆：《官僚制》，韩志明、张毅译，吉林人民出版社 2005 年版，第5—6 页。

二　行动者的权力资源

在政府改革政策的执行中，"权力"这一因素比在其他类型的政策执行中重要得多。[①] 上述判断似乎用常识就可印证。因为我们在日常生活中就能感觉到，那些位于政府组织中的官员甚至是基层官员，比政府组织外的普通百姓有权力得多。这一基于常识的判断，事实上也有学理的依据。美国学者约翰·肯尼思·加尔布雷思在 20 世纪 80 年代就指出，近代以来，在权力的三大来源中，组织已成为最重要的权力来源。财产和人格只有在组织的支持下才能发挥作用。[②] 那么，政府组织赋予各类政策执行的参与团体什么样的权力呢？

根据中国政府改革政策的执行结构特征，政府组织赋予各类政策执行参与团体的权力资源主要有以下两类，即"职位"和"关系"。[③] 由此产生职位权力[④]和关系权威。[⑤]

（一）职位权力

政府组织首先是根据政策执行参与者在组织中的"职位"来分配

①　尽管任何一个关于权力的定义都是肤浅的（约翰·肯尼思·加尔布雷思语），但为了研究的需要，笔者还是要对本书所指称的"权力"先做一个界定。从本书的研究目的出发，笔者采用罗伯特·达尔的权力的综合"影响力术语"概念，即把权威、受训控制、说服、诱导、武力、强制等影响力术语糅合成一个综合性概念以表述权力概念。简单把权力定义成，一个行为者或团体按照自身意愿影响其他行为者或团体的态度和行为的能力。参见［美］罗伯特·达尔《现代政治分析》，上海译文出版社 1987 年版，第 31 页。

②　［美］约翰·肯尼思·加尔布雷思：《权力的分析》，陶远华、苏世军译，河北人民出版社 1988 年版，第 47 页。

③　所谓权力资源是指，包括人员、金钱、土地、武力、知识、声望、职业、社会地位、社会关系、投票权、立法权、合法性、法律、传统、习俗等形形色色的有形和无形的东西。谁掌握了这些资源，谁就拥有了影响他人行为的可能性。参见《中国大百科全书》（政治学卷），中国大百科全书出版社 1992 年版，第 498—499 页。

④　职位权力是指合法地属于任何具有权威或影响的社会角色或组织中官位的担当者的权力。这可以从国家官员的情况中看出，只要他们继续占据着他们的位置，就享有巨大权威和影响，但在替换后，这种权威和影响就丧失了。参见［美］格尔哈斯·伦斯基《权力与特权：社会分层的理论》，关信平、陈宗显、谢晋宇译，浙江人民出版社 1988 年版，第 74 页。

⑤　本书在此选用权威一词，旨在与职位赋予的权力的制度性特征相区分。权威是权力的一种形式。L. 斯坦曾将其定义为"对他人判断未经检验的接受"。在中国的权力运作研究中，国内外学者往往不将权力与权威做出区分，两者加以混用。理由在于，在中国的权力运作的情境下，权力与权威实在很难区分开来。参见翟学伟《中国社会中的日常权威——关系与权力的历史社会学研究》，社会科学文献出版社 2004 年版，第 30—39 页。

权力的。组织，就是为共同的目的结合起来的一群人。每一个组织，不论它的目的或性质如何，都会涉及权力的分配。而每一个组织必定有一个管理机构。它以整体的名义做出各种决定，并在关系到组织目的时，总比单个成员有更多的权力。① 政府组织的特殊性在于，其本身在整个社会中是管理机构。它以国家的名义做出各种决定，并在关系到国家目的时，总比单个社会成员或其他社会组织有更多的权力。因此，政府组织内的"职位"这一权力资源，至少有两类权力属于政策执行的参与团体所有。对决策团体、执行团体的中层官员而言，"职位"所赋予的权力有管理社会的权力和管理政府组织的权力；对执行团体的基层官员而言，虽然在政府组织中处于被领导、被管理的地位，但"职位"也赋予他们以管理社会的权力。管理政府组织的权力按其实施手段的特征，可分为惩罚权力、报偿权力和制约权力。② 管理社会的权力在社会转型时期则可分为再分配权、国有资产转让权和监管控制权。③ 同时，这两套权力的实施状况又是相互关联的。根据组织权力的双峰对称理论，政府组织只有在行使好管理政府组织的权力时，才能有效地行使管理社会的权力。④

"职位"赋予政策执行参与团体的另一类权力是自由裁量权。如果权力在政策执行过程中没有自由裁量空间，那么惩罚权力、报偿权力、制约权力和再分配权、国有资产转让权、监管控制权将是单向而机械的。但事实上，在任何一个领域中，授权他人去完成工作的委托者都不

① ［英］伯特兰·罗素：《权力论》，商务印书馆1998年版，第113页。

② 国内外学者对权力按其实施手段特征做出过许多不同的分类。如约翰·肯尼思·加尔布雷思将其分为应得的权力、报偿的权力和制约的权力；丹尼斯·朗将其分为武力、操纵、说服和权威；伯特兰·罗素则将其分为教权、王权、暴力、经济权力和支配舆论的权力。本书根据研究的需要将其分为惩罚权力、报偿权力和制约权力。其中惩罚的权力和报偿的权力是看得见的，并且是客观的。与此相反，制约权力则是主观的，服从它的人往往不知道这种权力正在被使用。在笔者看来，权力学说史上，关于权力的一维观、二维观、三维观的纷争可以归结到学者对制约权力如何界定和理解的分歧。

③ Kornai, *The Socialist System: the Political Economy of Communism*, Princeton University Press, 1992, pp. 64–67.

④ 组织权力的双峰对称理论：组织只有赢得内部对其目标的服从时才能赢得外部的服从。其外在权力的大小和可靠性取决于内部服从的程度。参见［美］约翰·肯尼思·加尔布雷思《权力的分析》，陶远华、苏世军译，河北人民出版社1988年版，第35页。

可能有完全的控制权。正如西蒙所指出的，即使在层级化程度最高、最具权威性的组织（如军队）中，自由裁量权也是至关重要的。① 自由裁量权让政策执行的参与团体所拥有的权力更具影响力。同时，也使政策执行的参与团体之间在政策执行过程中形成权力互动。在中国政府改革政策的执行过程中，决策团体为了降低政策设计失误的成本，在政策执行中并不强调政策刚性，而且在政策设计上也有无法避免的模糊性和原则性。因此，政策执行的参与团体就有了相对较大的自由裁量权。

（二）关系权威

如前所述，在中国政府组织内，"关系网络"也是一项重要的权力资源。但"关系"并不像"职位"那样为权力提供相对稳定的合法性。处于"关系网络"中的政策执行参与者是否能获得权威，在于他是否能在政策执行过程通过解决各种事务和协调各种人事关系而获得上司的赏识，并在下属中形成较高的威望和威信。而通常的情况是，权威获得者在政策执行过程中对事务和人事的妥当处理不是来自于他是否原原本本地遵照了政策文件，而是来自于他在政策执行中权衡各种关系的技巧如何。② 因此，在这个意义上说，"关系运作的权威"并不像"职位赋予的权力"那样需要严格地按章程办事，而是通过技巧性、策略性的关系运作让处于"关系网络"中的其他政策执行参与者感到满意、顺从、敬畏或让某一政策执行的参与团体感到满意。如果某一政策执行参与者能在政策执行中一贯较好地运作关系，并得到上司的赏识和下属的拥护，那么他就很好地利用了"关系"这一权力资源而具有了权威。

由上述的讨论可以看出，来自"关系主导"非正式执行结构的权威并不是由地位、身份、角色决定的，而是由政策执行者在"关系网络"中的关系运作能力决定的。当然，处于既定政策执行结构中的政策执行者会根据某个体在"关系网络"中既有的地位和个人关系来预期其在关系运作中可能具有的权威。

---

① 赫伯特·西蒙：《管理行为》，北京经济学院出版社2000年版，第224页。

② 翟学伟：《中国社会中的日常权威——关系与权力的历史社会学研究》，社会科学文献出版社2004年版，第41页。

（三）上述权力资源的流动性

行文至此，笔者需要回答的一个问题是，"关系权威"是怎么影响"职位权力"运作的呢？一个有趣的经验现象是，某一居于高职位的政策执行者，如果其不善于运作关系，将处于无法真正行使职位权力的处境；相反，另一居于低职位的政策执行者，如果擅于关系运作，其真正行使的权力将超出其职位所赋予的权力。

为什么会出现这种现象呢？权力资源的流动性在其中起了重要作用。

权力资源的流动性是指，权力资源在施加影响时是否需要重新部署。[①] 流动性高的权力资源在施加影响时很少需要或不需要重新部署就可以立即使用；而流动性低的权力资源只有在重新部署或以某种方式动员后才能用来产生影响。在中国政府改革政策的执行过程中，"职位权力"是一种流动性比较低的权力。这一判断初看起来似乎与西方学者关于权力流动性研究不相符合。[②] 但细究起来并不难理解。因为，在中国"有限分权"的正式执行结构中，职位权力的流动性往往在相互牵扯、纠缠中耗尽了。而基于"人情—面子"之上的"关系权威"则具有较高的流动性。因此，可以判断"关系权威"是通过改变"职位权力"的流动性来影响它的。

然而，职位权力与关系权威又是如何结合起来的呢？职位权力在政府改革政策执行中要达成政策目标、维护组织利益，它往往以普遍主义的面目出现。但政策执行者绝不甘于只作为实现政策目标的工具。他们会把自己特殊的问题和目的带进政策执行中来。[③] 在这种普遍性与特殊性二元对立的僵持中，关系权威作为非正式的权力运行过程，使政策执行者之间能形成权力互动。作为结果，在大多数情况下，政策目标可能必须进行适应性的调整；当然，在极端情况下，也可能达至政策目标和

---

① 对权力资源流动性的这一界定，来自威廉·甘森的研究。参见 William Gamson, Power and Discontent, Homewood, Ⅲ: The Dorsey Press, 1968, pp. 74–81, 转引自 ［美］丹尼斯·朗《权力论》，中国社会科学出版社 2001 年版，第 155 页。

② 如丹尼斯·朗将地位、身份、金钱等个人资源视为流动性高的权力资源。参见 ［美］丹尼斯·朗《权力论》，中国社会科学出版社 2001 年版，第 167 页。

③ ［英］米切尔·黑尧：《现代国家的政策过程》，赵成根译，中国青年出版社 2004 年版，第 144 页。

人情关系的双赢。

三 行动者的策略选择和集体行动

在政策执行过程中，行动者之间的权力互动，必须通过政策执行者的行为表现来加以观察。因此，研究者就需要建立分析政策执行者行为的理论模型。

本书的研究假定，在政府改革政策执行中的个体行动者都是理性的。[①] 然而这种理性并不是唯利是图的短视的"经济人"。它是一个广义的概念，可以在不同的内部规范下进行策略选择。在这种理性人的假设前提下，个人选择的内部世界可以用埃莉诺·奥斯特罗姆的四个变量来表示（图3—1）。

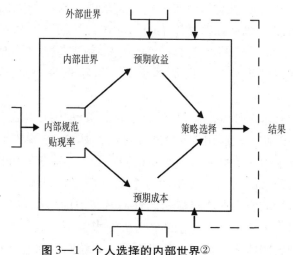

图3—1 个人选择的内部世界[②]

---

① 本书的理性假设与社会学人情—面子研究中的"情理人"假设有所不同。笔者认为，在政府改革政策的执行中，政策执行者也会讲究人情与面子，但这种人情的往来是在能预期、有回报的情况下展开的。只是人情往来的内部规范和贴现率不同于经济利益的交易。研究者认为，像"情理人"假设的那样，无论如何投入也不能预计回报的情况，在政府改革政策的执行中基本上是不存在的。

② 参见［美］埃莉诺·奥斯特罗姆《公共事物的治理之道》，上海三联书店2000年版，第62页。

如图 3—1 所示，影响行动者策略选择的有四个变量，即预期收益、预期成本、内在规范和贴现率。行动者的策略选择会共同在外部世界产生结果，并影响行动者未来的预期收益和预期成本。在中国政府改革政策的执行结构中，政策执行者在正式执行结构和非正式执行结构之下会有两类不同的内部规范和贴现率。在这两类内部规范和贴现率之下，政策执行者会做出不同的策略选择。

本书以研究政策执行者不同的策略选择基础所形成的集体行动的过程与结果为目的。但需要指出的是，政府组织内的决策团体、执行团体与政府组织外的自发行动团体的集体行动问题是有差异的。

政府组织内的决策团体、执行团体（中层官员与基层官员）的集体行动是在已有的组织（且是政府组织）内展开的。政府组织为其中的政策执行参与团体提供了行动所需的资源与权力。因此，政府组织内的集体行动问题关键在于权力互动以及与此相关的资源配置。各个行动团体内部及行动团体之间的集体行为问题，从过程来看，是组织行为学所致力研究的群体行为;[1] 从结果来看，是否达成集体行动以及达成何种集体行动则是基于个人策略选择模型之上的群体行为方式。

而政府组织外的自发行动团体的集体行动则是在没有组织的情况下展开的。因此，政府组织外的集体行动问题首先需要解决组织成本问题。政府组织外的集体行动问题正如曼瑟尔·奥尔森所指出的，由于集团收益的公共性而促使集团的每个成员都想"搭便车"坐享其成。因此，集体行动能否形成与集团的性质、集团的大小和有无选择性激励、行为成本大小相关。[2] 在这四个变量的影响下，集体行动若无法形成，则自发行动团体将不存在。基于个体之间相同的利益，我们只能说存在潜在的行动团体。

---

① 相关研究可参见组织行为学和政府组织行为学的研究著作。如李传峰《政府组织行为学》，中国人民大学出版社 2005 年版，第 107—175 页。
② [美] 曼瑟尔·奥尔森：《集体行动的逻辑》，上海三联书店 1996 年版。

第三节　"执行结构—政策执行—执行结果"的分析框架

本章前两节阐述、概括了中国政府改革政策的正式执行结构、非正式执行结构的基本特征，并在此基础上提出了 A 模式、A+B 模式、A-B 模式和 B 模式四种政府改革政策的执行结构。同时，本章划分了政府改革政策执行中的行动团体的类型，讨论了各行动团体拥有的权力资源、行动者的个体选择模型及基于其上的集体行动问题。在此基础上，本节首先建构中国政府改革政策执行的"执行结构—政策执行—执行结果"的分析框架；然后确立该分析框架的各类变量及变量之间的逻辑关系；最后论证用该框架分析中国政府改革政策执行现象的合理性问题。

一　"执行结构—政策执行—执行结果"的分析框架

政府改革政策的执行本身是一个行动（agency）过程，但这个行动过程会时时受到执行结构（structure）的影响和牵制。在中国比较特殊的政策执行结构下，这种影响和牵制就更为明显而富有理论内涵。因此，本书基于前两节对政策执行结构和执行结构中的行动（agency）各要素的分析，提出中国政府改革政策执行的"执行结构—政策执行—执行结果"的分析框架（图 3—2）。

本分析框架认为，分析中国政府改革政策的执行过程和结果，首先需要确认其执行结构模式（A 模式、A+B 模式、A-B 模式和 B 模式）；其次考察在确定的执行结构模式下，政府改革政策执行的参与团体（决策团体、执行团体和自发行动团体）之间的相互关系，以及政策执行参与团体内部的集体行动问题；再次考察政府改革政策的执行结果，并分析政策执行过程与执行结果之间的关系；最后分析政府改革政策的执行结果对执行结构的影响。

该分析框架的因变量为政府改革政策的执行结果，自变量为政策执行结构，中间变量为政策执行过程。政府改革政策的执行结果直接受到政策执行过程的影响，而执行结构则通过政策执行过程的中介作用间接地影响政府改革政策的执行结果。为了政策执行过程的研究更具有可观察性，本书从政策执行参与团体的权力运作视角出发，抽取四个变量进行观察。在此基础上形成本分析框架由"执行结构变量、政策执行变量、执行结果变量"组成的变量体系。

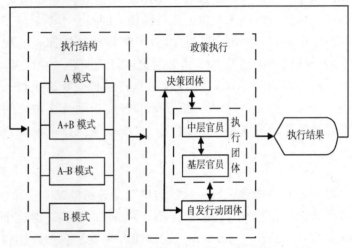

图 3—2 "执行结构—政策执行—执行结果"的分析框架

二 分析框架的变量体系

上述分析框架提供了分析政府改革政策执行的视角、需要考虑的因素及各因素之间的相互关系。但是，为了使分析框架在观察、诊断经验现象时更具有指导性，尚需进一步确立各项因素内的观察内容，由此形成分析框架的变量体系（图 3—3）。

在"执行结构—政策执行—执行结果"分析框架中包含三类变量。即执行结构变量、政策执行变量和执行结果变量。其中执行结构变量是自变量，政策执行变量是中间变量，执行结果变量则是因变量。现将这三类变量分述如下：

（一）执行结构变量

由本章第一节分析可知，中国政府改革政策的执行结构有四种不同的模式，即 A 模式、A+B 模式 、A-B 模式和 B 模式。

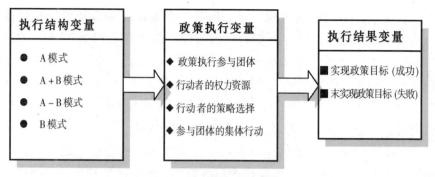

图3—3　分析框架的变量体系

（1）A模式：在政府改革政策的执行过程中，"有限分权"的正式执行结构独自起作用。

（2）A+B模式：在政府改革政策的执行过程中，"有限分权"的正式执行结构与"关系主导"非正式执行结构共同起作用，且"关系主导"的非正式执行结构中的"人情—面子"关系的运作促进"有限分权"的正式执行结构中权力的有效配置。

（3）A–B模式：在政府改革政策的执行过程中，"有限分权"的正式执行结构与"关系主导"非正式执行结构共同起作用，但"关系主导"的非正式执行结构中的"人情—面子"关系的运作加剧了"有限分权"的正式执行结构中权力的无效配置。

（4）B模式：在政府改革政策的执行过程中，"关系主导"的非正式执行结构独自起作用。

（二）政策执行变量

政府改革政策的执行是政策执行参与团体之间相互作用的过程。表征这一过程的变量称为政策执行变量。政策执行变量包括政策执行参与团体、参与团体的权力资源、行动者的策略选择和参与团体是否能形成集体行动。

（1）政策执行参与团体表示出现在政府改革政策执行中的行动团体。本章第二节曾将政策执行参与团体分成三类，即决策团体、执行团体和自发行动团体；其中执行团体又分成中层官员和基层官员。但是，在具体的政府改革政策执行过程中，上述几类行动团体并不一定能全部出现。而每一类行动团体出现与否都会影响政策执行过程。

（2）行动者的权力资源表示政府改革政策执行中行动者拥有的权力资源。本书定义了两种类型的权力资源，即"职位权力"和"关系权威"。① 由于在政府改革政策的执行过程中，每一个行动者的社会角色、在政府组织中担任的职位以及关系运作能力不同，每一行动者所拥有的权力资源也各不相同。行动者的权力资源特别是有关键行动者的权力资源，是影响政府改革政策执行过程的重要变量。

（3）行动者的策略选择用来表征行动者运用权力资源的方式。行动者的策略选择既有在一项政府改革政策执行中的预期收益、预期成本的比较，也有在多项政府改革政策执行之间的预期收益、预期成本比较。

（4）政策执行参与团体的集体行动表征各类政策执行参与团体是否能形成集体行动。尽管在政府改革政策执行过程中，行动者的权力资源和运用权力资源的策略选择是影响政策执行过程的重要变量。但是政策执行参与团体是否能形成具有共同目标的集体行动对政策执行过程中各参与团体之间的相互作用是极其重要的。在政策执行参与团体内部，行动者之间的权力资源内耗和策略选择冲突将影响该参与团体在政策执行过程的作用。

（三）执行结果变量

在政府改革政策的执行研究中，要明确界定执行结果（成功或失败）似乎是非常困难的。但国内外政策执行的研究者已经提供了若干可供参考的标准。如理查德·曼特兰德认为，评价政策执行成功与否可有两种标准：一是政策设计者的计划；二是执行行为所引起的总体性后果。② 台湾学者李允杰、丘昌泰总结了前人研究的三条标准：一是从"官方目标"的角度；二是从"利害相关人"的角度；三是从"问题解决"的角度。③

本书选取的标准是决策团体的政策目标。即将政府改革政策的执行

---

① 关于"职位权力"和"关系权威"的定义，参见本章第二节。

② Richard Matland，"Synthesizing the implementation literature: the Ambiguity-conflict of policy implementation"，*Journal of Public Administration Research and Theory*，Vol. 5，No. 2，1995，pp. 154-155.

③ 李允杰、丘昌泰：《政策执行与评估》，"国立"空中大学出版社 1998 年版，第 125—126 页。

结果与决策团体的政策目标相比较，看看发生了何种行为的改变或社会现状的变化。

（1）与决策团体的政策目标一致者为成功的执行结果。

（2）与决策团体的政策目标不一致则为失败的执行结果。

之所以选此标准，主要基于以下理由：改革开放后，我国的政府改革基本上是由决策团体发起的，而且本书研究的是第③—2类政府改革政策的执行。此类政策的利益冲突性高，虽然实现目标的手段并不明确，但是政策目标基本上是确定的。[①] 因此，决策团体的政策目标是清晰的。相对而言，政府改革政策的"利害相关人"、"执行行为所引起的总体性后果"、"问题解决"等角度比较模糊而难以观察和确认。

三　分析框架的逻辑合理性论证

本书的分析框架是从结构（structure）与行动（agency）互动的视角来分析中国政府改革政策执行现象的。西方社会科学研究中一直存在结构（structure）与行动（agency）之间的紧张对峙。行动（agency）往往与人类的创造力和社会行动相联系；结构（structure）则与模式化的关系、人类行动的限制以及宏观社会现象相联系。[②] 从本体论上看，前者认为，人类行动有本体论的优先性，结构是由个人目标最大化的个体创造的；后者则认为，社会结构具有本体论的优先性，人类的行动是由结构塑造的。事实上，自韦伯以来，社会理论的大家们，如福柯、吉登斯、布迪厄、哈贝马斯等都在努力融合这两条进路，以缓解行动与结构之间的紧张。[③] 近十几年来，西方新制度主义各流派所关注的"制度—行为"互动，其实是社会科学研究中结构（structure）与行动（agency）问题的另一种表达方式。

当然，西方社会科学的研究问题并不能照抄照搬到中国的研究中来。即使这个问题是哲学层面的，至多也只能起一个类比、参照和借鉴的作用。论证本书分析框架的合理性，首先，需要回答中国的结构

---

① 参见本书第一章导论部分。

② Roger Sibeon, *Rethinking Social Theory*, London Sage Publications Ltd., 2004, p. 35.

③ 参见 Roger Sibeon, *Rethinking Social Theory*, London Sage Publications Ltd., 2004 一书的论述。

（structure）与行动（agency）是否也存在着类似于西方的紧张或有着自己独特的问题。其次，需要回答这些问题对中国社会变迁而言具有什么样的意义。最后，论证政府改革与中国社会变迁所具有的同质性。

回顾中国历史，自秦始皇统一中国到鸦片战争爆发，中国从体制到文化基本上保持了连贯性，并逐渐形成了中国社会、文化比较稳定的结构。然而鸦片战争之后，戊戌变法、辛亥革命、五四运动，传统中国受到了西方现代性的剧烈冲击。新中国成立后，毛泽东时代的社会主义建设和邓小平时代的改革开放，中国进行着艰难的社会转型。在 100 多年的历史中，中国发展的个案似乎印证了许多西方社会科学家关于思想、文化变迁滞后于物质技术、正式制度的变迁的判断。① 中国人深层次的精神世界、思维和行为方式、社会关系特征，在现代与传统、西方与东方两个截然不同的模式中是如何协调起来的?② 这一问题不仅是个体层面的，也是群体层面和社会层面的。而政府组织在这一问题上更是首担其责的。因为政府组织最为大众瞩目，而且对政府现代化的要求似乎更甚于个体或其他组织，但政府组织中的人和社会中的其他人却是一样的。因此，政府组织中的结构（structure）与行动（agency）问题对整个转型中的中国而言，可以说是一个比较极端的案例，更能体现其中的紧张和困境。因此，从结构（structure）与行动（agency）角度来研究中国政府改革问题也就具有了逻辑上的合理性。

四 分析框架经验研究的可行性论证

以上论证"执行结构—政策执行—执行结果"分析框架的逻辑合理性，但是这一分析框架能否运用到实际的经验研究中去呢? 对于这个问题首先要解决的是，如何在经验研究中观察到反映执行结构变化的变量? 事实上，在现实的审批制度改革政策执行过程中，我们能观察到的是政府发文、组织开会、部门沟通、积极或消极的改革行为、审改参与

① 美国社会学家奥格本：W. Ogburn, *On Culture and Social Change: Selected Paper*, Chicago University Press, 1964。转引自翟学伟《中国社会中的日常权威——关系与权力的历史社会学研究》，社会科学文献出版社 2004 年版，第 62 页。

② 一些学者对这一问题已在道德层面做了分析和阐释。参见高力克《哈耶克的道德进化论与中国当代道德转型问题》，《学术月刊》2004 年第 8 期。

者之间的相互交往等，而不是执行结构的 A 模式、A+B 模式、A-B 模式和 B 模式。因此，我们通过考察审改政策执行过程中部门与部门的相互联系来捕捉上述结构，并分析执行结构与审改参与者行为策略的影响，以及由此而产生的政策执行结果。

　　具体而言可从以下几方面进行研究：一是，考察在正式组织结构和正式制度设计下，审改部门之间的相互联系（包括信息沟通、信息共享、会审会议、资源共享、人员交流等）。图 3—4（A 模式下的政策网络图）是计算机模拟显示 A、B、C、D、E、F、G 七审批部门在正式制度设计下的政策网络图。其中点表示各审批部门，点与点之间的连线表示各部门之间的联系。连线粗细和数值表示联系的强度。二是，考察"关系"网络内各审批部门主管审批工作的负责人（即各审批处处长）之间的人际交往（"关系"密切度的第三者确认、交往频繁度、相同的经历等）。图 3—5（B 模式下的政策网络图）是计算机模拟显示 A、B、C、D、E、F、G 七审批部门的审批处处长的"关系"网络图。其中点表示各审批处处长，点与点之间的虚线表示各位处长之间的"关系"。连线粗细和数值表示"关系"强度。三是，考察 A+B 模式下的政策网络图。图 3—6（A+B 模式下的政策网络图）是 A 模式下的政策网络和 B 模式下政策网络的相加。即此时，人际"关系"促进审改政策的执行。其中点表示各审批部门，点与点之间的连线表示各部门在审改政策执行中的联系。连线粗细和数值表示联系的强度。四是，考察 A-B 模式下的政策网络图。图 3—7（A-B 模式下的政策网络图）是 A 模式下的政策网络和 B 模式下政策网络的相减。即此时，人际"关系"阻碍审改政策的执行。其中点表示各审批部门，点与点之间的连线表示各部门在审改政策执行中的联系。连线粗细和数值表示联系的强度。负数值表示"关系"网络的负面影响抵消了正式制度安排下行为的联系。

　　当然，在现实的审改政策执行过程中，A 模式、A+B 模式、A-B 模式和 B 模式可能都存在，但也可能是这几种模式的融合和交错。因此，在本节的案例研究中，这四种政策网络相当于是典型模式。本研究可借助这四种模式来解释审改政策的执行现象。

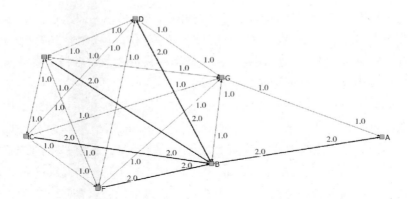

图 3—4　A 模式下的政策网络图

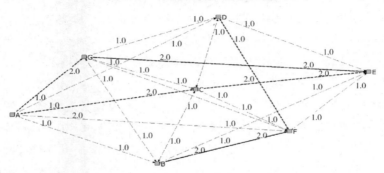

图 3—5　B 模式下的政策网络图

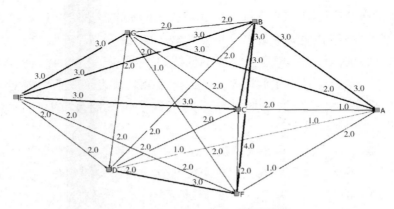

图 3—6　A+B 模式下的政策网络图

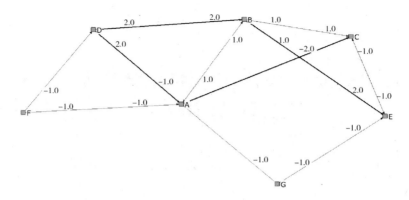

图 3—7 A-B 模式下的政策网络图

第四章　宁波市审改政策执行的案例分析（1999—2013）

行政审批，作为政府调控社会资源的微观规制手段，是当今世界许多国家普遍采用的一种施政方式。20 世纪 70 年代以来，不少发达国家和发展中国家，都纷纷通过行政审批制度改革来调整政府与市场之间的关系。我国的行政审批制度形成于计划经济时代，随着社会、经济的发展，亦日益显露出种种弊端。"脸难看，事难办，图章能把腿跑断"这句在老百姓中流行的顺口溜儿，比较形象地反映了人民群众对审批制度的不满。20 世纪 90 年代初，我国政府就曾花大力气清理过行政审批制度，结果却导致了严重的环境污染和大量的"豆腐渣工程"。为了解决这些问题，政府不得不重新恢复甚至增加各种各样的行政审批事项。然而，过于烦琐的行政审批又有碍于日益蓬勃的经济发展需求。自深圳市 1997 年进行审改试点以来，全国各级政府又掀起了新一轮的审改热潮，在国内新闻媒体上经常能见到审批项目削砍过半的报道。宁波市的审改便是在这一轮热潮中展开的。

第一节　审改由起：执行结构的初步确立

宁波市自 1999 年 7 月作为试点单位、在浙江省率先开始审批制度改革以来，审改已历时六年有余。但审改政策的真正落实却举步维艰，同样的问题也在其他各省市存在。为什么审批制度改革这么难，主要难点与症结何在？学界和实践者似乎比较一致地认为，摆脱传统旧观念、计划体制下形成的习惯势力的束缚以及打破政府部门利益格局是深化审批制度改革遇到的最大难题。笔者认为，这是一个"知其然"而不知其"所以然"的解释。上述无法摆脱的习惯势力和政府部门的利益格局是如何影响、阻碍审批制度改革的？它们通过什么因素起作用？笔者认为，这些问题需要通过检视审改政策的具体执行过程才能做出回答。换言之，研究者需要考察在宁波市审改政策的执行过程中，政策执行的参与团体在宁波市审改政策执行结构中是如何相互作用的。因此，宁波市审改政策的执行结构及其确立、发展过程成为本书重要的研究内容之一。而宁波市审改政策执行结构的确立则源于其缺失自发行动团体的审改由起。

一　自发行动团体的缺失

宁波市位于东海之滨，海道辐辏、三江汇合。居长江三角洲东南隅，与大城市上海、杭州相毗邻，有着得天独厚的商贸区位和海岸港口优势。在计划经济时代，宁波市政府与其他地方政府一样，主要通过行政审批来调配社会资源、管理社会经济活动。改革开放以来，随着以"经济建设为中心"主导意识形态的逐步确立，宁波市凭借着沿海开放城市的政策优势和本土资源，经济、社会都进入了快速发展的轨道。1984 年，宁波被列为全国首批 14 个沿海对外开放城市之一；1987 年，宁波又升格为副省级计划单列市，在经济管理权限上拥有了制定地方性法规的权力。这些政策优势都使宁波在因地制宜地发展地方经济上有了更大的制度空间。从 1984 年被列为沿海开放城市到 1999 年开始试点审改的 16 年间，宁波市的总人口数从 484.18 万人增加到 538.41 万人，其中非农人口从 85.54 万人增加到 137.12 万人，增长了 60%。① 与此同时，宁波市的企业总数和企业构成也发生了深刻的变化。1978 年改革开放后，在计划体制下长期受到禁止和歧视的民营经济得到了迅速发展。1978 年底，宁波市历史遗留的个体工商户仅 187 户。到 1987 年底，个体工商户达到 105681 户，从业人员 160407 人，注册资金达到1.9 亿元。② 1988 年股份制改革试点启动，股份制企业的出现进一步改

---

① 本书编辑委员会：《宁波五十年》，宁波出版社 1999 年版，第 363 页。
② 金德水主编：《宁波发展论集（2003）》，宁波出版社 2004 年版，第 109 页。

变了宁波市的企业构成。1988 年底，宁波市新设立私营企业 275 家，雇工 3601 人，注册资本 1803 万元。到 1992 年底，私营企业增加到 2264 家，雇工 30350 人，注册资本达 2.2 亿元。同年底，全市个体工商户也增加到 147530 户，从业人员 252492 人，注册资金 7.6 亿元。① 1992 年邓小平南方谈话后，在乡镇企业、三资企业和股份制企业迅猛发展的同时，个私企业又蓬勃兴起。到 1999 年底，全市国有、集体、股份、三资和个私 5 种工业企业个数分别为 441 个、17553 个、119 个、2999 个、69698 个。② 随着上述变迁的发生，宁波市的经济、社会联系日益复杂，政府对审批项目及时做出正确决策的难度越来越大；而且，过多、过大的审批权也导致了审批部门寻租现象滋生，企业在项目审批上要花费的巨额成本，在一定程度上压制了经营者投资与生产的积极性。③ 计划经济体制下的行政审批制度成了阻碍宁波市经济、社会进一步发展的"瓶颈"。这一社会问题虽然民怨颇多，但并没有被提上政府的议事日程成为有待解决的政策问题。而且宁波市的社会领域内也没有形成促使其成为政策问题的自发行动团体。

尽管在宁波市现行的行政审批制度下，社会民众对政府的审批行为有着某种相同的情绪，特别是企业界人士更是迫切地希望，有一个维护生产经营自主权、保障合法利益不受行政权任意侵害的高效率的行政审批制度。但他们并不是本次审改的发起者甚至在审改过程中也没有组织起来，在政策执行结构中扮演一个自发行动团体的角色。导致这一现象的原因很复杂，也可以有多种解释。但是，当我们用集体行动理论来解释这一令人费解的现象时可以发现，社会民众（特别是企业界人士）看似不理性的行为其实是非常合乎理性的。因为行政审批制度对于社会民众（企业经营者）来说，是比较典型的公益物品。首先，任何一项行政审批制度都具有消费和收益上的非排他性。如房地产开发项目审批

---

① 金德水主编：《宁波发展论集（2003）》，宁波出版社 2004 年版，第 110 页。
② 本书编辑委员会：《宁波改革开放二十年》，宁波出版社 1998 年版，第 138 页。
③ 较具典型性的例子是，宁波亨润集团一建设工程从 1998 年 9 月到 1999 年 7 月底的 10 个月间，累计办理各类审批手续 29 项，前后盖了 86 颗图章，涉及 33 个审批部门，共耗资 450 多万元，项目的审批手续却还未完结。有关这一事件的报道，详见《宁波日报》1999 年 8 月 27 日。

制度，对于来宁波市投资房地产项目的经营者都适用。换言之，既有房地产开发项目的审批制度需要改进，推动政府采取审改政策的成本由某行动者（或某行动团体）来承担，审批制度改进后的收益却不能由某行动者（或某行动团体）独享。况且，在现行的政治与行政体制下，民间力量推动政府采取审改政策并不是件容易的事。其次，社会民众（包括企业经营者）接受政府部门审批这一行为本身也不具有竞争性（尽管在能否通过审批上可能会有竞争性）。一般而言，政府每增加一个审批对象，不需要增加额外的成本。因此，审批部门一般不会限制审批对象的资格，只要公民认为自己所从事的项目需要审批，则即可进入审批对象的行列。正是由于行政审批制度对企业经营者而言，具有公益物品的属性，使审改对宁波市社会民众（包括企业经营者）而言具有严重的外部性问题、"搭便车"问题。正如宁波日报一位记者的采访经历所显示的，企业老总因为怕受到审改部门的刁难、报复，谁也不愿就现有行政审批制度中存在的问题向记者反映真实情况、提供相关材料。[1] 尽管媒体舆论的支持显然会有利于宁波市审改政策的推进。由此可见，宁波市社会民众（特别是企业界）在审改的发起问题上显然存在着奥尔森所演绎的集体行动困境。

需要指出的是，我国政府强势于社会民众的政治传统更加剧了民众形成自发行动团体时的集体行动困境。在西方国家，由于行业协会等民间组织、社会团体发育较好，个人在面对这种集体行动的困境时，有可能通过基于共识和信任之上的自愿合作来分担公益物品的改革成本。从而形成所谓的利益集团，通过对政策制定者施加压力，成为政策执行结构中的自发行动团体。当然，目前宁波市也有数以千计的行业协会、社会团体。据调查统计，截至 2002 年 8 月，宁波市注册登记的中介组织就达 1598 户，注册资本（资金）25.45 亿元，范围涵盖鉴证、经纪、代理、咨询、行业协会等各个领域共 25 个类别。[2] 这些行业组织名义上是企业"自愿组成"的社团，是代表会员利益的民间组织。但实际上，在现有的社团管理体制下，它们不仅在行政管理部门的控制之下，

---

① 参见张登贵《拒绝采访为哪般》，《宁波日报》1999 年 8 月 30 日。
② 《宁波市中介组织发展的现状与对策研究》，《宁波发展论集（2002）》，宁波出版社 2004 年版。

而且还大多依附于政府部门生存，成为市政府控制、管理、服务企业、民众的工具和手段。在这样的制度环境下，理性的社会民众（企业经营者）大多会利用中国老百姓所熟悉的且每个人多多少少有一些的社会人情关系网，设法使自己的审批项目在市政府的各个审批部门及时、顺利通过。当然，实在无计可施时，也会通过市长电话、信访或投诉举报等形式表达心中的愤懑与不平。因此，宁波市经济、社会领域中的改革力量始终处于"一盘散沙"的无组织状态，无法在宁波市政府审改政策的发起和执行过程中形成一个具有讨价还价、策略互动能力的自发行动团体。①

正是由于宁波市经济、社会领域中缺失推动审改的自发行动团体，行政审批制度中存在的问题在现有体制内仅仅作为社会问题而存在，无法提上市政府改革的议事日程而成为宁波市的政策问题。但是这并不意味着市政府领导没能感知这一社会问题。相反，随着审批问题的不断累积和显现，市政府领导也在不断感知这一问题的迫切性和严重性。特别是在 1998 年深圳市试点审改成功后，宁波市领导更有了审改的紧迫感。② 因此，1999 年 7 月，经宁波市领导主动申请，浙江省政府把宁波市列为全省唯一的审改试点城市。③ 同时，浙江省省长柴松岳在省委十届二次全会上指出，宁波市作为全省的审改试点城市要立即开展工作，争取半年出成果，然后在全省推广，并要求省政府各部门给予大力支持。④ 这一番讲话作为省政府的审改决策和政策资源拉开了宁波市政府执行审改政策的帷幕。市政府领导的主动请缨、省政府领导的肯定支

---

① 对于这一结论，希望中国政府改革走民主化道路的人士可能颇为失望。但是对宁波市 1999 年审改由起的实地调查和资料分析中，研究者确实没有找到社会民众（企业界人士）参与其中的足够证据，相反的证据却是不少。事实上，这种现象多少也让研究者感到遗憾。因为，如果宁波市社会民众（企业界人士）能形成自发行动团体参与到审改政策执行的权力互动过程中去，那么宁波市审改政策执行的结构转换、权力互动和执行结果将很可能比现在已发生的审改事实更富有现实意义和理论意义。

② 1997 年初，深圳市进行审改试点，1998 年正式公布：市政府部门（单位）原有审批和核准事项 1091 项，减少 463 项，减幅为 42.4%。转引自毛寿龙《中美行政审批制度及其改革之比较》，《决策咨询》2001 年第 5 期。

③ 宁波市领导主动向省政府领导申请试点审改的内幕，来自于笔者对审改办秘书毛捍军先生的采访。

④ 详见黄兴国书记、张蔚文市长在全市审批制度改革动员大会上的讲话，《宁波市审批制度改革实录》，第 5、11 页。

持，才是宁波市审改的真正由起。

二　A 模式与行动团体的权力关系

宁波市审改由起中自发行动团体的缺失，初步确立了审改政策的执行结构将由市政府各级审改相关的部门组成。因此，审改政策执行结构的两种基本模式（A 模式、B 模式）也与市政府组织内既有的权力运作规则密切关联。而这些权力运作规则对于身处其间的行动者而言大多是了然于胸的。

宁波市的审改决策团体在审改之前就非常清楚地意识到，审改政策的执行并不是简单的一个文件、一道命令可以解决的，而是一场扎扎实实的硬仗。[①] 其缘由便在于宁波市审改政策执行结构的复杂性。如果我们假设宁波市审改政策的执行结构恰如韦伯所说的官僚制，那么审改政策的执行应该可以由一个简单的文件或命令解决。但事实并非如此。宁波市审改政策的执行结构之所以复杂，主要在于它有两种不同性质的基本模式。在这两种基本模式中，权力的运作规则不同，行动者之间的权力关系也有差异。在这两种基本模式组成的复杂的执行结构中，宁波市审改决策团体和执行团体琢磨着彼此之间的权力关系，谨慎地进行着基于自身收益最大化之上的权力互动。这两种基本模式便是"有限分权"的正式执行结构（A 模式）和"关系主导"的非正式执行结构（B 模式）。

宁波市审改的正式执行结构是在原有的政府组织架构上形成的。其基本架构主要有三层：宁波市审批制度改革领导小组、宁波市审批制度改革办公室（以下简称审改办）和各审批制度改革职能部门（以下简称审改职能部门）。其中，各审改职能部门内部，又可依据政策执行者职位权力之不同，分成中层官员与基层官员。A 模式下的审改行动团体及其权力关系如图 4—1 所示。

宁波市审批制度改革领导小组是宁波市审改的决策团体。该领导小组成立于 1999 年 7 月 9 日，由宁波市市长张蔚文任组长，市委副书记

---

① 参见黄兴国书记和张蔚文市长在全市审批制度改革动员大会上的讲话以及《宁波日报》1999 年 8 月 23 日头版《宁波日报》评论员社论《一场硬仗》。

王卓辉、副市长邵占维、陈艳华任副组长，市委办公厅、市委组织部、市委宣传部、市纪委、市政府办公厅、市体改委、市法制局、市编委办各一名领导任成员。① 从领导小组的组成人员，我们可以看出，在 A 模式下，宁波市的审改工作主要是由行政部门负责的，党务部门则是配合、协助。细心的读者也许会发现，在这张重要的名单里，没有出现一个举足轻重的人物，即宁波市委书记黄兴国。但黄兴国书记在以后的审改政策执行中将发挥重要的作用。② （见图 4—1）

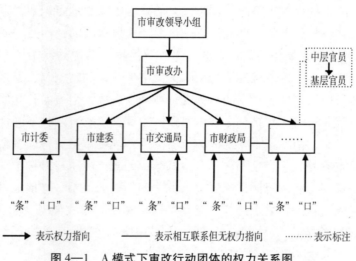

图 4—1　A 模式下审改行动团体的权力关系图

　　宁波市审批制度改革领导小组下设审批制度改革办公室。由市政府办公厅副主任邱士金兼任审改办主任，工作人员从非审改部门抽调。③ 审改办作为市秘书机构，将在以后的审改工作中起不可低估的作用。它不仅发挥上情下达、下情上传的沟通与协调作用，而且将依据审改领导

---

　　①　《宁波市委办公厅、市政府办公厅关于建立审批制度改革领导小组的通知》，市委办发〔1999〕87 号。

　　②　这种颇为奇怪的现象将在以后宁波市审改政策的执行结构转换中得到解释。市委书记在 A 模式中缺席，但在 B 模式的启动中发挥重要作用。这为政策执行结构在 A 模式、A+B 模式、A−B 模式间不断转换提供了制度上的可能性。

　　③　市委办发〔1999〕87 号。

小组的授权，行使审改中的部分决策权，直接与各审改部门展开权力互动。审改领导小组将更多地扮演超然的"仲裁者"角色。虽然领导小组与审改办有着"共容利益"，且领导小组本身便是改革的最大受益者之一，但这种权力运行模式不仅有利于缓解审改决策团体相对于执行团体的信息劣势，也有利于审改政策执行过程中展开权力互动的同时，维护领导者的权威。

审改部门是指原依法享有行政审批权，现需要对其审批权限进行改革的部门。宁波市 1999 年试点审改时共有 63 个审改部门。这 63 个审改部门分属于不同的"口"，隶属于各自的"条"。[①] 如市教育局、市文化局、市广播电视局、市卫生局、市科技局等同属于"教科文卫口"，由一名副市长分管；同一"口"中的各部门又分别受到来自不同"条"，即省政府、中央部委等相应的职能部门领导。如市教育局接受省教委、国家教育部的工作指导。由图 4—1 可以看出，在审改政策的执行过程中，各审改部门不仅接受来自市审改领导小组领导，同时也接受"口"和"条"的领导。如果来自这三个方向的权力相互矛盾和冲突时，审改部门该如何处置呢？A 模式下的权力关系并没有明确规定。这是形成宁波市审改政策执行结构 A 模式"有限分权"的主要原因之一。由图 4—1 还可以看出，各审改部门之间行使权力时是相互联系的。譬言之，宁波市计委行使审批权力可能不仅仅是本部门的事，同时还会影响到如市建委、市交通局等其他部门的权力行使。这是形成 A 模式"有限分权"的主要原因之二。因此，在这种"有限分权"的结构模式下，宁波市审改领导小组通过审改办影响各审改部门的权力，既可能与

---

①　宁波市从 1999 年开始至今已历时 6 年之久，经历了好几轮的审批制度改革。其审改职能部门也是在不断变化之中的，故难有一个确定的数目。如在 1999 年试点审改时，当时共有 63 个审改职能部门；2002 年第二轮审改时，则只有 55 个部门了。比较稳定的有以下 44 个部门：市发展计划委员会、市经济委员会、市建设委员会、市交通局、市贸易局、市对外贸易经济合作局、市经济体制改革委员会办公室、市教育局、市科学技术局、市公安局、市国家安全局、市民政局、市司法局、市财政局、市人事局、市劳动和社会保障局、市农业局、市林业局、市水利局、市海洋与渔业局、市城市管理局、市规划局、市环境保护局、市文化局、市广播电视局、市卫生局、市统计局、市国土资源局、市工商行政管理局、市质量技术监督局、市药品监督管理局、市民族宗教事务局、市体育局、市计划生育委员会、市政府外事办公室、市政府侨务办公室、市政府口岸办公室、市人民防空办公室、市政府台湾事务办公室、市档案局、市气象局、市旅游局、市烟草专卖局、市农业机械化总站。

其他作用于各审改部门的权力相冲突，而且也可能引起各审改部门之间权力的冲突。

三　B 模式与行动团体的权力关系

宁波市的审改决策团体与执行团体之间的另一层权力关系处于"关系主导"的非正式执行结构（B 模式）之下。由于宁波市审改政策的执行涉及多个行为主体，而且多个行为主体之间的关系又错综复杂，因此，B 模式下的审改行动者之间的权力关系已难以用图示描绘，但审改行动者之间权力关系的基本模式可用图 4—2 表示。

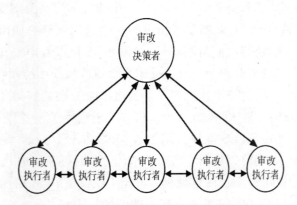

图 4—2　B 模式下权力关系的基本模式图

由图 4—2 可知，在 B 模式下，审改政策执行参与者不再以团体或部门的形式出现，而是以审改决策者或审改执行者的个体身份出现在"关系网络"中。换言之，在 B 模式下，尽管审改政策执行者也像在 A 模式下一样进行审改，但其行为却代表个体选择，而非部门或团体的选择。其行为的收益和损益直接与行为者在"关系网络"中的"关系权威"有关。而"关系权威"对宁波市审改决策者和审改执行者而言都是极为重要的。对宁波市审改决策者而言，"关系权威"是在"有限分权"的 A 模式下运行自身的职位权力必不可少的润滑剂；而对审改执行者而言，"关系权威"是受到审改决策者赏识以维持和增进自身职位权力的必要条件。

在"关系主导"的非正式执行结构中，关系的增进是通过审改决策者和执行者在审改中体会、确认彼此的利益并加以协助、效力来实现的。相互之间的权力关系并不像 A 模式那样是单向的。从关系所内含的人情—面子因素来看，审改执行者做出一定牺牲增进了决策者的利益，那么审改决策者就有必要在适当的时候也增进执行者的利益。因此，从人情—面子所具有的连环机制来看，权力关系也就具有双向性了。

当然，需要指出的是，在宁波市审改政策的执行过程中，A 模式与 B 模式并不是孤立存在的。B 模式往往被审改决策者用来推动审改政策在 A 模式下的顺利执行。而在审改的发展过程中，政策执行结构也不是从 A 模式突然跳到 A+B 模式，而是一个慢慢的转换过程。在这个过程中，A 模式下的权力关系可能会不断变化，B 模式下的权力运作方式也会不断增强。

第二节　审改过程：执行结构转换与权力互动

从 1999 年 7 月至今，宁波市审批制度改革主要实行了三种类型的审改政策。即削减审批事项、规范政府行为和审批职能归并。这三类审改政策又大致与宁波市审改的三个阶段相吻合。试点审改主要侧重于审批事项的削减；而深化审改阶段的工作重心则倾向于规范政府行为；而此后则一直着重于审批职能的归并。具体而言，"削减审批事项"主要在审改试点阶段（1999 年 7 月—2000 年下半年）和深化审改阶段的前期（2001 年上半年—2002 年下半年）；"规范政府行为"则主要在深化审改的后期（2003—2006 年）；"审批职能归并"主要是针对规范政府行为中存在的问题而展开的（2007 年至今）。在这三个阶段的审改过程中，政策执行结构均有一个逐渐转换的过程。在审批事项的削减阶段（1999 年 7 月—2002 年下半年）其政策执行结构是从 A 模式开始，逐渐向 A+B 模式转换的过程；而规范政府行为阶段（2003 年上半年—2006 年），则是从 A+B 模式逐渐向 A′ 模式转换的过程，审批职能归并阶段则是 A′ 模式的不断改塑。当然，在整个审改政策过程中，也会不时受到各种"关系"因素的干扰，从而使审改政策执行出现 A-B 模式的特征。

那么，执行结构的转换是怎么发生的？为什么会发生执行结构的转换？执行结构的转换对审改政策的执行结果又有什么样的影响？新的执行结构 A′ 模式与 A 模式有何差别？它是否更利于审改政策的执行？这些问题需要通过考察宁波市审改政策执行过程中的权力互动来加以解答。

一　削减审批事项：A 模式向 A+B 模式转换

1999 年 7 月，省政府决定将宁波市作为浙江省唯一的试点城市先行审改。同时，柴松岳省长在省委十届二次全会上指出，宁波市作为全省的审改试点城市要立即开展工作，争取半年出成果，然后在全省推广，并要求省政府各部门给予大力支持。① 省政府的决定及柴省长的一番讲话为审改决策和政策资源拉开了宁波市审改政策执行的帷幕。宁波市政府领导将作为宁波市审改的决策团体去执行浙江省政府的审改决策。同时，他们又将与宁波市的审改执行团体展开或明或暗的权力互动，而权力互动的结果又将促动宁波市审改政策的执行结构的转换。

（一）A 模式下的权力互动困境

如果审改政策能够在制度化的 A 模式下顺利推行，对宁波市审改决策团体而言，无疑是最省心、省力的事。但事与愿违，在 A 模式下，审改决策团体的权力无法使审改执行团体的策略选择模式与他们的期望相符。之所以形成这种各执一端的权力互动困境，主要还在于审改决策团体与执行团体在审改预期收益上的差异。

宁波市审改决策团体在试点审改中的预期收益发生了很大变化。首先，审改具有了政治上的双重预期收益。一方面，试点审改关系着全省审改工作的成败，省政府领导高度重视这项工作。在省委十届二次全会上，柴松岳省长指出宁波市作为全省的审改试点城市要立即开展工作，

① 参见黄兴国书记、张蔚文市长在全市审批制度改革动员大会上的讲话，《宁波市审批制度改革实录》，第 5、11 页。

争取半年出成果，然后在全省推广，并要求省政府各部门给予大力支持。① 这种以文件和领导讲话的形式下达的改革试验指示是一种命令，也是一种任务。能否按照要求完成，这不仅关系着市政府领导今后可能得到的省政府领导的政治支持，也关系到宁波市在全省改革开放工作中的地位；另一方面，通过改革民怨已久的行政审批制度，显然是政府得民心的一件大事。况且审改即将在全省、全国范围内展开，先行审改可以避免由于地区间制度比较和竞争可能带来的政府合法性压力。其次，试点审改所具有的双重潜在的经济收益。即一是由于试点改革，能得到省领导、省政府各部门的大力支持，无形中可以承担较小的改革成本；二是在审改中先行一步的体制优势将会在以后与其他城市的竞争中，显示出潜在的制度收益。三是审改具有经济上的预期收益。浙江省自1980年以来，政府实行了"划分收支、分级包干"的财政制度，在这一制度下，地方政府与省政府"分灶吃饭"，地方政府多收多支、少收少支，自求平衡。因此，宁波市政府的财政预算规模与本市经济发展水平有着密切的联系。改革阻碍宁波市经济、社会发展的行政审批制度，对市政府而言，显然有着经济利益上的预期收益。宁波市审改决策团体上述审改预期收益的改变，势必会选择促进宁波市审改的策略行为。

然而，宁波市审改执行团体却与决策团体有着不同的审改预期。如果说宁波市原有的行政审批制度赋予了各审批部门通过行政许可而实现对生产和经营之特许权的垄断，那么此次审改的一个主要目标便是弱化甚至打碎这一垄断权。如果说这种特许权由于存有较大的自由裁量空间，而能给审批部门和审批工作人员带来某种效用满足，那么此次审改就是对利益的重新调整。因此，审改对于各审改部门而言，有着巨大的预期成本。因此，反映在策略选择上，各审改部门都会尽力争取保全本部门的审批权限和审批事项，特别是涉及重大利益的审批事项。例如，在审改试点阶段结束后不久召开的政协宁波市委员会第十一届五次大会上，市民进党针对宁波市审改工作中存在的问题递交了一份提案。提案

---

① 参见黄兴国书记、张蔚文市长在全市审批制度改革动员大会上的讲话，《宁波市审批制度改革实录》，第5、11页。

指出，在审改中，有一些审改部门对"含金量"大的审批事项抓住不放，只取消那些"含金量"小的审批事项，以及那些随着形势发展已失去"含金量"的审批事项。有的部门明改暗不改，把多项审批事项合成一项，还有的部门对已经取消的审批项目，暗地里还在审批。① 由于审改触及了计划经济体制下形成的权力、利益格局，审改部门的上述情形是可以想象的。宁波市各审改部门作为由理性的"政治人"组成的团体，有着自己的利益追求。它们往往会根据审批制度改革展开的具体情境，采取相应的执行策略，或与审改决策团体的要求相一致或不相一致，其目的在于使自身目标函数最大化。

审改决策团体和执行团体在审改预期收益上的差异，导致了双方在试点审改时的行为分歧。这种分歧集中体现在对审批事项的取消、合并与保留的策略选择上。

审改决策团体根据省委、省政府的要求，借鉴深圳等地的经验，确定试点审改的目标是取消 40% 以上的审批事项，同时，规范保留审批事项，建立审批约束机制，加大事后监管力度，基本形成与社会主义市场经济相适应的审批制度，促进经济社会的健康快速发展。② 这是一个虚实结合、层次分明的政策目标，既有立竿见影的 40% 的定量化指标，也有"规范、建立、加大、形成、促进"等一时无从考量的定性化要求。如果我们把该政策目标的定性化要求理解为长远的努力方向，那么40% 的定量指标则是宁波市试点审改必须完成的任务。审改决策团体为了促使这一政策目标的实现，在 A 模式下也做了大量的工作。如 1999 年 7 月，宁波市委、市政府领导班子（市审改决策团体）多次召开书记办公会议、市委常委会、市长办公会议商讨如何开展审改工作；在市审改决策团体统一思想、达成共识的基础上，宁波市的行政审批制度改革紧锣密鼓地开始了。首先，成立宁波市行政审批领导小组、下设办公室（即市审改办），并明确领导分工以及审改办的职责；到 8 月中旬，市审改决策团体通过并下发《宁波市审批制度改革实施意见》（市委办

---

① 市民进党：《关于进一步开展我市行政审批制度改革的建议》，中国人民政治协商会议宁波市委员会十一届五次大会第 478 号提案。

② 黄兴国书记在全市审批制度改革动员大会上的讲话，《宁波市审批制度改革实录》，第 3 页。

〔1999〕44 号）。这标志着宁波市审改工作正式启动。紧接着的是全市动员大会的召开，市委书记黄兴国和市长张蔚文分别做大会发言；明确各审改部门的领导班子，各审改部门成立了由一把手总负责的改革领导小组，并抽调有关人员组成工作班子，并明确了各个岗位的工作职责和工作纪律。①

从理论上说，市审改决策团体的审改布置，既有明确的政策目标，又有执行政策的组织、人员、资金保障，市审改执行团体均应该严格执行《宁波市审批制度改革实施意见》以及 2002 年下发的《关于深化行政审批制度改革的实施意见》，② 但从实然上看，宁波市各审改部门大都有着或明或暗的规避、抵制审改的策略性行为。

从明处说，审改执行团体执行审改政策确实有三个非常实际的操作性问题：一是，在目前的政治、行政体制下，上级法律、法规有明确规定的审批事项，上级部门还没有改，宁波市是不可以取消的；二是，宁波市目前的行业协会、中介等社会组织既不成熟，也缺乏必要的法律制度。如果政府把行政审批权交给这些组织，势必会导致社会和经济管理的无序和混乱；三是，审批项目往往牵涉到几个部门，取消某些事项的审批涉及各部门之间重新协调。盲目取消审批事项，会导致审批工作的混乱。③ 面对市审改执行团体提出的三个具体的操作性问题，市审改决策团体在当时还没有做好应对准备，也提不出解决的思路和办法。于是，在完成削减审批事项的指标上，市审改办与各审改部门就有了很大的分歧。例如，在深化审改阶段，对于原有 733 项事项（第一轮改革后的 668 项，再加上根据新的法律、法规新增的 65 项）的改革意见，市审改办认为：根据新的法律、法规新增的 65 项，审批特征不明显，不列入审批范围；全市总计应削减审批、核准事项 229 项；保留审批、核准事项 264 项，其余转为备案。各审改部门却坚持认为：基于宁波市经济、社会发展现状，最多只能削减审批、核准事项 187 项；保留审批、核准事项

---

① 市审改办的《宁波市审批制度改革工作大事记》。

② 中共宁波市委、宁波市政府批转市政务公开暨审批制度改革领导小组《关于深化行政审批制度改革的实施意见》的通知，甬党〔2002〕12 号。

③ 邱士金：《关于深化审批制度改革实施方案有关问题的说明》，2002 年 9 月 3 日，第 11—12 页。

367 项，其余转为备案。由此可见，总计有 103 个审批事项的处理，市审改办和各审改部门无法达成共识。① 这种分歧在审改过程中是常有的事。

从暗处看，各审改部门在审改政策执行过程中还有不少的"上有政策、下有对策"。由于市审改决策团体没有全市的详细、准确的审批工作相关数据。因此，削减审批事项的执行是以各审改部门在自查自清审批事项并上报削减方案开始的。而各审改部门在自查自清、上报方案时不约而同地做了不少"技术处理"。①先升再降。把原来属于"核准"的事项在统计时先虚报升格为"审批"，然后从"审批"降为"核准"事项。这样从统计数据上"审批"项目减少了。事实上，该"审批"的依旧"审批"，该"核准"的依旧"核准"，改革原地跑步一次，原封不动。有的部门甚至将原来只是"备案"一下的，也作为"审批"项目上报。②降级处理。有些明显会被削减的审批事项，审改部门又不愿意削减此事项的，为了减少关注和争议。审改部门忍痛把原来"审批"级别降为"核准"事项。这样"审批"项目是减少了40%，但"审批"和"核准"总量并没有减少。③化零为整。有些审改部门为了在统计数据上达到削减 40% 的硬性指标，把几个有关联的审批项目整合成一个，另换一个名称。而实际审批的内容、程序只是原来几个审批项目的简单叠加，既无内容上的削减，也无程序上的改进。④化整为零。有的审改部门像先降后升那样，在审改数量上玩原地踏步的改革假动作。在统计时把一个审批项目拆分成几个审批项目，然后在"拆分"的基础上再减少40%。而事实上，审批事项的数量依旧没有减少，只是审改部门借改革的东风甩掉了一些不必要和难操作的审批环节。⑤暗中挂靠。对于关系到经济收益和部门权力的审批项目，审改部门不愿意被取消，但依照审改的精神，这些项目很有可能被取消。于是，审改部门为了继续保留这些项目的审批权，暗中将这些项目挂靠到绝对不会取消的审批事项上。⑥统计虚报。有些审改部门为了在统计数据上达到削减 40% 的硬性指标，把那些国家早已经明令取消的审批项目，也作为这次减少的事项统计上报。②

---

① 邱士金：《关于深化审批制度改革实施方案有关问题的说明》，2002 年 9 月 3 日，第 11 页。

② 有关此案例的具体报道请见《宁波日报》短评，《宁波日报》1999 年 9 月 25 日。

审改执行团体这些回避审改或明或暗的策略行为若是变成了集体行动，所谓法不责众，那么宁波市试点审改将会以失败告终。但审改决策团体不会预期不到这种后果，而且面对这种可能发展趋势也不是束手无策的。

（二）A+B 模式的启动

宁波市审批制度改革领导小组在确定审改目标、拟定审改实施方案之后，面临的一个最主要问题是如何促使各审改部门形成改革的集体行动。由于审改触及各部门的权力和利益，根据以往的改革经验，审改决策团体知道要各审改部门形成集体行动并非易事。有的审改部门可能会到决策团体内部到处说情求情；有的会通过向省级领导打"小报告"对决策团体成员施加压力；也有的会阳奉阴违地搞"上有政策、下有对策"；更多的会试图在改革中"搭便车"，拖延时间，希望别的部门多减一点，自己的部门少减一点，最后使审改不了了之；等等。① 审改决策团体知道，阻止审改执行团体这些可能采取的策略选择关键在于改变审改执行者的预期收益。

事实上，这种改变也并不是不可能的。因为各审改部门尽管有着各自的部门利益，但对于审改政策执行者来说，作为审改决策者的下级，寻求上级的政治支持也是每一个审改执行者的目标。特别是，在我国韦伯意义上的法理型官僚制并没有真正确立，在政府过程中有着较多人治因素的情境下，部门职权的扩大、人员的升迁，还有赖于上级的关照和提携。况且，在政治动员式的审改过程中，决策团体对下级有着"不换思想就换人"的大权。② 因此，对审改决策团体而言，要改变审改执行团体的预期收益关键在于使 A 模式下，部门与部门之间的职权关系转变成 B 模式下个体与个体之间的权力关系。换言之，在 B 模式下，如果某个审改部门没有按规定削减审批事项，那么并不仅仅是该部门没有达到宁波市审批领导小组的要求。而更主要的是，该审改部门的负责人没有完成其上司（如具体负责该口审改工作的某市政府领导人）的任务，这是很不给上司面子的事。在其他部门都按规定削减审批事项的

---

① 参见黄兴国书记、张蔚文市长在全市审批制度改革动员大会上的讲话，《宁波市审批制度改革实录》。

② 《审改办访谈材料》，2002 年 11 月 25 日。

情况下，该审批部门领导人就会拉远其与上司的关系。

那么宁波市审改决策团体是如何在 A 模式的基础上启动 A+B 模式的呢？

方式之一是高度整合审改决策团体的权力。在宁波市审改决策团体中，宁波市市长与市委书记显然是两个重要人物。宁波市市长是市审改领导小组组长，是宁波市审改决策的主要承担者，对宁波市的审改工作全面具体负责，可根据审改环境与任务的发展变化，相机决定人、财、物的调配和使用大权。但在党委领导下的市长负责制中，作为市委领导核心的市委书记对审改工作的支持与否是极其重要的。因为，这不仅关系到宁波市审改的政治合法性问题，而且也关系到审改的人事、宣传和思想政治工作等方面。宁波市审改决策团体的权力高度整合主要体现在以下三个方面。第一，宁波市市长与市委书记对审改工作重要性的共识。这一共识不仅反映在前述在省委要求试点审改下的预期收益的改变，更体现在具体的审改政策执行行为上。回顾宁波市的审改历程，我们可以发现，党政力量的整合对推进宁波市审改起着非常重要的作用。1999 年 8 月 20 日，宁波市召开了由全市局单位主要负责人参加的试点审改动员大会，宁波市委书记黄兴国和市长张蔚文分别在大会上做重要讲话，明确此次审改的重要性、提出审改要求。此后，张蔚文市长亲自主持审改的日常工作。黄兴国书记则亲临审改现场，到各审改部门了解情况并检查、督促审改。据相关资料统计，宁波市两位党政一把手领导在 9 月和 10 月分别又做了两次重要讲话，足见当时宁波市领导对审改工作的关注和用心。① 由此可见，宁波市党政两个主要领导在审改工作上达成的共识和合作，对整合审改决策团体的权力、推进宁波市审改政策的执行具有非常重要的作用。第二，党务部门对审改工作的全程介入。按照常规的行政模式，审改是行政系统的工作，与党务部门无直接关系。但是在宁波市的试点审改阶段，宁波市党务部门对审改工作是全程介入。特别是宁波市委组织部和市委宣传部这两个部门发挥了重要作用。具体而言，市委组织部一方面深入基层调研，另一方面采用干部审改工作月报制度，了解掌握了各级干部在审改中的动态和工作表现，并

① 《宁波市审批制度改革实录》，第 18—28 页。

与干部的考核使用结合起来，为审改提供了有力的组织保障。市委宣传部则运用舆论宣传攻势，促进审改政策的执行。在审改发动期间，根据市委宣传部的统一要求和部署，《宁波日报》、《宁波晚报》、宁波电视台等各大新闻媒体做了大量有关审改的宣传报道工作。笔者统计《宁波日报》8 月 23 日至 9 月 6 日发表有关审改的报道发现：这半个月内总计发表了 17 篇包括《一场硬仗》、《立即行动起来》、《坚决排除发展障碍》等评论员文章和《八十六枚大印竟盖不出一个房产项目》等一系列记者采访报道。第三，把是否执行审改政策提升到党所倡导的"三个代表"的高度。在审改政策的执行中，审改决策团体非常自觉地把审改执行者的表现与是否符合江泽民同志的"三个代表"思想结合起来，与解放思想、与时俱进和加强地方经济建设结合起来。① 把审改执行者在审改中的表现提高到党的意识形态高度，宣称此次审改是对党员特别是党员干部的党性原则的一次检验。在审批制度改革及深化审批制度改革动员大会的领导讲话中，多处可以看到这种意识形态宣传和教育。② 尽管"三个代表"思想并不能真正成为审改政策执行者的虔诚信仰，但它提供了审改的政治合法性，否定了讨论宁波市是否需要进行审改的必要性和可能性。

　　方式之二是通过审改决策者的"关系"权威来增强其权力资源的可流动性。具体而言，在启动"关系"权威的模式下，削减审批事项直接与个人利益、声望直接相关，因此削减审批事项不再仅仅是"公事"。因此，是否能成功削减审批事项与政府组织内个体间，特别是上下级之间的关系维护和发展挂上钩。那么，市审改决策团体是如何将削减审批事项由"公事"转变成"私事"，调动审改参与者的"关系"资源的呢？在削减审批事项经过各审改单位自清自查、上报审改方案之后，宁波市领导面对各审改部门在 A 模式下的五花八门的"技术处理"和集体观望、拖延行为严肃地指出，此次审改是省里给的任务，其成败

---

　　① 削减审批事项在 1999 年 7 月 — 2002 年下半年之间，当时，我党所倡导的意识形态主要是江泽民同志的"三个代表"思想。笔者认为，如果当时我党倡导共产党员先进性的话，宁波市的审改也同样会与先进性教育结合起来。

　　② 参见黄兴国书记、张蔚文市长在全市审批制度改革动员大会上的讲话和金德水市长在深化行政审批制度改革动员大会上的讲话。

与否事关大局。要把宁波市各级干部的任免、提升与其在审改中的工作绩效结合起来。市领导指出，审改是大势所趋，全市各级干部要"换思想"，必须以审改大局为重、放弃狭隘的部门利益和个人利益；对于那些不愿"换思想"、还想抓住部门利益和个人利益、抵制审改政策执行的干部就要"换人"（撤职或换岗）。① 虽然，综观宁波市 15 年的审改历程，并没有哪一位干部因为抵制审改政策执行而被"换人"，但在审改之初，宁波市面临着省里强大的试点审改压力，这一严厉的惩罚机制是可以理解，也可以信服的。市审改决策团体除了用"不换思想就换人"的严厉处罚机制调动审改执行者的"关系"资源之外，在试点审改的过程中，还通过表彰先进来调动审改执行者个体的"关系"资源。如在宁波市刚开始试点审改时，各审改部门都处于观望状态，大家都等着看看其他部门是不是动真格的。审改部门都有一个普遍的心态：你不改，我也不改；你假改，我也假改。大家都不改或假改，就不会有事。所谓法不责众。市审改决策团体揣摩到了审改执行团体这一观望心态，指定觉得比较可以依赖的市公安局作为宁波市的审改"试点"单位，在宁波市先行审改做表率。在市公安局完成削减审批项的指标后，黄兴国书记和张蔚文市长在各种场合多次表扬市公安局和局长郑杰民的审改业绩。② 这种大会表扬一方面激励其他审改部门，另一方面却也显示了宁波市公安局局长郑杰民与市主要领导的良好关系。相反，对于审改工作的后进者，审改决策者则以大会点名或不点名批评的方式给予警告。同时，也动用媒体来发挥这一批评的作用。如宁波日报报道了市房地产局等部门"八十六枚大印竟盖不出一个房产项目"事件。尽管此事件确实存在，但可以想象这种现象也并非市房地产局所特有。因此，是否报道该事件以及如何报道其实也体现了市委领导的意见。这种批评不仅是一种揭露和警告，同时也可以看出市委领导没有维护市房地产局局长的脸面，显示了市房地产局局长与市委领导不够铁的关系。这对市房地产局局长而言，是一件影响其关系权威的大事。因此，"八十六枚大印事件"报道之后，市房地产局局长邬明德马上出来表示，局里将

---

① 《审改办访谈材料》，2002 年 11 月 25 日。

② 市政府主要领导对市公安局的审改工作及局领导的工作业绩的表扬，参见黄兴国书记、张蔚文市长在全市审批制度改革动员大会上的讲话，《宁波市审批制度改革实录》。

主动与当事单位——亨润集团联系、征询意见，并将认真清理现有的审批事项。① 由此可见，审改决策者个体关系权威的运用，大大增强了行使职位权力的有效性。

　　方式之三是增强对审改政策执行者的监督力度。如果在 A 模式下，审改决策团体和执行团体在"公对公"的关系下，有效的监督是不太可能实现的。因为在 A 模式下，审改政策执行者总能找到互相推诿和解释的理由。但是在审改决策者把审改绩效与个人利益、声望相结合（即"私对私"）时，在调动个人"关系"资源后的 A+B 模式下，任何推诿都是对当事人之间"关系"的损害，而任何解释必须以解决问题为出发点才不影响当事人之间的"关系"维护。因此，启动 A+B 模式，监督就变得极为重要了。宁波市审改决策团体也显然意识到了这一点。在削减审批事项阶段采取了多个途径来加强监督。试点审改开始后不久，市委组织部组织选调了一批身体好、原则性强的老干部组成巡视组，准备到各部门去了解情况、发现问题，总结经验。1999 年 8 月 26 日，宁波市委办公厅和市政府办公厅就联合发文，下达了关于派遣市审改工作巡视组的通知。要求各部门积极支持巡视组的工作，接受巡视组的指导、检查和督促，有关工作部署、动态和遇到的问题要主动与巡视组联系和沟通。② 事实上，在该模式下，巡视组的监督颇有成效。黄兴国书记对这种督查方式和督查效果寄予了很高的评价。他在有关检查审改工作的讲话中指出：巡视组的老同志审核部门审改方案十分细致，甚至与有关部门同志争得面红耳赤。这些都体现了对人民事业高度负责的态度。③ 在新设巡视组督查的同时，市审改决策团体也充分调研了目前政治、行政体制内的各个监督职能部门。市纪委、市监察局全程介入审改并联合发文制定相关规章要求各审改部门严明纪律，同时设立并受理审改举报电话 7341272 和投诉热线 7183110;④ 市审改办负责考核全市

---

　　① 参见《86 枚大印报道激起强烈反响——很多读者给报社打电话，希望这项改革能一改到底》，《宁波日报》1999 年 8 月 31 日。

　　② 参见市委办发〔1999〕113 号:《市委办公厅、市政府办公厅关于派遣市审批制度改革工作巡视组的通知》。

　　③ 参见黄兴国书记 1999 年 10 月 18 日上午在检查审改工作时的发言记录。

　　④ 参见市纪发〔1999〕26 号:《宁波市纪委、市监察局关于严明纪律保证我市审批制度改革顺利进行的通知》。

各审改部门的审改绩效；宁波市各大新闻媒体也纷纷开辟审改专栏，报道审改中的先进和落后事迹。为了使审改监督力量运作的有序化和制度化，宁波市委办公厅于 2000 年 1 月出台了《宁波市行政审批责任及其追究制度（试行）》。①

由此可见，宁波市审改在 A+B 模式启动后，审改政策执行者的目标函数发生了变化。他们审改预期成本和预期收益不再只是部门权力和个人利益，而加入了个人"关系"资源和政治地位的提升。这一目标函数的变化极大地影响了审改政策执行者的行为。我们发现，在 A+B 模式启动后，各审改部门根据《实施意见》的要求确定了审批事项削减方案。而且，有的审改部门的执行进度比《实施意见》要求的更快、保障措施也更加周全。②

（三）A+B 模式下的权力互动

在 A+B 模式启动后，宁波市削减审批事项的改革在审改决策团体和审改执行团体的权力互动下有了显见的成果。

宁波市在试点审改之前共有 1289 项审批事项。此时，审批包括了市政府各审批部门根据相对人的申请，以书面证照等方式允许相关人从事某种行为、确认某种权利、授予某种资格的所有行政行为。③ 从理论上说，根据审批事项相关社会资源的竞争性程度，这些行政行为可细分为审批、核准、许可、审定、认证、资质评定、登记等不同等级，但从实际制度运行情况来看，各审批部门往往从租金最大化出发，把不同等级的行政行为自由裁量成严格意义上的审批。④ 从统计数据上看，宁波市试点审改阶段和深化审改阶段都超额完成了 40% 的削减指标。在 1999 年 7 月到 2000 年 12 月的试点审改阶段，宁波市的行政审批事项，

① 参见市委办发〔1999〕179 号：《宁波市行政审批责任及其追究制度（试行）》。

② 参见有关市交通局、市贸易局审改工作情况的简介。宁波市审批制度改革领导小组办公室编：《情况反映》第 3 期。

③ 《宁波市审批制度改革若干规定》，宁波市政府令〔2002〕第 77 号。

④ 这种审批行为对审批对象有严格的申报条件限制，需要审批对象提供详细的申报材料，由政府审批部门裁定准许或不准许审批对象的申请。《审改办访谈材料》，2002 年 8 月 30 日。

从改革前的 1289 项减少到 668 项，减幅为 48.2%。① 在 2001 年初到 2002 年 12 月的审改深化阶段，将原保留的 668 项审批事项和新增的 65 项审批事项消减至 281 项，减幅为 61.7%。② 此时的审批主要是指行政机关准予自然人、法人或者其他组织从事特定活动，以及对自然资源的开发利用、有限公共资源的配置、垄断行业的市场准入等有数量限制的事项的权利、资格认可。③ 那么宁波市行政审批事项是否真正只有 281 项了呢？这实在是一个颇难回答的问题。从理论上看确实是只有 281 项了。因为原来的审批事项都已经转变为"政府日常工作"和"保留备案事项"。④ 研究者从宁波市 55 个审改部门中随机抽取 10 个，统计 10 个部门在审改前后的审批事项转变情况（如表 4—1 所示）。从表 4—1 的统计数据，我们可以看出，各审改部门的"削减事项"（完全放开的事项）总量其实并不多。削减最多的市发展计划委员会减少 19 项，占原有行政审批制度的 25.3%；最少的市质量技术监督局则 1 项都没有削减。但是，从表 4—1 的统计数据，我们也可以看出，各审改部门在审改前后行政模式发生了很大的变化，审改前的审批事项，审改后有了审批、保留备案、政府日常工作、削减等四种处理方式。

在宁波市的行政审批制度改革中，削减审批事项完成 40% 的硬性指标与削减事项转变成新创的"政府日常工作"、"保留备案"是宁波市审改决策团体与审改执行团体在审改政策执行过程不断权力互动的结果。

在审改决策团体启动 A+B 模式之后，审改执行团体对削减 40% 和 30% 审批事项的审改目标，显然是没有发言权的。而且，A 模式下的暗盘管理和集体拖延也已不再可能和必要。但是，在这一审改政策目标的具体落实过程中，审改执行团体基于丰富的政策执行经验，与审改决策团体展开了以解决问题为前提的政策选择权互动。

---

① 宁波市审批制度改革领导小组办公室：《宁波市审批制度改革情况介绍》，2002 年 8 月 8 日。

② 根据 2002 年 11 月 6 日《宁波日报》上公示的《宁波市清理后行政审批事项目录》统计。

③ 《宁波市行政审批暂行规定》，宁波市政府令〔2002〕105 号。

④ 深化审改阶段结束后，转入政府日常工作和保留备案事项数分别是 303 项和 101 项。根据甬政办发〔2002〕264 号文件所附具体事项目录统计。

表4—1 　　　　　　　　　宁波市审改前后的审批事项转变情况表① 　　　　　　单位：项

部门 ＼ 审改事项	审改前 审批事项	审改后			
		审批事项	保留备案	政府日常工作	削减事项
市发展计划委员会	75	10	5	41	19
市经济委员会	19	6	4	5	4
市建设委员会	61	12	13	20	16
市交通局	26	12	1	8	5
市对外贸易经济合作局	30	19	1	4	6
市贸易局	13	5	3	3	2
市教育局	29	5	6	11	7
市公安局	44	23	5	12	4
市财政局	42	11	4	24	3
市质量技术监督局	21	5	12	4	0

　　这一政策选择权互动，首先在削减审批事项的原则上展开。按照市审改决策团体的审改目标，削减审批事项应该采取"市场调节优先、社会自治优先、行政干预从缓"的原则，② 但市审改执行团体却在实质操作层面质疑这一原则的可行性：首先，在目前的政治、行政体制下，上级法律、法规有明确规定的审批事项，上级部门还没有改，宁波市是不可以取消的；其次，宁波市目前的行业协会、中介等社会组织既不成熟，也缺乏必要的法律制度。如果政府把行政审批权交给这些组织，势必会导致社会和经济管理的无序和混乱；最后，审批项目往往牵涉几个部门，取消某些事项的审批涉及各部门之间重新协调。盲目取消审批事

----

　　① 　限于篇幅，笔者在宁波市 55 个审改部门中随机抽取了 10 个部门作为样本。此表根据宁波市《宁波市清理后行政审批事项目录》和甬政办发〔2002〕264 号所附具体事项目录统计。
　　② 　甬党〔2002〕12 号：中共宁波市委、宁波市政府批转市政务公开暨审批制度改革领导小组《关于深化行政审批制度改革的实施意见》的通知，第 14 页。

项，会导致审批工作的混乱。这三个非常现实的操作性问题，显然是合理的，也是市审改决策团体担心并一时无力解决的。于是，市审改办在削减审批事项上就与各审改部门有了很大的意见分歧（表4—2）。

表4—2　　　　　　审改部门和审改办意见不一致事项对照表①　　　　单位：件,%

	原有事项	新增事项	不列入事项	实有事项	保留事项	削减	削减比率
审改意见	668	52	189	531	310	221	41
部门意见	668	52	189	531	375	164	30

　　例如，在深化审改阶段，对于原有733项事项（第一轮改革后的668项，再加上根据新的法律、法规新增的52项）的改革意见，审改办认为：根据新的法律、法规新增的52项，审批特征不明显，不列入审批范围；削减审批、核准事项221项；拟保留审批、核准事项310项。审改部门却坚持：削减审批、核准事项164项；拟保留审批、核准事项375项。在65个事项上产生了削减与保留的意见分歧。

　　在削减审批事项的改革中，对审改办主任邱士金来说，最重要的工作问题就是，与各审改部门协商如何处理削减后的审批事项。解决好上述三个操作性问题的同时，完成市审批制度改革领导小组决定的削减40%和30%审批事项的改革目标。邱主任与各审批部门进行了几轮"谈判"之后，达成了采用两全其美的临时性策略的共识。即把在操作中还不适合于完全放开的审批项目，暂时转入政府日常工作或保留备案，先使其不具有审批性质，待条件成熟后再逐渐取消。② 这一设想得到了市审改领导小组的首肯，于是各审批部门一些原来的审批事项纷纷转入了政府日常工作和保留备案事项。审改中真正削减掉的，其实是一些明显与经济发展不相协调的事项（如金银饰品价格，灯用煤油价格，酱油、食醋准产证，土地利用年度计划等等）。虽然邱主任的问题得到了解决，但是这些在削减审批事项的权力互动过程中遗留下来的问题，势必会带到对

---

　　① 审改办2002年部门和审改办意见不一致事项统计表。
　　② 《审改办访谈材料》，2002年10月25日。

转入了政府日常工作和保留备案事项管理意见的分歧上。这些不再称为审批事项的事项将如何运作？在管理上多大程度地区别于原先的审批行为？这将涉及宁波市另一个阶段审改政策的执行：规范政府行为。

二 规范政府行为：A+B 模式向 A′模式转换

宁波市规范政府行为的审改主要集中在深化行政审批改革阶段。执行该项审改政策的起始点，可以 2002 年 10 月 25 日宁波市长金德水在深化审改动员大会上的讲话和 2002 年 11 月 8 日宁波市委和市政府联合发文下达《关于深化审批制度改革的实施意见》的通知为标志。[①] 其政策内容主要包括：进一步转变政府职能、改革行政管理方式、规范行政审批行为、健全行政监督体制。[②] 在宁波市执行规范政府行为政策长达三年

---

① 在试点审改阶段宁波市审改领导小组组长为张蔚文市长，由于张市长调离宁波，由新任宁波市市长金德水继任审改领导小组组长之职，负责宁波市的审改工作。金德水市长的讲话请参见《宁波市深化审批制度改革纪要》，第 1—8 页；《关于深化审批制度改革的实施意见》的通知请参见甬党〔2002〕12 号文件。

② （一）进一步转变政府职能。是指取消不符合政企分开和政事分开要求、妨碍市场开放和公平竞争以及实际上难以有效发挥作用的行政审批。确立企业的市场主体地位；发挥市场在资源配置中的基础作用；发挥社会中介机构、自治组织的服务、自律功能；把政府职能的重点切实转移到经济调节、市场监管、社会管理和公共服务上来，着力营造良好的发展环境，提供优质的公共服务。其具体政策内容包括还给投资者投资决策权（5 项）、保障企业的经营自主权（6 项）、发挥中介机构、自治组织的服务和自律功能（4 项）、发挥市场配置资源的基础作用（2 项）、营造开放、公平、诚信的市场环境（4 项）、不断优化社会环境（4 项）、提供优质的社会公共服务（5 项）。（二）改革行政管理方式。是指更新行政理念，实现行政管理方法和手段的创新，使政府对投资和经营主体的市场行为从"严入宽管"转变为"宽入严管"；从"注重审批"转变为"注重服务"；从习惯于直接和微观管理转变为间接管理和宏观调控；行政指令的管理方式转变为以法律、法规为准则的法制管理方式。着重推行以下几项制度：强化"规则管理制"、实行"告知责任制"、实行"备案监管制"、实行"窗口服务制"、推行"网络办公制"、推行"一事一批制"、实行"关联审批制"、完善"政务公开制"、试行"重大政策公开征询制"、探索"企业身份信息一卡制"。（三）规范行政审批行为。是指合理界定审批范围，依法实施审批，简化审批环节，减少职能交叉，避免重复审批，最大限度地控制行政审批自由裁量权，使行政审批真正做到依法、简便、高效和公开、公平、公正。其具体政策内容包括 1. 明确行政审批内涵；2. 界定设立审批事项的范围（3 项）；3. 明确设立审批事项的权限和程序（4 项）；4. 规范具体审批行为（8 项）。（四）健全行政监督机制。是指通过深化行政审批制度改革，建立健全职责明确，内部监督和外部监督、自律和他律有机结合的行政审批监督体系，努力消除行政失职、行政不作为和利用审批权力寻租现象，防止权力异化，促进规范行政，廉洁行政。其具体政策内容包括 1. 明确责任主体；2. 完善制约措施；3. 强化监督责任；4. 落实责任追究。以上具体内容请参见甬党〔2002〕12 号文件。

半的时间里，其政策执行结构是从削减审批事项时 A+B 模式开始逐渐向 A′ 模式转换的。这种转变是怎么发生的？为什么会发生？新的 A′ 模式与 A 模式有什么样的差别？对规范政府行为的执行又有什么样的影响？

（一）难以为继的 A+B 模式

在宁波市试点审改阶段削减审批事项的改革中，政策执行结构的 A+B 模式将原来 A 模式下"公对公"的政策执行转变成"私对私"的关系，从而出现了以确保完成 40% 削减目标的权力互动。然而，A+B 模式不是可以一直维持下去的。它将随着审改决策团体的预期收益的变化而向其他执行结构模式转换。

如前所述，宁波市审改决策团体在省领导要求宁波试点审改时有着政治、经济上的双重预期收益。即通过审改，既完成省领导交给的审改任务、带动全省的审改工作，同时也希望通过审改削减掉那些不合理的审批事项，促进宁波经济的发展。但随着 2000 年宁波市试点审改的结束，审改决策团体已完成省领导交给的任务，其政治上的预期收益也开始逐渐淡化。但这种淡化并不是必然的。因为，对宁波市决策团体而言，在全省乃至全国审批制度改革轰轰烈烈推开的时期，宁波市审改工作若能取得突出成效，显然是颇能彰显政治功绩的。问题的关键是，宁波市规范政府行为的审改与削减审批事项相比较，A+B 模式已不再那么有效了。原因在于，规范政府行为的审改政策更难有考量的标准。换言之，在 A+B 模式"私对私"的关系下，审改决策者无法知道审改执行者在执行规范政府行为的审改政策时是否真正效力，或仅仅是故作玄虚、做表面文章而已。

这种可否考量的差异可从宁波市审改决策团体在审改试点阶段和深化阶段下发的两个工作指导性文件《宁波市审批制度改革实施意见》和《宁波市深化审批制度改革实施意见》的条文比较中显现出来。

《宁波市审批制度改革实施意见》和《宁波市深化审批制度改革实施意见》（以下合称《实施意见》）都是由审改办负责起草、修改，最后由领导拍板同意的。完成这样一个文件大概需要半年时间，深化审改的实施意见搞了有整整一年。① 这两个文件比较集中地反映了审改决策团体的审改政策目标和政策设计能力。通过比较这两个文件，可以比较清晰地体现审改决策团体和执行团体在审改两个阶段所处的不同情境。为了说明这一情境，笔者设计了一份比较简明的表格。设计表格的大致思路是，将《实施意见》中审改决策团体向执行团体布置的审改任务按"定量型"、"定性型"和"定性、定量兼有型"加以分类。② 一般来说，"定量型"任务通常是审改决策团体对审改政策执行的手段比较明确、设计有明确的指标，易于监督与考核；"定性型"任务通常是审改决策团体对审改政策的执行手段尚不明晰或难以量化考核，需要审改执行团体在具体的执行过程自行裁量。通过对这种分类和考察大致可以看出审改决策团体与执行团体之间的权力博弈空间（参见表4—3及相关附录）。

由表4—3统计得出，《实施意见》总计布置工作任务103条，其中定量型任务47条，占45.6%；定性型任务37条，占35.9%；兼有型任务19条，占18.4%。在审改试点阶段总计布置工作任务42条，其中定量型任务占69%；定性型任务占12%；兼有型任务占19%。在审改深化阶段下达工作任务总计61条，其中定量型任务占30%；定性型任务占52%；兼有型任务占18%。由此可见，审改决策团体虽然在两个阶段都有着明确的改革目标（参见表4—3总体目标），但在审改政策设计中都或多或少地采用了定性型审改政策。

对表4—3两个审改阶段的条文规范的比较分析，还可以发现，试点审改阶段比深化审改阶段更多地采用了定量型审改任务（分别是45.6%和30%）。这与两个阶段不同的改革目标和改革情境有关。在审改试点阶段，改革有时间（半年）、有任务（40%）、有要求（只许成功，不许失败）。审批项目减少40%，对审改决策团体来说，不仅是改革目标，更是政治任务。在这种改革情境下，审改决策团体更多地关注审批事项削减，在这一阶段的《实施意见》中，定量型审改任务都是

---

① 参见2005年1月27日的访谈记录。
② 定量型审改任务，是指有明确的工作要求、规则、程序，可进行量化考核的任务；定性型审改任务，是指原则性的、有较大弹性的，执行时有较大的自由裁量权的任务；定性、定量兼有型则介于两者之间。

对保留和取消审改事项的规定，见第（一）条：取消部分审改项目；第（二）条：规范保留的审批事项（参见表4—3，详见附录）。在审改深化阶段，此时改革的政治压力减小，审改决策团体的注意力开始转向改革的经济、社会效益，更多地关注制度的执行方式和更深层次的非正式制度的变迁问题。反映在条文规范上，表现为其重点已不再审批事项削减、保留的规定，开始更多地倾向于规范政府行为方式问题，如，第（二）1—10条：实行"规则管理制"、"告知责任制"、"备案监管制"、"窗口服务制"、"网络办公制"、"并联审批制"；第（三）条等。（参见表4—3，详见附录）然而，这一政策方向转变的同时，《实施意见》条文中的定性型审改政策也大量增加。这将导致审改决策团体在短时期内考量审改执行团体工作绩效的困难。

表4—3　　　　　　《实施意见》条文规范的比较分析表

总体目标	条　文　规　范		
	工　作　任　务		
	定量型	定性型	兼有型
试点阶段	通过半年左右的努力，基本完成市直属各部门审批制度改革，取消40%以上的审批事项，同时，规范保留审批事项，建立审批约束机制，加大事后监管力度	第（一）1（1、2、4）条 第（一）2（2、3）条 第（一）3（1、2、3、5）条 第（二）1（1、2、3、4、5、6、7、8、9、10、11、12、13、14）条 第（二）2（2、3、4）条 第（二）3（1、2）条 第（二）4（2）条 （共29条）	第（一）3（4）条 第（二）3（3、4）条 第（三）2、3条 （共5条）	第（一）1（3）条 第（一）2（1、4）条 第（二）2（1）条 第（二）4（1、3）条 第（三）1、4条 （共8条）

续表

总体目标	条　文　规　范		
	工　作　任　务		
	定量型	定性型	兼有型
深化阶段	通过深化改革，行政审批事项再削减30%以上，办理时限进一步提速，重点在市场准入、市场监管、要素配置领域取得实质性突破，努力创立结构合理、管理科学、程序严密、制约有效的行政制度	第（一）1(4、5)条 第（一）2（1、2、3、5、6)条 第（一）3（2、3）条 第（一）4（1）条 第（二）6、7、8条 第（三）3（1、2、4）条 第（三）4（1）条 第（三）4（6）条 （共18条）	第（一）1（2）条 第（一）3（1）条 第（一）4（2）条 第（一）5（1、2、3、4）条 第（一）6（1、2、3、4、5）条 第（一）7（1、2、3、4、5）条 第（二）1、4、5、9、10条 第（三）1条 第（三）2(1、2、3）条 第（三）4（3、4、7、8）条 第（四）2、3条 （共32条）	第（一）1（1、3）条 第（一）2（4）条 第（一）3（4）条 第（二）2、3条 第（三）3（3）条 第（三）4（2）条 第（三）4（5）条 第（四）1、4条 （共11条）

　　比如，在深化审改阶段下达的定性型任务第（二）1条：强化"规则管理制"。行政机关要从微观管理和个案审批中解脱出来，把着力点从行政审批转为制定和发布规则、标准，通过严格执行规则、标准实现监管目的。① 此项任务只提出了一个比较模糊的定性的工作目标。至于制定什么样的规则、标准，如何制定，又如何执行，这些关系着如何从微观管理和个案审批中解脱出来，使监管区别于审批的关键性问题，此条文规范没有涉及。而且，对审改决策团体来说，即便制定《深化审批制度改革实施意见》做了整整一年的调研、起草和修改，也

---

① 甬党〔2002〕12号，第11页。

不可能对宁波市各审批部门的工作做出如此细致的规定。因为，对于各审改部门而言，这些规定也需要在实践中加以摸索和改进。而且，行政机关要从微观管理和个案审批中解脱出来，根本不是朝夕之事。这样的例子在《深化审批制度改革实施意见》中不胜枚举。由此可见，与削减审批事项相比较，在规范政府行为的审改中，审改决策团体明显降低了在短期内获得审改预期收益的可能性。而且，即便深化审改阶段下达的定量型任务，也不像削减审批事项时那样有简便易行的权力互动空间。虽然这一阶段的定量型任务也有着清晰的工作要求和操作程序，但是能否真正有效地落实，其牵涉的问题与责任已并不是加强监督所能解决的。比如，在深化审改阶段下达的第（二）7条：实行"并联审批制"。一个行政审批事项，两个以上行政部门为达到不同管理目标，根据各自职能分别进行审批的，要改"串联审批"为"并联审批"。即明确直接受理部门和非直接受理部门，直接受理部门负责受理，并抄告非直接受理部门在规定期限内同步进行审核并出具批件，由直接受理部门负责答复。① 这项审改并不是转变政府职能的政策，而仅在于规范审批程序，提高审批效率。操作程序及职权分配似乎都是清晰的。然而，在具体的实施过程中也是有很大困难的。比如一个投资项目关系从立项、选址、设计到施工、验收，涉及工商、国土、城建、环保、消防、公安等等许多部门。要将这些部门的审批工作并联起来，审改办经过商议并取得领导同意后，指定工商局为直接受理单位，负责此项审批的牵头工作。但工商局局长一再推辞，实在推辞不过，再三地说，责任分工不变！责任分工不变！他就怕责任落在他头上。② 由此可见，规范政府行为所连带着的政府与市场、社会关系变动而出现的社会问题与工作责任，并不是政府内部一味加强审改执行监督可以解决的。

由上述分析可见，规范政府行为的审改不仅比削减审批事项更难以

① 甬党〔2002〕12号，第11页。
② 参见2005年1月27日的访谈记录。在访谈中，审改办副主任也很理解工商局局长的心情。他说，事实上，工商局局长的这种担心也不是没有道理的。浙江金华火腿含有毒物质一事便是一个很好的例子。比如金华火腿事件发生后，卫生局说："我是不同意审改的，是你们审改办一定要改的。"改革本来就是有风险的，或者有法律上的抵触。出了事，责任是很难分的。职责部门说，是你们要改的，我是不同意的。审改办说，责任是职能部门的，改就改个形式而已。这样就搞不清楚了。

考量，也更难以执行。审改决策团体与执行团体又陷入了权力互动的困境。尽管宁波市审改决策团体知道，进一步转变政府职能、改变行政管理方式、规范审批行为、加强行政监督体制等规范政府行为的审改，对宁波市经济、社会的发展是有长远意义的。然而就近期而言，执行此项审改政策的预期成本显然是巨大的。这不仅包括启动 A+B 模式各项行政成本，还包括审改有可能带来的政治成本。在宁波市领导政策执行的个人选择序列中，显然有比审改更有预期收益的政策。最重要的如招商引资。这对宁波市经济发展更有着立竿见影的作用，也更能凸显领导者的政绩。

（二）权力互动与 A′模式的形成

虽然在规范政府行为审改中政策执行的 A+B 模式越来越难以为续，但宁波市削减审批事项后遗留下来的问题，即如何规范政府日常工作的审批事项和保留下来的审批事项都需要有一个解决方式。

2002 年 11 月 6 日，宁波市政府在《宁波日报》上，正式公示了市各审批部门在深化审改后保留的 668 项审批、核准事项。这对审批对象（特别是宁波市的企业界人士）来说，是件令人琢磨的事。这些公布的审批事项与以前让人费尽心、跑断腿的审批方式会有不同吗？那些不再列入行政审批，转入政府日常工作及保留备案的事项又会怎样管理呢？行政审批制度从"严入宽管"转变到"宽入严管"之后，① 政府将怎样"严管"企业？依据什么规则？采取什么方式？这些问题不仅关系着企业以后的经营自主权问题，还将左右宁波的整个市场投资环境。但市政府既没有公示转入政府日常工作的事项，也没有做出相关说明。原因就在于政府组织内部尚不能就这些事项的划分依据、管理程序及协调环节等问题达成一致意见。②

关于规范政府行为的审改，从审改决策团体的政策目标出发，实现政府行为从"注重审批"转变为"注重服务"、从直接管理和微观干预转变为间接管理和宏观调控、从行政指令的管理方式转变为以法律为准

---

① 甬党〔2002〕12 号：中共宁波市委、宁波市政府批转市政务公开暨审批制度改革领导小组《关于深化行政审批制度改革的实施意见》的通知，第 10 页。

② 《审改办调查访问材料》，2002 年 11 月 10 日。

则的管理方式，是深化审改的宗旨所在。① 但是，对审改执行团体来说，仍旧以原来的审批方式或进行变相审批的方式来处理转入政府日常工作和保留备案事项，仍旧以原有审批方式来处理保留的审批事项，将是审改成本最小化、维持部门利益最大化的捷径。除非这种部门利益能在 A+B 模式下转化为个人之间的关系权威。

然而，在 A+B 模式难以为继的情况下，审改决策团体在运用权力资源影响执行团体的审改工作上，也并不是束手无策的。改变 A 模式、重塑审改政策的正式执行结构，却在宁波市审改决策团体的职位权力范围之内。当然，对宁波市审改决策团体来说，重塑审改政策的正式执行结构也并不是任意的。它既要考虑到审批工作的正常进行，同时也需要审改执行团体的配合。正是由于这一点，在 A′ 模式的形成过程中，也有审改决策团体与执行团体之间的权力互动。这一权力互动体现在三项审改政策的推行中：一是"成立宁波市经济发展服务中心"；二是"部门内的审批职能归并"、"成立审批处"。

1. "成立宁波市经济发展服务中心"

可以说"中心"的成立及其职责、权限的确立、划分是政策执行过程中权力互动的结果。事实上，早在试点审改接近尾声（即 2000 年底和 2001 年初）时，宁波市审改决策团体凭其已往的工作经验即预感到长期维系 A+B 模式的不可能性，并开始着手寻找、谋划和宣传这一新的审改模式。在宁波市象山便民服务中心深受好评和杭州市投资项目集中办理中心的成功经验基础上，审改决策团体初步有了成立宁波市行政发展服务中心的想法。② 市委书记在市审改《赴杭州市投资项目集中

① 甬党〔2002〕12 号：中共宁波市委、宁波市政府批转市政务公开暨审批制度改革领导小组《关于深化行政审批制度改革的实施意见》的通知，第 10 页。

② 象山县的便民服务站试验开始于 1999 年，由于当时行政审批中有"重收益轻服务、重条轻块、重标轻本、重情轻法"的"四重四轻"现象，象山县大胆创办了便民服务中心，使审批项目一处办理，大大方便了民众，受到了群众的好评。同时也受到了宁波市委书记的表扬和肯定。参见 2000 年 12 月 22 日，象山县委、县政府关于《优化经济发展环境、实现政府办事高效率》的工作报告及黄兴国书记对此报告的批示。对于杭州市投资项目集中办理中心的经验，宁波市审改办于 2001 年 2 月 22 日专门赴杭进行了学习考察，并向市政府领导提交了《赴杭州市投资项目集中办理中心学习考察情况报告》。

办理中心学习考察情况报告》上批示：……应当把所有可公开办的事全部集中在一起办理，各部门派得力干部到大厅，能当场办的必须当场办，不能当场办的要限时办。市委、市政府领导轮流每半个月到大厅去坐上半天。纪委、监察局、组织部要考察了解，加强监督力度。我看象山搞得很好，可以学象山的做法。① 当时分管审改工作的副市长邵占维则批示：人代会结束即安排两天时间专题研究此事，其中 28 日去象山学习，3 月 1 日回市里研究，提出一个具体的可操作的实施办法。② 从这些批示中，我们似乎又看到了 A+B 模式启动的影子。值得一提的是，象山县之所以能在宁波市众多县市区的便民服务中心中脱颖而出，一方面当然有其工作出色之处，另一方面似乎也有一些黄书记个人关系的因素。③ 在选择行政服务中心建设的典型时，审改决策者选择自己较信任的地区，显然也是有利于审改政策推进的。

市审改决策团体的积极推动，加之当时"行政服务中心"在全国各地纷纷涌现。因此，宁波市建立经济发展服务中心的工作也紧锣密鼓地运作起来。2001 年 2 月 28 日，邵占维副市长带领宁波市各审改部门及审改办的一把手考察象山县便民服务中心；3 月初，审改办提出《关于设立宁波市经济发展综合服务中心建议方案及说明》；到 2001 年 7 月 18 日，宁波市经济发展服务中心（下称中心）的"中心办证大厅"落成并运行。这一"办证大厅"是在审批部门的一些办事窗口的基础上成立的，如市投资项目办理中心、工商综合办证注册中心、外商投资服务中心等等。市审改决策团体将这些办事窗口整合起来入驻市经济发展服务中心，这为下一阶段中心整合全市行政审批权做好了铺垫。中心大楼在宁波市政府大楼对面的大厦内办公，中间横隔宁波市最繁华的大街中山东路。中心设管理委员会，是市政府的派出机构。中心管委会下设

---

① 参见市委书记黄兴国在市审改办《赴杭州市投资项目集中办理中心学习考察情况报告》的批示，2001 年 2 月 22 日。

② 参见副市长邵占维在市审改办《赴杭州市投资项目集中办理中心学习考察情况报告》的批示，2001 年 2 月 22 日。

③ 黄书记祖籍为象山县。

的办公室与审改办合署办公，由市审批制度改革领导小组直接领导。①
原审批部门派工作人员入驻中心各服务窗口办公，入驻中心的工作人员
受中心管委会和原工作部门双重领导。中心管委会负责入驻中心的各审
批部门行政行为（包括审批行为和非审批事项的行政行为）的协调和
监督。② 成立中心，可以说是审改决策者对宁波行政审批权力结构的调
整。从功能上看，中心既代替了审改执行部门在审批过程中的部分协调
职能，又便于对各审批部门进行权力监督。事实上，无论是审改决策者
规划成立中心时最初的目标，还是成立中心时的职责规定，都在一直强
调中心的协调和监督功能。③

那么 A′模式作为规范政府行为的正式执行结构，它与削减审批事
项前的 A 模式有何区别？又有何特色呢？宁波新的审改政策的正式执
行结构（A′模式）基本上可用图 4—3 表示。

从图 4—3 可知，A′模式与 A 模式相比较，最大的变化是新增加了
宁波市经济发展服务中心。中心在新的审改政策执行结构中是一个非常
重要但又非常含糊的角色。一方面，它与审改办合署办公，在审改中它
将依据审改领导小组的授权，行使审改中的部分决策权，可直接与各审
改部门展开权力互动。另一方面，从功能上看，它将履行行政审批制度
执行中的部分协调权、监督权，具有了执行部门的属性。从审改决策团
体的政策目标来看，在无法规范各审改部门政府行为的情况下，通过中
心的形式以审改后新的政府行为方式来代替各审改部门旧的政府行为方
式，这不能不说是一个思路。在笔者看来，中心似乎并不能仅仅简单地
批评是形象工程，而更符合中心工作人员的说法。即中心是审改的产

---

　　① 此时审改办的工作人员不再从各部门抽调，而是与新成立的宁波市经济发展服务中
心管委会办公室合署办公，采取了两块牌子一套班子的模式。市政府办公厅副主任邱士金仍
旧兼任审改办主任。

　　② 宁波市经济发展服务中心管委会办公室：《宁波市经济发展服务中心建设和运作情
况》，2001 年 11 月。

　　③ 如 2001 年 2 月 27 日，宁波市经济发展服务中心尚在筹划之中时，黄兴国书记在一次
全市大会上指出，"要下决心办好综合服务大厅……今后，该由窗口办理的决不允许挪到单位
去办，窗口一时办不了的，要给出办结承诺。"参见市委书记黄兴国在《全市党风廉政建设工
作会议上的讲话》，2001 年 2 月 27 日。《关于宁波市经济发展服务大厅运作方案》也规定中心
要按"小事不出窗口，一般事不出中心"的要求强化协调职能。甬政办发〔2001〕82 号文件。

物，是审改不得不选择的产物。① 但是，这个不得不选择的产物是否能像审改决策者所期望的那样，巩固审改成果，防止"回潮"现象，进一步简化环节、规范程序、提高效率呢?② 这要看在此模式下，代表审改政策目标的中心工作人员与各审改部门的权力互动状况。

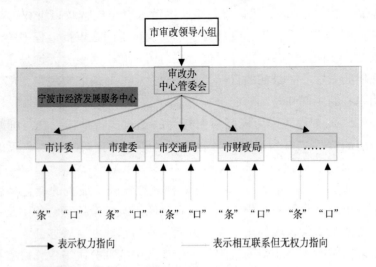

图4—3　A′ 模式下审改行动团体的权力关系图 (1)

但是，中心在运作中能否真正发挥好这些功能，还要看审改决策团体与执行团体之间的权力互动状况。宁波市各审改部门在甬政办发〔2001〕82号文件《关于宁波市经济发展服务大厅运作方案》下达之后，派人员入驻中心、设立窗口对外办公显然是不能不执行的。但是，进驻中心办证大厅的各部门能否按《方案》的要求，派遣足够的业务骨干进驻中心，并对他们进行充分的审批授权，让他们真正有权审批，这却是难以考量和监督的。而这恰恰关系到中心能否真正起到协调和监督的作用。因为，如果各部门在中心的窗口仅仅是一个审批事项的受理点，大小事情都需要拿回原单位依旧由领导审批，那么中心又有什么事需要协调和监督呢? 但是，审改决策团体在促使各审改部门的部分权力

① 　关于冯伟民的访谈。

② 　参见市委书记黄兴国在全市党风廉政建设工作会议上的讲话，2001 年 2 月 27 日。

向中心转移的审改，只是做了一个形式上的改革，实质性的权力转移并无多少思路和动作。这一方面是由于市政府领导在中心成立后对审改工作的关注在逐渐下降，另一方面是进一步审改也确实很难推进。这种困难其实也体现在《关于宁波市经济发展服务大厅运作方案》的条文之中。如方案一方面规定：进驻中心办证大厅各行政部门是审批事项的执法主体；另一方面又规定：中心按"小事不出窗口，一般事不出中心"的要求强化协调职能。① 难道审批中的协调权能从执行主体中硬生生地划拨出来吗？因此，在明确涉及中心的协调权时，也就出现了不可避免的含糊。如需提交中心协调的由主办部门与中心管委会联系，由管委会负责协调。② 而需前面的主体是谁呢？是各审改部门呢，还是有关法律规定？似乎都是，好像又都不是。

于是，各审改部门在中心办证大厅的各窗口也就真正成了审批事项的受理点。③ 为了方便群众、让群众免于在各审批部门之间跑腿，改由政府基层工作人员在窗口和原单位之间跑腿。

2. "部门内的审批职能归并"、"成立审批处"

"部门内的审批职能归并"、"成立审批处"是宁波市审批正式执行结构的又一次改造。面对"规范政府行为"难以推进的困境，加之行政服务中心当时在全国纷纷涌现，宁波市便顺理成章地成立了中心。中心承载了市领导推进"规范政府行为"，使行政审批"高效、透明、便捷"的愿望。但是，中心召开成立一周年的座谈会时，中心管委会主任指出，中心存在职能不到位、人员不到位、授权不到位的"三不到位"现象。为解决这一问题，2007 年 10 月，市政府领导着手在市各审批部门推行"部门内的审批职能归并"的改革政策，要求各审批部门依据审批与监管相分离的原则，在部门内人员编制数量、内设机构数目

---

① 参见甬政办发〔2001〕82 号文件。

② 同上。

③ 对此，尽管宁波市经济发展服务中心办公室（审改办）的同志非常失望，但认为也是可以理解的。一位接受访谈的同志说："窗口工作人员做不了主，都要回去请示，请处长、局长签字。这并不是窗口的办事人员没有能力签字，而是没有这个级别签字。现在的管理体制也好，思想观念也好，签字是一个权力的象征。如果窗口工作人员都签掉了，那要各审批部门的局长干什么呀？局长每天岂不是只有开开会了？"龚虹波：《访谈记录》，2005 年 1 月27 日。

以及各级领导数量均不增加的前提下，将本部门的行政审批权集中起来，通过撤、并或增挂牌子等方式设置行政审批处，专门负责本部门行政审批，并要求各审改部门的行政审批处进驻中心。[①] 2009 年初，宁波市完成了此项改革，各行政审批部门均设立行政审批处，并全部进驻中心。到此，宁波市新的审改政策的正式执行结构（A′模式）基本上可用图 4—4 表示。

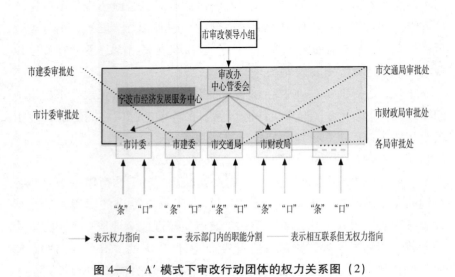

图 4—4　A′模式下审改行动团体的权力关系图（2）

至此，宁波市从 2001 年开始的审改政策的正式执行结构改造，经过"成立中心"、"部门内的审批职能归并"、"成立审批处"三个阶段的改革基本完成。比较 A 模式下审改行动团体的权力关系图（图 4—1）和 A′模式下审改行动团体的权力关系图（图 4—4），我们可以发现，宁波市改革前后的政策执行结构发生了以下三个变化：①设立中心，在各审批部门的审批人员入驻中心、各审批部门的"审批处"入驻中心后，中心对审批的知情权、协调权、监督权得到加强。②改革前，各审

[①] 甬党〔2007〕18 号：《关于进一步深化行政审批制度改革推进行政机关内设机构审批职能整合的意见》，2007 年 10 月 16 日。

批部门的审批职能和监管等其他职能混合在一起，审批和监管不分。改革后，各审批部门内的各科室的审批职能合并并且独立出来，形成"批管分离"的局面。这一改革旨在规范政府行为中广泛存在的"重审批、轻监管"的现象。同时，也便于对审批权的规范和监督。③市审改办作为市审改领导小组的派出机构，在设立市经济发展服务中心、与中心合署办公，特别是各部门的审批处进驻中心后，对审批业务的了解、相关信息的会聚以及在审改过程的协调、谋划上较以往大有改进。

　　宁波市经过 8 年审改政策执行结构改造后，是否解决了改革的核心问题规范政府行为了呢？此项改革政策从统计数据上看似乎颇有成效。截至 2008 年 6 月 30 日，根据相关数据统计，宁波市各县（市）区政府共有 337 个有行政审批职能的部门（单位）参与了改革，占县（市）区政府部门（单位）总数的 86.41%。在参与改革的部门（单位）中承担行政审批职能的分管领导减少了约 48.81%，承担行政审批职能的科室减少了约 68.18%；海曙、江东、江北三区独立设置行政审批科的平均比率为 4.48%，其他各县（市）区独立设置行政审批科的平均比率为 41.6%；部门（单位）进驻行政服务中心平均比率为 85.13%，比改革前增加了 55.14%；80% 以上行政审批事项授权窗口签批的县（市）区改革后达到 6 个；行政效率大幅提高，审批事项办理的平均承诺时限北仑缩短到 3.3 天，提速 70%，象山缩短到 4.5 天，提速 61%，镇海缩短到 7 天，提速 53.9%。① 具体改革情况如表 4—4 所示。

　　但是，统计数据有时并不能完全显示事实的全貌。宁波市审改政策的正式执行结构虽然已发文，但各部门的执行却会有许多应对措施。如有的部门为了应对市里审改要求，设立了审批处，也挂上审批处的牌子，但事实上工作人员仍旧沿袭原有的分工、仍旧各安其位履行其职责；有的则设立了大量的前置审批，除审批处之外的工作人员，事实上也仍旧在审批，只是名称改为前置审批了。② 针对上述情况，2009 年 3 月 25—29 日，由市政府主要领导带队的宁波市行政审批制度改革考察小组（市审改办领导、主要工作人员以及审批部门领导）赴泉州、深

---

　　①　宁波市行政审批职能归并改革办公室编：《行政审批职能归并改革动态》第 7 期，2008 年 7 月 29 日。

　　②　龚虹波：《访谈记录》，2009 年 3 月 30 日。

圳、海口等地考察。① 与深圳等地的比较中，宁波市明确了自己的改革空间和改革方向。在目前的政治、行政体制下，根据宁波市作为副省级计划单列市所拥有的改革权限，目前只能通过"部门内的审批职能归并"来改造各审批部门内部的权力结构，而不能涉及各审批部门间的权力分配。它是在各审批部门内部实现审批与监管相分离，是行政审批的决策、执行、监督三类权力在部门内部分离的尝试性实践。

表4—4　　　县（市）区行政审批职能归并改革情况统计表

政府名称	行政审批职能调整情况				行政审批科设置情况		行政服务中心事项办理情况			
	涉及部门分管领导数		涉及科室数		独立设置比率	挂牌设置比率	事项进驻率		授权窗口签批事项比例	
	改革前	改革后	改革前	改革后			改革前	改革后	改革前	改革后
象山		33	88	33	63.6%	36.4%	34%	98.3%	82%	80.4%
余姚		28	82	28	50%	50%	38%	95.7%	76.1%	90.3%
镇海	42	27	66	27	33.3%	66.7%		93.8%	50%	90%
鄞州	51	32	69	32	43.8%	56.2%	54%	91.0%	68%	90%
北仑	70	33	78	30	26.7%	73.3%	79.2%	96.3%	30%	75.3%
奉化	95	34	246	34	47.1%	52.9%	29.1%	91.6%	10%	83.9%
慈溪	75	35	115	35	28.6%	71.4%	60.1%	92.3%	45%	67%
宁海	64	33	93	33	36.4%	57.6%	42.9%	93.9%	38%	65%
江东	31	22	33	22	9.1%	90.8%	55%	97.5%	35%	60%
海曙	35	21	35	21	4.8%	90.5%	40%	100%	35%	100%
江北		28		28	0	100%			55.1%	63%

---

① 龚虹波：《访谈记录》，2009年3月30日。

（三）A′模式下的权力互动

2001 年 7 月，坐落在市政府办公大楼对面的"阳光大厅"竣工，宁波市经济发展服务中心的一个重要组成部分——办证大厅建成并投入了运作。同时，宁波市审改办也迁出市政府办公大楼，与中心合署办公（采取"一套班子、两块牌子"的办法）。审改办在地理位置上的变化，对今后宁波市审改政策的执行颇有意蕴。它似乎象征着审改工作与市政府的权力中心有了一定距离。而且这一距离将随着时间不断增大。这种象征意义上的距离从迁出市政府大楼的工作人员的失落感中还能得到几分印证。至于这种距离是否也让市政府领导有暂时卸下包袱的轻松感，则无从考证了。但是，有一点可以肯定，中心的成立标志着难以为继的审改 A+B 模式的结束，以及 A′ 模式的正式确立。

到 2005 年 1 月，笔者走访中心办公室（即审改办）时，工作人员似乎对市政府领导在审改政策执行上的精力投入颇有些感慨。其中一位同志说，审改工作照理说应该是市政府的日常工作。但在目前的整体环境下，市政府领导不得不忙于招商引资等与企业发展有关的事情。所以，审改工作就只好单独分列出来了。市政府领导关心的主要是项目引进多少，全市经济发展数字上去了没有。审改工作关注得比较少。每次开会总结的时候，领导就会向审改办要汇报材料，问他们审改改了多少，做了些什么工作。① 领导的注意力从审改工作中的淡出，还可以从领导人关于审改的讲话，主流媒体对审改工作的报道等数量与中心成立之前的对比看出。从宁波市政府领导的角度来看，成立中心、配备专职人员，将规范政府行为的审改交由中心去做，是审改不得不做的选择。领导不可能像一直在 A+B 模式下那样，把主要精力投入到审改中去。无论从领导者个人的政治前途考虑，还是从宁波市的经济、社会发展出发，市政府都有比审改重要的政策需要执行。退一步讲，即便是审改决策团体继续勉强支撑 A+B 模式，宁波市的审改也不一定能收到预期的政策效果。当然，需要指出的是，倘若市政府领导能给中心充分授权，那么即使领导人注意力转移也可保持政策执行结构的 A+B 模式。但是，如前所述，审改决策团体在规范政府行为的审改中，并不知道如

---

① 《访谈材料》，2005 年 1 月 27 日。

何行使权力来形成与审改执行团体的权力互动。因此，也不知道应该如何授权于中心才是合适的。另一方面，中心也不敢贸然接受权力。笔者在中心调研时，审改办一位领导同志就说，让中心去管各部门，我们其实是很忌讳的。我们中心一直强调依法行政，部门的具体职能业务，部门自己去管。对具体某一个审改项目，我们审改办也不参与，由各职能部门自己来改。①

尽管宁波市领导的注意力逐渐淡出审改，尽管关于中心的职责权规定尚比较模糊，但是中心作为一个机构存在，必须要显示出其存在的理由。换言之，中心的工作必须能代表、促进规范政府行为的审改政策目标。而这些审改政策又必须通过作为执法主体的审改部门来实现。那么在去掉 A+B 模式下的政策执行动力后，A′模式之下中心与各审改部门权力互动状况又如何呢？恰如与刚开始时 A 模式下的审改一样，中心与各审改部门的权力互动又陷入了困境。

这一困境主要表现在两方面，即协调难以开展和文件难以落实。

宁波市审改办与各审改部门在 A 模式下难以开展有效的权力互动，最主要反映在审改政策过程中的协调难以开展。

为了改变审改前各审改部门各自为政，审批信息互不沟通的局面，市审改决策团体设计诸多审改政策让各审改部门在审改过程中信息互通、资源共用、互相合作以提高审改效率。2002 年市审改决策团体推行了"并联审批制"。② 然而落实这个审改方案，部门间的协调非常困难。市审改办工作人员反映，缺乏有效的机制来推动相关部门按照并联审批和联合审批运作基本流程相互协调配合。比较典型的如"民间投资项目"的审批。这一事项的审批涉及发改委、环保、规划等 7 个审批部门。在以往的审批过程中，由审批相对人一个部门一个部门地跑，因此有"审批能把腿跑断"一说。在并联审批制度的执行中，市审改

① 《访谈材料》，2005 年 1 月 27 日。
② 所谓并联审批制是对那些重复、交叉行政审批事项明确直接受理部门和非直接受理部门，由直接受理部门负责受理审批事项，并抄告非直接受理部门在规定期限内同步进行审批，分别做出的行政决定由直接受理部门一并答复申请人。即所谓"一门受理、抄告相关、内部运作、限时办结"的审批运作流程。市政府令〔2002〕105 号：《宁波市行政审批暂行规定》。

办提出由规划局作为直接受理部门，协调其他部门来承担此项目的审批。但规划局陈述了许多理由说明自己只能是非直接受理部门，不愿意承担审批部门间的协调工作，认为费力且有改革风险。而其他各局也都不愿意动。因为如果规划局牵头做此事后，势必会缩小各部门原有的审批权力。因此，这一事项的并联审批在规划局与其他各局的相互推诿、扯皮中不了了之。① 中心审改办在并联审批上协调无力，也不仅仅在民间投资审批事项上，其他如房地产开发项目竣工综合验收事项、网吧开设等20余项按规定应并联审批的事项难以运转。其次，部门内的具体审批事项，中心审改办有时根本无法协调。如按照《关于进一步深化行政审批制度改革的实施意见》的通知，对有明确质量、技术标准的行政审批事项，要积极推行告知承诺制办理方式。② 据此，除环保、消防外，其他像工商、卫生都应该审批时将有关质量、技术标准告之申请人，申请人签名承诺后，就可以发给申请人许可证。待经营三个月后，有关部门再进行检查，若没有达到相关规定，则要给予停业处理。但各审改部门大都没有执行此项规定，仍按原先的审批程序进行。中心发现此情况、督促其执行时，各审改部门也有不得已的理由：告之承诺制靠的是诚信，但是现在社会是缺乏诚信的。业主往往没有达到相关规定的要求，但就是毫不犹豫地签字了。待其开业后，你再去令其停业；待其大楼建成后，你再要其炸掉，这种可能性是比较小的。③ 面对这些问题，中心审改办也无力协调。

宁波市审改办与各审改部门在审改政策执行中无法形成有效的权力互动。不仅体现在落实审改政策过程时协调的困难，而且也反映在审改文件的落实上。

中心规范政府行为的审改主要是以文件往来的形式展开的，在文件的落实过程中再辅之以协调。中心成立后不久，工作人员就投入了宁波市审批事项、转入政府工作事项的登记工作。虽然是登记，但登记表里的内容却大多关系到审批中的政府行为，如审批方式、管理目标、设定

---

① 《访谈材料》，2005 年 12 月 4 日。

② 甬党〔2004〕11 号：中共宁波市委、宁波市人民政府批转市政务公开暨行政审批制度改革领导小组《关于进一步深化行政审批制度改革的实施意见》的通知，第 8 页。

③ 《访谈资料》，2005 年 1 月 27 日。

依据、是否收费，标准及依据、申报条件和明细材料、办理程序示意图、审批后监管措施等。① 2002 年 12 月 20 日，笔者在审改办现场看到工作人员正在整理各审改部门上交的 404 份《登记表》。一份份专业性颇强的事项登记表上笔者看到许多"现办理程序同原办理程序"的字样，而审改办的工作人员正在依据规范政府行为的审改思路拟定修改意见。这 404 份《登记表》经过几番往复，中心工作人员花了许多精力，调研、流程画图，改了又改，搞了很长时间，终于就各类事项的运作程序有一个定论。这一定论也得到了各审改部门的同意。② 看来，这是一个可喜的成绩。审改办的同志也将各审批事项的运作程序图挂在中心的网站上，以便群众了解。但令人泄气的是，2005 年笔者再次回访市审改办时，中心工作人员说，由于各审批部门实际的审批流程与网上挂的审批流程图有很大出入，老百姓反映受网上流程误导。因此，这些审批流程图就马上从网上撤下来了。③ 除令人泄气的《登记表》事件外，市委、市政府也下发诸如《通知》、《规章制度》等许多文件来规范各审改部门的审批行为，④ 但其执行情况也并不见得比审批流程图好多少。比如，在市政府办公厅下发的《关于规范转为政府日常工作事项和备案事项操作程序的意见》中，有关保留备案事项办理程序的规定，行政机关要求行政相对人报备的事项，行政管理相对人可于事前或事后通过信函、电子邮件、现场送交等多种途径将有关材料送达行政机关后即完成备案过程。⑤ 但各审改部门在运作过程中将备案事项分成了"告知性备案"和"登记性备案"。"告知性备案"是文件意义上的备案。"登记性备案"申请人需要报送材料，政府部门接到申报后要当场或现场核对、查验材料的真实性，签署意见并盖章。这一操作程序与审批事

---

① 详见宁波市《各部门保留行政审批、核准事项登记》、《重复、交叉行政审批、核准事项登记表》和《各部门转为政府日常工作事项登记表》等材料。

② 《访谈资料》，2005 年 1 月 27 日。

③ 同上。

④ 宁波市在 2002 年 12 月下发了市政府令〔2002〕105 号：《宁波市行政审批暂行规定》和甬政办发〔2002〕264 号：《关于规范转为政府日常工作事项和备案事项操作程序的意见》。

⑤ 甬政办发〔2002〕264 号：《关于规范转为政府日常工作事项和备案事项操作程序的意见》。

项中的"核准类"并无二致，但这些事项却被归入了保留备案，称之为"登记性备案"。2004 年 7 月 1 日，我国的《行政许可法》出台，按说中心规范政府行为的审改有了法律依据。但是，形势似乎并不见好。首先，国务院执行行政许可法的规定直到年底才出台。这一规定需要根据《行政许可法》的精神，规定哪些权力是省级的、哪些是地方性的。国务院迟迟不见动静，让宁波市审改办失去了借《行政许可法》出台的改革东风。其次，《行政许可法》的有些规定确实无法落实。比如《行政许可法》规定，接受审批件的人必须是公务员。但是现在机构改革后，公务员人员大量减少，有许多是政府聘用和雇用人员。一个处室可能只有 3 名正式的公务员。如果两名来窗口办公了，那么原单位则只剩下一名了。这个政策执行起来就不太现实。① 三是，审改的风险承担问题。比如外经贸局按规定只有 14 个事项的审批权。但是货物到海关了，海关说一定要有外经贸局盖章才能过关；工商说一定要外经贸局盖章才能销售；所以，外经贸局还是要盖章的，盖章就是审批。但是，如果外经贸不审批，海关没有这个职能来处理这件事，那么出了事情谁负责？② 所以事情就是没有那么简单。由此看来，规范政府行为的审改政策在 A 模式下很难执行。在 A 模式下当然也有审改的监督机制，如市审改办依旧在考核各审改部门的工作绩效，但是当抵制审改政策的执行成为各审改部门的集体行动时，监督机制就难以运行了。

针对文件难以落实和协调难以开展的两大难题，宁波市审改办在用足正式执行结构改造空间的前提下，于 2010—2013 年又开展了新一轮规范政府行为的改革政策，即宁波市行政审批标准化建设。在以往的工作中，市审改办的同志发现，审改政策难以落实，虽然有审改部门畏难怕烦、害怕失去权力和利益等主观上的因素，但在客观上也确实存在着问题和困难。具体而言，最主要的是在目前"条块分割"的行政体制下，存在着各审批部门间的政策法规脱节、冲突，条件互为前置，在审批过程中各审批部门之间缺乏信息沟通、衔接不顺畅等问题。如果能消

---

① 《访谈资料》，2005 年 1 月 27 日。
② 同上。

除这些客观上存在的问题，对促动审批部门参与改革无疑是极为有利的。因此，宁波市行政审批标准化建设的目的就是要冲破部门之间的隔阂，将"口袋"里和"脑袋"里的审批政策都拿出来，系统地、科学地来制定统一的标准。[1] 2010 年 5 月，宁波市人民政府下发《关于深化行政审批制度改革推进行政审批服务标准化建设的实施意见》。文件指出，行政审批服务标准化建设的四大任务：①编制单个事项的行政审批标准。②编制七类试点行业多部门联合审批标准和流程。③建立健全联合审批标准及运作机制。④积极推进网上审批和告知承诺制。[2] 对于上述任务，在整理、编制统一审批标准上，宁波市已基本完成。如单个事项的行政审批标准，截至 2011 年底，全市 42 个有审批职能的部门已按要求完成了 564 个行政审批事项、1028 个子项的办理指南，共 20 卷本14000 多页。[3] 文化娱乐业、再生资源回收、旅馆业、中小型餐馆、一类机车维修经营业、洗浴业、金属制品加工业等 7 类行业的联合审批标准已基本完成，[4] 并探索了"6+1"、"9+X"会商、会审机制与"模拟审批"等运作机制。[5]

与 A+B 模式下的"政治动员"相比，A′ 模式之下的权力互动没有党政权力高度融合、把审改提到意识形态的高度，并与职业晋升挂钩等特征。虽然市政府领导也很重视审改，但推动审改的方式和手段与"政治动员"不一样。在宁波市行政审批标准化建设中，有两个明显的特征即"参与性"和"科学性"。第一，宁波市行政审批标准化建设着重于审改部门、公众和专家学者的参与。比如，在确立文化娱乐业试点联合审批时，市审改办将市文化广电新闻出版局、市卫生局、市环保局、市消防大队、市工商局 5 个审批部门召集起来，并邀请象山县审改

---

① 夏行：《行政审批标准化建设的宁波探索》，《宁波通讯》2013 年第 11 期，第 19—21 页。

② 甬政发〔2010〕45 号，《关于深化行政审批制度改革推进行政审批服务标准化建设的实施意见》，2010 年 5 月 10 日。

③ 陈新：《宁波市行政审批标准化建设的探索与实践》，《行政法学研究》2013 年第 2 期。

④ http：//www. nbxzfw. gov. cn/txweb/search/search. jsp，2013 年 11 月 8 日。

⑤ 宁波市人民政府、浙江大学：《行政审批制度改革的宁波实践、行政审批标准化建设研究会》会议资料，2012 年 10 月 28 日。

办的负责人、① 研究宁波市行政审批制度改革的专家共同商讨如何建立
联合审批的运行机制、如何协调联合审批中可能会出现的困难和问
题。② 再比如，象山县在建设农家客栈联合审批标准时，各审批部门主
动走向农村，与村级组织和农户座谈，对提出的问题逐个进行意见反
馈。通过不断协调和农户参与来确定审批标准。③ 第二，宁波市行政审
批标准化建设注重对审批标准确立的科学性。市审改决策团体注意到：
确立审批标准是一项具有"高度技术含量"的工作。特别是涉及多个
部门的重大且复杂的审批项目，更是需要丰富的审批实践经验和良好的
标准化管理技术的相关知识。采用"政治动员模式"，凭借政治命令确
定出不科学的标准，只会导致行政审批标准化建设的形式化，并为以后
的改革埋下隐患。基于此，宁波市成立行政审批标准化技术委员会。该
委员会由 23 名委员组成。其中，来自审管办的委员 6 名、审批部门的
委员 7 名、政府内部研究人员 5 名、高校及科研机构 3 名、标准化研究
院 2 名。④ 委员会有章程、经费管理办法，并下设秘书处，各委员均有
明确的分工和职责⑤在发挥本市智力资源的同时，宁波市审改决策团体
还与浙江大学光华法学院开展合作，邀请专家来研究宁波市的行政审批
标准化建设。⑥ 近三年来，宁波市在行政审批标准化建设中投入了大量
的精力和财力，在正式制度建设中取得了成绩，但在正式制度的落实中
也遇到了不少的问题。本章下一节将具体分析宁波市行政审批制度标准
化建设中联合审批的运作机制和运作过程。

三　审改中的变奏曲：A–B 模式下的"关系利剑"

虽然在宁波市 1999 年 7 月至今的审改政策的执行过程中，其执行

---

① 象山县是宁波市联合审批开展比较早也比较成功的县。

② 会议纪要：《关于市文化娱乐业试点联合审批的工作会议》，2011 年 9 月 15 日。

③ 宁波市人民政府、浙江大学：《行政审批制度改革的宁波实践、行政审批标准化建设研究会》会议资料，2012 年 10 月 28 日，第 58—62 页。

④ 宁波市行政审批服务标准化技术委员会秘书处：《宁波市行政审批标准化技术委员会成立大会材料汇编》，2011 年 7 月。

⑤ 同上。

⑥ 这一合作的形式非常多样化，有宁波市就行政审批标准化建设的技术难题所设计的课题发包，也有浙大教授与宁波市标技委成员共同外出调研，还有共同召开研讨会等。龚虹波：《访谈材料》，2013 年 1 月 20 日。

结构基本上是从 A 模式→A+B 模式→A′ 模式逐渐转换的过程。但是在这一主题曲中也不乏 A-B 模式下的权力冲突的变奏曲。

事实上，在宁波市审改政策的执行过程中，"关系主导"下权力关系并不总是倾向于促进审改政策在"有限分权"的正式执行结构中的贯彻。相反，"关系"之利剑经常会以种种样式、轻而易举地刺破"有限分权"的正式执行结构努力界定的"制度"之盾，从而进一步减少审改政策执行的可能性。在宁波市审改政策执行过程中，以下三个案例颇能显现 A-B 模式下"关系利剑"的作用方式。

案例一：宁波大剧院与"批条子"

宁波大剧院是宁波建设文化大市的标杆性建筑，占地约 13.6 公顷，主体面积为 7.1 万平方米，总投资 6.19 亿元人民币。然而，在宁波大剧院建成的同时，包括市委原副书记徐福宁等在内的各路高官却相继落马。

宁波大剧院兴建于 2001 年 11 月，至 2004 年 5 月竣工。这段时间正是宁波市执行审改政策的关键时期。宁波大剧院是政府投资项目。按审改相关政策规定，政府投资项目的审批是从严控制的。从程序上看，宁波大剧院的建设工程从立项、认证、规划、施工、设计单位招标、施工单位招标等各环节都需要经过审批。然而，在实际运作过程中，宁波大剧院总共有 3000 万元人民币没有经过公开的招、投标环节。而且许多审批环节都是由分管文教、政法的市委副书记徐福宁直接"批条子"通过的。对于这种审批行为，宁波市审改办的一位同志谈道："审批部门的领导见分管的市委副书记决定的事，当然是照办的。审改是改审批程序，由复杂到简单，并不能对领导行为有监督作用。当然，你不能说这与审改工作没有关系。比如要招标的，没有进行招标，但审改部门无法对市委副书记进行监督。"① 直至 2003 年底，原共青团中央书记巴音朝鲁出任宁波市委书记，着手清理旧班子遗留的问题时，徐福宁被调往湖州任市委书记后，才查出徐福宁的经济问题。

---

① 《访谈资料》，2005 年 12 月 4 日。

案例二：市委书记的告诫①

1999 年 7 月，宁波市作为试点城市在全省先行审改。8 月 20 日，在全市审批制度改革动员大会上，市委书记黄兴国在讲话中告诫全体与会人员：……要坚持内外有别、上下有别的原则，该沟通的要及时沟通，该保密的要严格保密。过去有些事情内部尚未决定，外面已沸沸扬扬，搞得工作很被动，在这次改革中一定要注意避免。在省委十届二次全会上，省委、省政府主要领导同志就审批制度改革问题，已给省级各部门和我们宁波市提出了明确要求。所以，我们要求各部门必须积极主动地改，决不允许说情求情，决不能向上级打"小报告"。确定改革方案要坚持公正合理原则，由集体研究决定，决不允许任何人在这个问题上做人情、留好处。……市委、市政府领导对分管部门的改革要切实负起责任。配合做好工作，并带头遵守纪律，顾全大局，做到不说情、不许诺。

案例三：谁也协调不了②

在投资项目的审改过程中，宁波市审改办在协调各审改部门的行动时遇到了问题。研究者在访谈中问到，这些工作谁能协调得了？宁波市经济发展服务中心办公室主任的回答是：这些协调工作市政府秘书长协调不了，副市长也不一定协调得了。这个就是利益分割。我这个副市长要来干涉你这个副市长分管的工作，怎么可以干涉？常务副市长也协调不了。局长也不会来听你这个副市长的命令，他听的是主管自己的副市长的命令。这其实是人为造成了我分管你的，你不对我负责，对别人负责，你这官还当不当啦？你不对我负责，你还在我手下干吗?! 我们政府职能分得太细，越细就越容易交叉，越容易扯皮。一扯皮就谁也协调不了了。

上述宁波市审改政策执行过程中的三个案例比较典型地反映了

---

① 参见黄兴国书记在全市审批制度改革动员大会上的讲话，《宁波市审批制度改革实录》，第 5 页。

② 《访谈资料》，2005 年 1 月 27 日。

"关系主导"下的权力关系是怎样阻碍审改政策在"有限分权"的正式执行结构中执行的。其中案例一反映的是审改决策者的"关系利剑";案例二反映的是审改执行者的"关系利剑";案例三则反映了审改执行团体内部的"关系利剑"。

在案例一中,时任宁波市委副书记、分管文教、政法口的徐福宁,按其职位来看,应属于宁波市审改决策团体。从职责上说,徐副书记应该协助市委书记和市长做好文教、政法口的审改政策执行,并主管审改工作的反腐倡廉工作。作为有相当资历且与市委书记合作多年的市委副书记,徐基于个人威信和职位权力在宁波市政府的"关系资源"自然不少。这种"关系资源"如果用来推进审改,能形成政策执行的 A+B 模式。但是,当审改决策者铤而走险将"关系资源"用于谋取私利时,在目前审改政策的执行结构中,没有可行的制约和监督机制来阻止"关系利剑"的推进。这导致徐的"批条子"行为在宁波大剧院的审批过程中畅通无阻。案发后,宁波市建委主任、广电局局长等各路高官纷纷落马。由此可见,在审改决策者可以转换执行结构的情况下,也很难防止领导人的"关系利剑"在 A−B 模式下轻而易举地刺破制度安排。

在案例二中,黄兴国书记在审改动员大会上对与会人员的告诫,从一个侧面反映了宁波市审改执行团体运作"关系"资源的现状。虽然市审改执行团体的"关系利剑"不像审改决策者(如徐福宁)那样在政策执行结构内所向披靡,但是其活动范围和能力也不容低估。审改一旦涉及审改执行者的个体利益(如职位和岗位的变动、权力变化等),那么私下里凭着"关系"进行的"小报告"、"说情求情"、"要求关照"的电话都会不期而至。审改政策执行者总会调动自己的"关系"网络使自己在审改中得到上级领导的庇护,设法让上级领导为自己"说话"。因此,即使正式执行结构是"清晰分权"的,审改决策者在 A 模式下是否能顶住来自各方面的人情压力,也是值得怀疑的。更何况是在"有限分权"的正式执行结构下。由此可见,对市审改决策者来说,启动审改的 A+B 模式其实是一场"关系"资源的争取战,把"关系"资源从阻碍审改争取到推进审改上来。

案例三则显示了另一幅"关系"较量的图景。在这里"关系资源"

的较量不是在审改决策团体和审改执行团体之间，而在于审改执行团体内部。事实上，就像审改决策团体一样，审改执行团体也不是铁板一块。该团体内部不同的部门、"口"都有自己的利益和"关系网络"。案例三给我们显示了各个"口"围绕分管副市长所形成的"关系网络"。审改政策的执行在"关系网络"内部容易协调，但是在不同的"关系网络"之间就难以贯彻。审改执行团体内部"关系网络"之间的扯皮、摩擦和争斗阻碍了审改政策的执行。这种"关系网络"的分立现象只有更高一层的领导才有可能打通。

通过上述案例的分析，我们可以发现，在宁波市审改政策的执行过程中，审改决策者、审改执行者以及审改执行团体内部的"关系资源"都可能成为阻碍审改政策执行的因素。尽管 A–B 模式下的权力冲突只是作为变奏曲影响审改政策的执行。但是，回顾宁波市审改的历史，审改决策者正是通过努力压制审改的变奏曲才奏响审改的主题曲。

第三节　审改结果和未来：结构转换与政策执行结果

在宁波市审批制度改革的案例中，我们可以发现，审改政策的执行结构是从 A 模式→A+B 模式→A′ 模式转换的过程。虽然结构转换是经由审改决策者个人选择的预期收益而决定的，但是在不考虑多项政策的选择竞争的前提下，审改政策的执行结果对审改决策者选择不同模式的执行结构却有着直接的关联。分析宁波市在 A+B 模式和 A′ 模式下不同的审改政策执行结果，可以发现这一内在关联，并为预测宁波市下一轮审改采取 A′+B 模式提供若干证据。

一　A+B 模式下的审改结果

在宁波市削减审批事项的审改中，审改决策团体在 A 模式无法推动改革的情况下启动了 A+B 模式。在此模式下，宁波市削减审批事项的改革在审改决策团体和审改执行团体的权力互动下有了显见的成果。

宁波市在试点审改之前共有 1289 项审批事项。此时，审批包括了市政府各审批部门根据相对人的申请，以书面证照等方式允许相对人从事某种行为、确认某种权利、授予某种资格的所有行政行为。① 从理论上说，根据审批事项相关社会资源的竞争性程度，这些行政行为可细分为审批、核准、许可、审定、认证、资质评定、登记等不同等级，但从实际制度运行情况来看，各审批部门往往从租金最大化出发，把不同等级的行政行为自由裁量成严格意义上的审批。② 1999 年 7 月，宁波市开始试点审改，到 2000 年下半年试点审改结束，原有的 1289 项审批事项减少到 668 项，减幅为 48.2%。③ 在 2000 年下半年开始到 2002 年 12 月的审改深化阶段，宁波市再次削减审批事项，对原保留的 668 项审批事项和新增的 65 项审批事项进行清理，改革后减少为 281 项，减幅为61.7%。④ 2003 年初，市审改办对两轮审改中削减的审批事项的统计结果如表 4—5 所示。

表 4—5　　　宁波市审改办 2003 年初削减审批事项统计表⑤　　　单位：项, %

	1999—2001 年行政审批事项			剥离的非行政审批事项	剥离后原实有行政审批事项	依据深化审改方案保留的行政审批事项	削减比率
	1999 年保留的事项	1999—2001 年新增的事项	总计				
审批	227	15	242	40	202	120	40.2
核准	441	20	461	120	341	217	36.4
合计	668	35	703	160	543	337	37.8
备案	119	30	149	30	119	180	151.2

---

① 《宁波市审批制度改革若干规定》，宁波市政府令〔2002〕77 号。

② 这种审批行为对审批对象有严格的申报条件限制，需要审批对象提供详细的申报材料，由政府审批部门裁定准许或不准许审批对象的申请。审改办《访谈材料》，2002 年 8 月30 日。

③ 宁波市审批制度改革领导小组办公室：《宁波市审批制度改革情况介绍》，2002 年 8月 8 日。

④ 根据 2002 年 11 月 6 日《宁波日报》上公示的《宁波市清理后行政审批事项目录》统计。

⑤ 宁波市审改办内部资料：《市级各部门保留、取消、剥离的事务性工作事项目录》。

此时，审批主要是指行政机关准予自然人、法人或者其他组织从事特定活动，以及对自然资源的开发利用、有限公共资源的配置、垄断行业的市场准入等有数量限制的事项的权利、资格认可。① 在宁波市行政审批制度发生这一变化的同时，一些原先的审批事项，都纷纷转入了政府日常工作和保留备案事项。据统计，深化审改阶段结束后，转入政府日常工作和保留备案事项数分别是 303 项和 101 项。② 表 4—1 反映的是宁波市 55 个审改部门中随机抽取的 10 个样本，在审改前后的审批事项转变情况。由此我们可以看出，各审改部门真正削减的审批事项（完全放开的事项）并不像宣传报道的减幅达到 48.2% 和 61.7%。事实上，在表 4—1 所反映的样本中，审批事项削减最多的市发展计划委员会也仅减少了 19 项，占原有行政审批事项总量的 25.3%；最少的市质量技术监督局则一项未减。但是，各审改部门大量转为政府日常工作和保留备案的事项，从政府令〔2002〕105 号：《宁波市行政审批暂行规定》对审批的界定来看，确实已经不属于审批事项了。这些事项究竟如何运作，是仍旧以审批方式运作，还是以其他方式，这有待规范政府行为阶段的政策执行。

从上述统计数据可以看出，虽然削减审批事项的审改明显带着权力互动的痕迹，审改决策团体为实现政策目标和执行团体采取了协调、妥协和对矛盾回避的办法。但是，从政策执行结果来看，削减审批事项基本上达到了审改决策团体所提出的审改目标。

二　A′ 模式下的审改结果

宁波市近 15 年的审改中，A′ 模式下的审改主要有两个阶段：一是，在宁波市经济发展中心成立后，2002—2005 年在 A′ 模式下进行的以规范政府行为为目标的审改。二是，2010—2013 年开展的新一轮规范政府行为的改革政策，即宁波市行政审批标准化建设。③ 那么在 A′ 模式下这两个阶段的审改结果如何呢？

---

① 《宁波市行政审批暂行规定》，宁波市政府令〔2002〕105 号。

② 根据甬政办发〔2002〕264 号文件所附具体事项目录统计。

③ 《宁波市人民政府关于深化行政审批制度改革推行政审批服务标准化建设的实施意见》，甬政发〔2010〕45 号。

第一，2002—2005 年规范政府行为的政策目标主要体现在市委、市政府下发的《关于深化行政审批制度改革的实施意见》和《关于进一步深化行政审批制度改革的实施意见》（以下合称《实施意见》）两个文件之中。① 政策目标的主要内容为更新行政理念、转变政府职能、创新行政管理方式和手段、规范行政审批行为、健全监督机制、提高行政效能。在这两份《实施意见》中，为实现审改政策目标，均有相应的主要任务布置。在进一步深化审改阶段，这些主要任务还在各部门进行了明确的责任分工和完成期限限定。因此，考察宁波市在 A′ 模式下的审改结果，主要看这些审改任务到目前为止的完成状况。

《关于进一步深化行政审批制度改革的实施意见》中将规范政府行为的政策目标具体分解成 9 项主要任务。市审改办对三轮审改提出的 9 项主要任务进行了跟踪调查分析，在这些任务执行将近三年时，市审改办向市审改领导小组各位领导递交了《关于我市三轮审改各项任务进展情况简要汇报》一文。现根据汇报总结的内容和审改办其他相关文件对审改政策的执行结果进行整理，如表 4—6 所示。

表 4—6 显示，规范政府行为的 9 项审改政策执行，其中有 4 项完成较好、3 项尚需推进，还有 2 项因无法推进而尚需论证。笔者认为，这是评价宁波市规范政府行为审改政策执行成绩的最高线。换言之，表 4—5 中反映的成绩可能会与实际情况不完全符合，但显现的问题则肯定存在。这主要是因为，表 4—5 所依据的统计材料是市审改办的相关汇报材料。② 市审改办作为市政府的下属部门，在向上级领导汇报情况

---

① 参见甬党〔2002〕12 号：中共宁波市委、宁波市政府批转市政务公开暨审批制度改革领导小组《关于深化行政审批制度改革的实施意见》的通知；甬党〔2004〕11 号：中共宁波市委、宁波市人民政府批转市政务公开暨行政审批制度改革领导小组《关于进一步深化行政审批制度改革的实施意见》的通知。其中，《关于进一步深化行政审批制度改革的实施意见》是对《关于深化行政审批制度改革的实施意见》的政策目标和任务的细化和纠正，而非审改工作上具有继承性的推进和深入。在访谈中，市审改办毛捍军先生反映，2002 年下发的《关于深化行政审批制度改革的实施意见》，由于当时规范政府行为的审改尚无多大经验，《实施意见》制定者有大的方向和思路，但没有列出具操作性的任务和责任分工。2004 年下发的《关于进一步深化行政审批制度改革的实施意见》则在这一方面做了很大改进。事实上，翻阅这两份文件，读者也能很明显地感觉到毛先生所指出的问题。

② 虽然这些内部材料不是最真实的，但是研究者认为，考虑到政府部门的特殊性，这些内部材料会比社会学研究中普遍采用的问卷调查可能还要准确一些。而且这些材料的真实性，也可以通过材料、数据之间的相互印证的方法来去伪存真。

时，当然会有文过饰非的可能性，但绝对没有隐瞒成绩的必要性。不过，考虑到审改工作的继续、领导的重视和汇报的真实性，市审改办在向上级汇报时也会用某种恰当的语气反映存在的问题。

表4—6　　　　　　　规范政府行为的审改政策执行情况表

审改任务	完成情况评价①	已完成的实质性工作②	存在的问题③
全面清理行政许可（审批）事项	完成较好	1. 审批项目清理 2. 制定每一事项的审批运作规范 3. 调整进中心的事项和运作程序	1. 设立、调整审批项目尚无长效机制 2. 非行政审批事项界定、规范不明确 3. 取消事项的监管措施尚不明确
改革投资项目审批运作制度	尚需推进	无	1. 审改政策急需与中央配套 2. 在具体改革中难以协调
扩大范围实施行政许可告知承诺制	尚需论证	无	无法推行
加强行政（便民）服务中心建设	完成较好	1. 进一步扩大中心的办理事项 2. 规范运作程序 3. 加强中心的日常监督管理和服务工作	中心进驻部门存在"三不"现象严重，而且一时还难以改变

---

① 完成情况的评价采用了市审改办2005年5月10日向市审改领导小组各位领导《关于我市三轮审改各项任务进展情况简要汇报》的判断。主要内容来自《市经济发展服务中心管委会2004年11月18日汇报提纲》（1、2、4）、2005年10月9日《中心管委会机关办公会议纪要》（5）、2005年11月28日《中心管委会关于宁波市招投标统一平台建设情况汇报》。

② 已完成实质性的工作是笔者根据汇报《关于我市三轮审改各项任务进展情况简要汇报》一文的内容所做的概括。

③ 主要内容来自《市经济发展服务中心管委会2004年11月18日汇报提纲》（1、2、4）、2005年10月9日《中心管委会机关办公会议纪要》（5）、2005年11月28日《中心管委会关于宁波市招投标统一平台建设情况汇报》等材料。

审改任务	完成情况评价	已完成的实质性工作	存在的问题
全面深化政务公开	完成较好	文件制定和贯彻落实	中央直属部门、垄断性行业的信息收集和公开的操作问题
培育和规范行业组织和中介机构	尚需论证	无	无法推行
完善集中统一的招投标服务平台	尚需推进	1. 起草、下发文件 2. 与有关部门进行会商 3. 机构设立和人员配备	1. 市政府文件难以落实 2. 缺乏与法律法规配套的监管工作细则 3. 缺乏行政监管的责任追究制度 4. 缺乏相应的场所设施
建设网上行政服务平台	尚需推进	1. 完成可行性研究 2. 市计委批准立项	经费和技术支持
健全行政许可（审批）责任及其追究制度	完成较好	1. 建立各项配套制度 2. 进行审改专项效能监察并进行通报	突击式检查，日常监察制度有待完善

比如，在笔者看来，尚需推进的三项审改政策的执行结果并不理想。如改革投资项目审批运作制度一项，从其所做的实际工作和存在的问题看，事实上根本无法推进。三项完成较好的审改政策，也是相对而言的。如加强行政（便民）服务中心建设一项，虽然做了不少实际工作，据研究并实地调研发现，仅"制定每一事项的审批运作规范"一项工作就花费了市审改办大量的工作时间。但是，这些工作并没有起到理想的效果。中心进驻部门存在着职能不到位、授权不到位、工作力量配备不到位的情况，而且这种状况从现实条件来看一时还难以改变。比

如现在受理件从窗口收进来后，窗口工作人员马上要跑回去找处长、局长签字。中心当然可以解决一些问题，比如老百姓可以进门来办事情。但这都不是本质性的东西。对此，市常务副市长说："老百姓办事方便了，我们部门办事反而不方便了，那也是应该的。"从服务型政府来说，当然是应该的。但是这样来回跑，总不是办法。① 两项无法推进、尚需论证的审改政策确实没有任何进展。而且，市审改决策团体也似乎了解了这些信息，并初步认同。

综合表4—6的"完成情况评价"、"已完成的实质性工作"、"存在的问题"三项信息，我们可以发现，首先，只有"全面深化政务公开"一项是"真正有实质性进展"的。这一考评是根据审改前后审批事项的审批流程、标准以及审批进度等是否向老百姓公开。从这一角度看，审批的政务公开确实有了实质性进展。审改后，在中心的每一个窗口，审批相对人可以免费拿到介绍审批流程和审批标准的小册子，在网上随时可以查看自己项目的审批进展情况。其次，"全面清理行政许可（审批）事项"、"全面深化政务公开"、"健全行政许可（审批）责任及其追究制度"、"加强行政（便民）服务中心建设"是市审改办认为"完成较好"的四项审改政策。但分析这些审改政策可以发现，这些政策均属于"利益冲突、目标明确、手段清晰"型的改革政策。同时，这些审改政策都不属于"规范政府行为"审改的核心政策。最后，"规范政府行为"审改的核心政策，如"实施行政许可（审批）告知承诺制"、"完善集中统一的招投标服务平台"、"改革投资项目审批运作制度"却"完成得不理想"或"根本无法推进"。但分析这些审改政策可以发现，这三项均属于"利益冲突、目标明确、手段模糊"型的改革政策。换言之，这些审改的核心政策均需要审改执行团体的积极、主动参与才能找到审改政策执行的手段。2004年底，市审改办负责人在向市领导汇报当时的审改情况时指出，刚性的政策落实时，各审改部门有时还会有些折扣，在落实软性的、探索性的审改政策时和审改目标的差距就更大。具体领域的新的审批运作机制还没有得到真正执行。如投资项目办理效率问题，民间投资项目审批如何合理衔接、如何协调迫切需要提上

---

① 《访谈资料》，2005年1月27日。

议事日程；在实际操作中，唯一进行中的海岸工程环境评估问题，海洋渔业局和环保局在如何组织会审问题上经多次协调后，意见仍然无法统一。①

　　第二，2010—2013 年开展的新一轮规范政府行为的改革政策，即宁波市行政审批标准化建设的结果又如何呢？如前所述，宁波市行政审批标准化建设的内容主要分两类：一是各行政审批事项标准的编制；二是建立健全审批标准的运作机制。第一项任务"各行政审批事项标准的编制"到目前为止已初见成效（如前所述），第二项任务"建立健全审批标准的运作机制"则在实践中困难重重。本书选择宁波市行政审标准化建设的一个重要任务"建立健全联合审批的运作机制"来加以研究。

　　本书研究的是宁波市改革前后的旅馆业联合审批在制度设计和实际运作层面的政策网络。图 4—5、图 4—6、图 4—7 分别为改革前宁波旅馆业审批政策网络（下文为"改革前"）、改革后宁波市层面旅馆业联合审批制度设计层面的政策网络（下文为"改革后制度设计层面"）、改革后宁波市层面旅馆业联合审批实际运作层面的政策网络（下文为"改革后实际运作层面"）。这三个政策网络的边界是依据旅馆业审批参与主体来定的。而旅馆业审批主体依据国家法律规定和改革后宁波市相关文件非常明确，因此这三个政策网络的边界是非常清晰的。改革前宁波市旅馆业的审批方式，在宁波大市层面和各县市区都一致，即由审批相对人到相关审批职能部门逐个进行审批。② 政策网络的行动者分别为：审批相对人、市规划局、市工商局、市环保局、市卫生局、市消防大队（见图 4—5 各节点）；审批相对人与各审批职能部门之间的审批业务关系和网络管理、协调关系重合③（见图 4—5 各连线所示）。实行联合审批后，宁波市旅馆业审批制度层面的政策网络如图 4—6 所示。其行动者是审批相对人、市规划局、市工商局、市环保局、市卫生局、市消防大队、市综合窗口、市审改办（见图 4—6 各节点）；行动者之间的关系既有审批业务关系（用实线表示），又有审批网络管理、协调

---

① 《市经济发展服务中心管委会 2004 年 11 月 18 日汇报提纲》。
② 龚虹波：《访谈资料》，2013 年 7 月 16 日。
③ 对关系的编码赋值见下文研究方法中的说明。

关系（用虚线表示）（见图4—6各连线）。改革后宁波市旅馆业联合审批实际运作的政策网络如图4—7所示。其行动者是审批相对人、县规划局、县工商局、县环保局、县卫生局、县消防大队、县审改办（见图4—7各节点）。行动者之间审批业务关系和网络管理、协调关系重合（见图4—7各连线）。

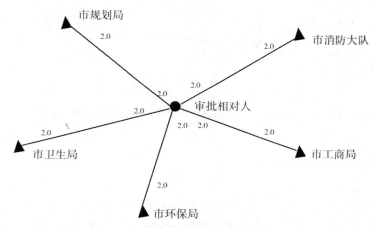

图4—5 改革前宁波市旅馆业审批政策网络

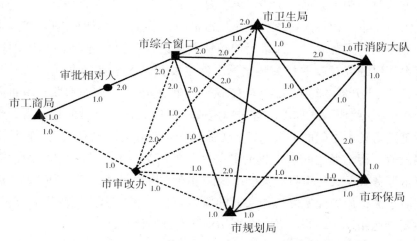

图4—6 改革后宁波市旅馆业审批制度设计层面的政策网络

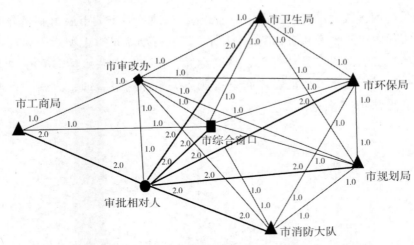

图4—7　改革后宁波市旅馆业审批实际运行层面的政策网络

数据来源与分析方法：

1. 数据来源

本研究采用的资料主要包括：改革前旅馆业审批的访谈资料、改革后宁波市旅馆业联合审批文件、改革后宁波市旅馆业实际运作层面的联合审批的调查问卷和访谈资料。改革前旅馆业审批采用访谈主要参与者的方法收集相关数据。访谈对象主要是审批相对人和审批职能部门的相关人员。审批相对人访谈对象是从审批档案中抽取改革前办理旅馆业审批业主的方式获取的。改革后旅馆业制度设计层面联合审批采用文件、资料编码的方式获取相关数据。文件主要包括：甬审管办〔2011〕27号：《关于开展旅馆业联合审批试点工作的通知》、《旅馆业联合审批办理指南》。编码方式如下：首先确定改革前后旅馆业审批的行动者，然后确定行动者之间的关系。编码方式为：行动者之间没有关系，最后编码赋值。行动者之间有审批业务关系，编码为"1"；行动者之间既有审批业务关系又有审批政策网络内的管理、协调关系，编码为"2"。改革后宁波市旅馆业实际运作层面的联合审批主要采用实地调研的方式。主要是运用发放调查问卷、个别访谈和召开座谈会。

2. 数据分析方法

政策网络的运作过程和结果受网络结构性特征的影响。表征政策网络结构性特征的要素和参数很多，本书根据研究目的和旅馆业审批政策网络的特点，选择政策网络的行动者、行动者之间的关系和网络子结构等要素，以及政策网络的节点度、最短距离、中心度、中心化、核心和边缘等参数，运用 UCINET 6.0 来分析宁波市改革前后的旅馆业联合审批政策网络。

（1）政策网络的行动者（actors）、关系（relations）和子结构（subgraphs）。政策网络两大基本要素即行动者和行动者之间的关系。在政策网络图中分别用节点和连线表示。确定政策网络的行动者有很多方法，本研究采用事件—导向（Event-based）法确定相关政策网络的行动者（详见前文所述）。[①] 分析比较不同政策网络内行动者的数量和类型可以大致把握网络的大小和复杂度。行动者之间的关系在本研究中是指审批业务关系和政策网络管理、协调关系中信息沟通和资源交流。分析比较不同政策网络中行动者关系的数量、强度、类型，可以反映不同网络行动者交往的密度、强度、复杂度和网络层次。子结构是指政策网络中某些结构特征最大限度地反映出了整个网络的属性。[②] 在选取政策网络的子结构时，可以采用节点生成的子结构（node—generated sub-graph）和连线生成的子结构（line—generated subgraph）。[③] 本书主要采用以连线生成的子结构来分析宁波市旅馆业审批政策网络。

（2）节点度（nodal degree），是指与某节点相连的线的数量。比较同一政策网络内的节点度可以发现不同行动者的活跃程度；节点度越高，说明该行动者与网络内其他行动者的联系越广，或者说此行动者越活跃。平均节点度，是指与网络所有节点相连的线的平均值。比较不同政策网络之间的平均节点度可以发现网络活跃程度的差异；网络的平均节点度越高，则网络内的交流越广，或者说此政策网络越活跃。节点度方差，用来表征网络内各节点活跃的差异程度。[④] 节点度方差越小，则

<hr />

① Laumann, Edward O., Peter V. Marsden, and David Prensky, "The boundary specification problem in network analysis", *Research Methods in Social Network Analysis*, Vol. 61, 1989, p. 87.

② Stanley Wasserman, Katherine Faust, *Social Network Analysis*, Cambridge University Press, 1994, p. 99.

③ Ibid., p. 97.

④ Ibid., pp. 100–101.

网络内的交流越平均，或者说网络内各行动的活跃程度越接近。若 $S_D{}^2 = 0$，则说明网络内的所有行动者都同样活跃。

（3）最短距离（geodesics distance）。是指网络内两个节点间的最短距离（用 d 来表示），它用来表征任意两点之间离开得有多远。[①] 比如在图 4—5 所示的审批政策网络内：审批相对人和市规划局之间的最短距离为 d （审批相对人，市规划局） = 1；市规划局和市环保局之间的最短距离为 d （市规划局，市环保局） = 2。在政策网络内，行动者之间的最短距离越大，则说明两者之间的沟通越间接、越不方便、信息越容易失真。

（4）中心度（centrality）和中心化（centrilization）：在政策网络的研究中，我们通常想知道谁是最重要的行动者以及网络的凝聚力如何。中心度和中心化就是用来显现这些特征的数值。中心度用来表征行动者在网络中的重要程度，或者说，其他行动者对该行动者在网络中具有什么样的依赖性。其有三种度量方式：度数中心度（C_D）、接近中心度（C_c）、中间中心度（C_B）。[②] 中心化则表征网络的总体中心化趋势。与中心度相对应，用来表征网络总体特征的，有群体度数中心化（group degree centralization）、群体接近中心化（group closeness centralization）、群体中间中心化（group betweenness centralization）。[③] 分析不同政策网络的上述中心化数值，可以比较政策网络中心化趋势和凝聚力程度。上述三个指标数值越大、整合得越好，说明政策网络的中心化趋势越明显，网络凝聚力越强。

（5）核心（Core）和边缘（Periphery）：从直觉来说，核心和边缘是关于网络节点的两类分区，一类是核心，另一类则是边缘。本书通过计算机对矩阵数据重新排序，形成分块相邻矩阵显现中心节点和边缘节

---

① Stanley Wasserman, Katherine Faust, *Social Network Analysis*, Cambridge University Press, 1994, pp. 110–111.

② 度数中心度（degree centrality）是指与此节点直接相连的其他点的个数，其值等于节点度。接近中心度（closeness centrality）是指网络中的行动者与其他行动者的接近程度，用节点之间的最短距离计算。中间中心度（betweeness centrality）是指网络中的行动者作为中间人联系其他行动者的值。刘军：《整体社会网分析》，上海人民出版社 2009 年版，第 97 页。

③ 同上书，第 172—192 页。

点，来分析不同时期审批政策网络内的"核心—边缘"成员。① 通过比较分析宁波市改革前后旅馆业审批政策网络的分块相邻矩阵，可以发现联合审批前后网络的核心、边缘成员是否发生变化，在此基础上分析这些变化在政策网络运转中可能引发的问题。

研究结果分析：

1. 联合审批改革前后的政策网络要素的比较分析

（1）政策网络行动者的比较分析。

分析图4—5、图4—6、图4—7的各节点可以看出，改革前宁波市旅馆业审批政策网络内有两类行动者：一类是审批相对人（用●表示），另一类则是5个审批职能部门（用▲表示）。改革后在宁波市旅馆业联合审批在制度层面和实际运作层面新增了两个行动者：一是，既具有审批职能又有协调功能的市综合窗口（用■表示）；二是，只具有协调、管理功能的市审改办（用◆表示）。从总体上看，改革后宁波市旅馆业审批政策网络的行动者都较改革前有所增加。特别是增加了政策网络的管理、协调者。行政审批是一项既需要法律地位又需要专业知识的业务。因此，对审批政策网络的管理、协调者要求也比较高。宁波市旅馆业联合审批是在综合窗口管理、协调的基础上，市审改办作为最后介入的权威。

（2）行动者关系的比较分析。

在图4—5、图4—6、图4—7改革前后的宁波市旅馆业审批政策网络中，双向箭头连线表示两个行动者在审批过程中存在着相互间的信息、资源交流关系。连线上方的数值表示关系的强度（赋值标准见前文所述）。图中的实线表示审批业务和网络协调沟通关系；虚线则表示网络协调、管理沟通关系。比较图4—5、图4—6、图4—7，我们发现宁波市旅馆业联合审批发生了如下变化：第一，改革后宁波市旅馆业审批政策网络内行动者之间的联结（无论是制度设计层面，还是实际运作层面），较改革前有了大幅度提升。分别从改革前的10，提升到36（制度设计层面）、29（实际运作层面）。第二，改革后宁波市旅馆业审

① Borgatti, Stephen P. and Martin G. Everett, "Models of core/periphery structures", *Social Networks*, Vol. 21, 2000, pp. 375-395.

批政策网络的关系连接类型多样化。改革前只有①、②号线联结方式，改革后宁波市在制度设计层面和实际运作层面有①、②、③、④、⑤、⑥号线联结方式（见表4—7所示）。第三，改革后，连线之间的行动者也发生了变化。改革前为单一的"审批相对人↔审批职能部门"，改革后转变为"审批相对人↔综合窗口"、"综合窗口↔审批职能部门"、"综合窗口↔审改办"、"审批职能部门↔审批职能部门"、"审改办↔审批职能部门"、"审批相对人↔工商局"。上述种种差异显示，无论是制度设计层面还是实际运作层面，改革后旅馆业审批政策网络的连接比改革前丰富、复杂了许多。这说明政策网络内的沟通交流渠道增加了，但同时管理、协调政策网络的难度也相应提高了。

（3）政策网络子结构的比较分析。

从图4—5、图4—6、图4—7中抽取的政策网络子结构图如表4—7所示。改革前旅馆业审批政策网络内行动者之间基本的沟通模式只有两种，一是审批相对人和审批职能部门之间面对面沟通（①）；二是审批职能部门通过审批相对人的间接沟通（②）。在这样的沟通基本模式下，审批职能部门之间信息沟通不够通畅，而审批相对人作为政策网络内信息沟通的中间人，面对行政权力又处于弱势地位，因此承担着巨大的压力和工作量。改革后的宁波市旅馆业联合审批政策网络内的基本网络沟通模式发生了很大变化。在审批业务沟通关系上，除了两人之间面对面沟通（①）、三人之间通过中间人沟通（②），还增加了三人之间的可循环、可逆转沟通（③）。另外，除了审批业务沟通外，还有了网络管理、协调沟通关系。包括审改办和审批职能部门的面对面沟通（④），审批职能部门通过审改办作为中间人的间接沟通（⑤），审改办作为中间人的三人可循环、可逆转沟通（⑥）。由此可见，在制度设计层面上，改革后宁波市旅馆业审批政策网络的基本沟通模式多样化了。特别是新出现的三人之间的可循环、可逆转沟通子结构（③和⑥），对改革前后政策网络的改变具有重要意义。第一，它确保信息能及时、即时地在政策网络内传递；第二，有助于行动者就审批事项达成共识。从总体上看，相比于改革前宁波市旅馆业审批政策网络，联合审批后政府组织内部沟通渠道大大通畅，审批相对人不再扮演网络沟通的中间人角色，同时审批相对人与审批职能部门沟通渠道大大减少。

表4—7 　　　　　　　宁波市旅馆业政策网络的子结构

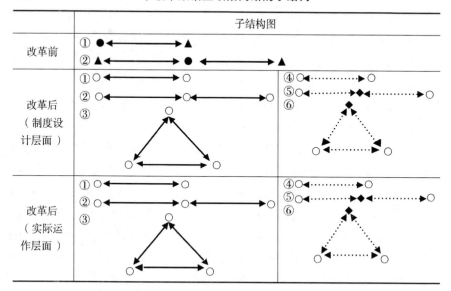

2. 联合审批改革前后的政策网络主要参数的比较分析

（1）节点度的比较分析。

如前所述，节点度分析可以显现政策网络内各个行动者的活跃和繁忙程度。从表4—8中我们可以看出，改革前后宁波市旅馆业审批政策网络内的节点度发生了明显变化：第一，改革前后最高节点度的行动者发生了变化。改革前是审批相对人（$d_{审批相对人} = 10$），改革后是市综合窗口（制度设计）（$d_{市综合窗口} = 12$）和审批相对人（$d_{审批相对人} = 13$）。这一数据反映出，在制度设计层面联合审批改革是为了实现"便民"目标，即由改革前的审批相对人"跑"，变成了改革后审批职能部门"忙"。但在实际运作层面，虽然各审批职能部门"忙"了起来，但审批相对人依旧奔波于审批的沟通网络。第二，比较改革前后旅馆业审批政策网络的平均节点度发现，改革后，无论是制度设计层面还是实际运作层面，都较改革前有了大幅度的提升。其中改革后（制度设计）提升了80.0%，象山为118%。这说明改革后特别是实际运作层面，旅馆业审批政策网络内的行动者（特别是政府组织内的审批职能部门）活跃度大大提升，彼此之间的信息、资源等交流较改革前大为改观。① 第三，从表4—8的节点度方差来看，改革前后的差异并不是很大。改革后（制度设计）降低了12.8%，改革后（实际运作）则提升了33.2%。这说明改革前后政策网络行动者的活跃、繁忙的差异程度没有发生很大变化，虽然活跃和繁忙的行动者发生了变化。因此，从总体上看，在制度设计层面，改革前后旅馆业审批政策网络内行动者的行为发生了很大变化，改革前的最不活跃的审批职能部门，除了业务量较少的市工商局外，都变得比改革前活跃、繁忙了；而改革后新出现的行动者（综合窗口和审改办）成了政策网络的活跃者。但从节点度分析也可以发现，联合审批的便民目标，即由改革前的审批相对人"跑"，变成改革后审批职能部门"忙"这一制度设计，并没有在实际运行中得以贯彻和体现。这可能是因为，对审批相对人来说，在行政审批过程中"跑"的烦恼可能还在其次，关键还在于审批项目能否早日顺利通过。因此，他们依旧有很大的动力参与到审批政策网络中来。

表4—8　　　　　改革前后宁波市旅馆业审批政策网络的节点度

	节点度								平均节点度	节点度方差
	审批相对人	市卫生局	市规划局	市环保局	市消防大队	市工商局	市综合窗口	市审改办		
改革前	10	2	2	2	2	2	—	—	3.333	8.889
改革后（制度设计）	3	6	6	6	6	2	12	7	6.000	7.750
改革后（实际运行）	13	6	7	7	6	4	8	7	7.25	5.938

（2）最短距离的比较分析。

通过比较分析改革前后宁波市旅馆业政策网络内各节点间的最短距

---

① 通过访谈我们发现，在实际的操作中，这一改观是通过"联合审图"、"联合勘探"、"会商会审制度"、"互联网数据共享"等平台达成的。

离（表4—9）发现：①在改革前的政策网络内，各审批职能部门之间的最短距离为 d（审批职能部门，审批职能部门）= 2。各审批职能部门各自为政，通过审批相对人作为中间人进行审批业务的沟通。而在改革后的政策网络内，政府组织内的各类部门之间都有了直接交流（d = 1）。从制度设计层面上看，这一改变有助于实现联合审批的改革目标，即消除政府部门之间的壁垒，使各审批职能部门统筹联动、协调配合，齐心协力，共同解决审批过程中出现的问题。[1] ②改革后审批相对人与各审批职能部门的最短距离由改革前的 d（审批相对人，审批职能部门）= 1 上升到了2。改革前审批相对人与各审批职能部门直接交流 [d（审批相对人，审批职能部门）= 1]，改革后都只能与政府组织内的一个部门直接交流了 [d（审批相对人，市综合窗口）= 1 或 d（审批相对人，县审改办）= 1]。这说明在制度设计层面，改革后审批相对人已不能像改革前那样与审批职能部门（除市工商局外）进行面对面的交流与接触了，而必须通过网络中间人（市综合窗口或县审改革办）与审批职能部门进行信息沟通。这样的制度设计虽然有利于实现建设廉洁政府的审改目标，但必须看到，审批相对人与审批职能部门的沟通难度却增加了。③改革后实际运作层面 d（审批相对人，审批职能部门）= 1、d（审批相对人，市综合窗口）= 1 或 d（审批相对人，县审改办）= 1、d（审批职能部门，审批职能部门）= 1。改革除了由于业务关系 d（市工商局，审批职能部门）= 2 之外，其他各个网络行动者之间都进行了直接交流。事实上，尽管在制度设计层面上，将 d（审批相对人，审批职能部门）最短距离设定为 2，但是对于审批政策网络的运作而言，审批相对人无疑是重要的。从前期的审批资格条件的准备、审批材料的撰写、递交到中期审批过程中的沟通、改进到后期的验收等，都需要审批相对人的审批业务知识、知情、互动和合作。这显然是改革后宁波市旅馆业联合审批政策网络在制度设计层面的一个弱点，需要加以改进。

　　从最短距离的数据总体来看，至少在制度设计层面，宁波市旅馆业审批政策网络内，政府部门之间的交流加强了，由改革前的间接交流变成了直接交流，虽然在制度设计层面政府部门与审批相对人的交流变弱了，由改革前的直接交流变成间接交流，但在实际运作中并没有执行，

---

① 《宁波市建立基本建设项目联合办理机制的实施意见》，甬政发〔2010〕84 号。

而是依旧保持着改革前的直接交流。

表4—9　　　　改革前后宁波市旅馆业政策网络的最短距离和网络直径

	最短距离						
	审批相对人——职能局	审批相对人——工商局	审批相对人——综合窗口	审批相对人——审改办	综合窗口——职能局	审改办——综合窗口	审改办——职能局
改革前	1	1					
改革后（制度设计）	2	1	1	2	1	1	1
改革后（实际运作）	1	1	1	1	1	1	1

（3）行动者中心性和网络中心化的比较分析。

图4—8、图4—9、图4—10分别表示了宁波市旅馆业审批政策网络的8位行动者（审批相对人、市卫生局、市规划局、市环保局、市消防大队、市工商局、市综合窗口、市审改办）在改革前后的度数中心度（C_D）、接近中心度（C_c）和中间中心度（C_B）。比较图4—8、图4—9、图4—10可以发现：①改革前，审批相对人在旅馆业审批政策网络中处于绝对中心的地位，其度数中心度（C_D）、接近中心度（C_c）和中间中心度（C_B）的值均为1；改革后制度设计层面，审批相对人的$C_D=0.2$、$C_c=0.58$、$C_B=0.02$。其中C_D和C_c均小于政府组织内的所有部门。这说明改革以后，在制度设计层面审批相对人在旅馆业审批政策网络内的重要性不可否认下降了；改革后实际运作层面，审批相对人的$C_D=0.92$、$C_c=1$、$C_B=0.54$。这说明改革以后，在实际运作层面审批相对人在旅馆业联合审批政策网络中依旧发挥着重要作用。②改革后，无论是制度设计层面还是实际运作层面，各审批职能部门（除工商外）的度数中心度（C_D）、接近中心度（C_c）都较改革前有了提升，其中C_D从改革前的0.2提升到0.42强，C_c从改革前的0.56提升到0.75强；中间中心度（C_B）在制度设计层面还和改革前一样均为0；在实际运

作层面，市规划局和市环保局上升到 0.2。这说明，改革后各审批职能
部门之间虽然有了丰富的沟通渠道，但在网络关系上并没有依赖性、彼
此平等，谁也不比谁显得更重要。由此可见，要促动改革后旅馆业审批
政策网络的运转，必须有一个中心度较高的行动者来替代改革前审批相
对人在政策网络中所起的作用。在制度设计层面，这个行动者是市综合
窗口和市审改办；在实际运作层面，则依旧为审批相对人。③如前所
述，在制度设计上和实际运作中的联合审批政策网络有比较大的差异。
比较图 4—8、图 4—9、图 4—10 可以发现，改革后实际运作层面的市
综合窗口和市审改办的 C_D、C_B 均少于制度设计层面。其中市综合窗口
$C_{D实际运行} = 0.57 < C_{D制度设计} = 0.86$、$C_{B实际运行} = 1.53 < C_{B制度设计} = 0.21$。这说
明，宁波市旅馆业联合审批在实际运作中，市综合窗口和市审改办并没
有像制度设计的那样，取代审批相对人成为网络的中心。但从数据上分
析，这两个部门的各项中心度指标明显高于各审批部门。因此，可以判
断，宁波市旅馆业联合审批新增的这两个部门在政策网络内发挥了一定
的作用，但其并没有取代改革前审批相对人在审批政策网络中的中心地位。
改革后，各审批职能部门"忙"了，但审批相对人依旧在"跑"。

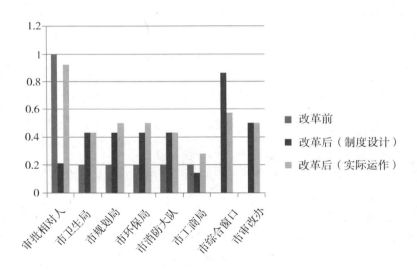

图4—8　改革前后度数中心度比较

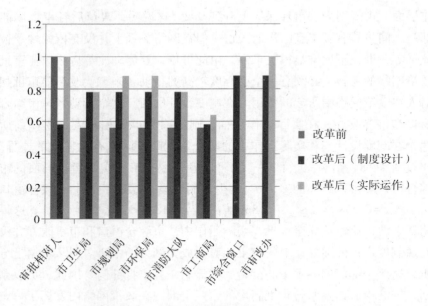

图 4—9 改革前后接近中心度比较

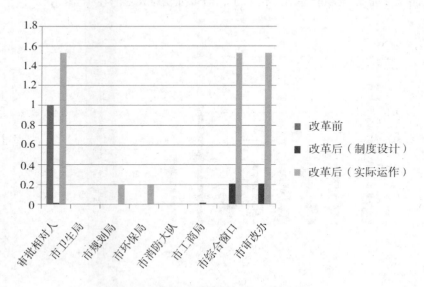

图 4—10 改革前后中间中心度比较

图 4—11 表示改革前后宁波市旅馆业审批政策网络的群体度数中心化（C_D）、群体接近中心化（C_c）、群体中间中心化（C_B）程度，比较图 4—11 所示的数值可以发现，改革前的网络中心化程度最高，C_D、C_c、C_B 均等于 1；其次为改革后制度设计层面的联合审批政策网络，$C_D = 0.57$、$C_c = 0.3$、$C_B = 0.18$；最后为实际运作层面的联合审批政策网络 $C_D = 0.54$、$C_c = 0.32$、$C_B = 0.04$。从整体上看，政策网络中心度为：$C_{改革前} > C_{改革后（制度设计）} > C_{改革后（实际运用）}$。这说明改革后宁波市旅馆业审批政策网络中心度较改革前下降了。换言之，改革后整合、促动审批政策网络运转的能力较改革前下降了。这主要是因为政府组织内部的联结较改革前丰富、复杂了，推动和协调政策网络难度也加大了。从制度设计层面看，特别是当综合窗口、市/县审改办这些中心度较高的行动者缺乏动力和能力时，整个审批政策网络的运转便会有问题。① 实际

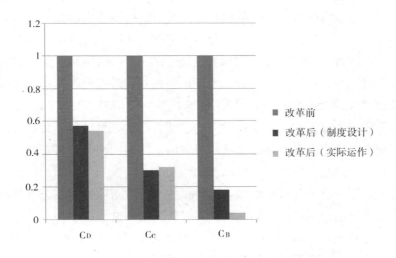

图 4—11　改革前后网络中心化比较

① 这一点我们在后期宁波市文化娱乐业联合审批的调研中也得到了印证。我们在采访宁波市海曙区文广局文化窗口科长陈纪勇时，陈表示联合审批存在困难。其一，文化窗口作为一个行局，对其他部门的工作要求、工作标准并不清楚，所以对提交的表格并不能真正审核，还是需要申请人到对应的部门去。其二，文化局作为部门，权威不够，在整个审批过程中，不可能每次都可以集合每个部门的人员前往现场。参见《访谈记录》，2013 年 4 月 17 日。

运作层面的 C_D 和 C_c 和制度设计层面大致相当，但是 C_B 却相差很大。这说明改革后实际运作中各行动者均可直接联系，沟通渠道比较通畅。

（4）核心和边缘。

图 4—12、图 4—13、图 4—14 是运用 UCINET 6.0 对宁波市改革前后旅馆业政策网络做中心/边缘分析所得的分块相邻矩阵图。匹配手段（Fitness measure）如图所示。从图 4—12、图 4—13、图 4—14 可以看出，改革前后的中心/边缘圈发生了很大变化。改革前核心圈成员为审批相对人，边缘圈成员为市卫生局、市环保局、市消防大队、市规划局、市工商局等审批职能部门（图 4—12）；改革后制度设计层面核心圈成员为市综合窗口、市卫生局、市环保局、市消防大队、市规划局、市审改办，边缘圈成员为审批相对人和市工商局（图 4—13）。但改革后实际运作层面的核心圈成员为审批相对人，边缘圈成员为市卫生局、市环保局、市消防大队、市规划局、市审改办、市综合窗口和市工商局（图 4—14）。由此可见，审批相对人由改革前的网络核心在制度设计层面转变成边缘，而政府部门（包括审批职能部门、综合窗口和审改办，但工商局除外）由改革前的边缘转变成了核心。[①] 这一网络位置和角色的转变意味着，在制度设计层面，改革前旅馆业政策网络推动者主要是审批相对人，[②] 而改革后政策网络的运转则主要依赖于政府部门了。但在实际的运作过程中，审批相对人为了使自己的审批项目早日通过，依旧有很大的动力去参与联合审批政策网络的沟通。而联合审批后，随着市审改办、市综合窗口两个行动者的增加，各审批部门之间的信息沟通和资源共享也有了大幅度增加。这使得整个宁波市旅馆业联合审批政策网络比改革前更繁忙了，同时对网络和管理的难度也在增加。

由此看来，宁波市在 A′ 模式下审改的两个主要政策：即 2002—2005 年在 A′ 模式下进行的以规范政府行为目标的审改和 2010—2013 年宁波市行政审批标准化建设中的联合审批，其政策执行结果虽然有一些成绩，但均与原先的制度设计有较大差距。

---

① 工商局因为在审批中只审核名称，与其他部门业务联系较少，所以工作性质决定其处于网络边缘。

② 在有些情况下，是凭借审批相对人的个人关系网络推进。参见《鄞州区文化娱乐业访谈记录》，2013 年 4 月 18 日。

```
Fitness measure: HAMMING
                  1   23456
             ----------------------
1 审批相对人   |  |22222|
             ----------------------
2 市卫生局    |2|        |
3 市环保局    |2|        |
4 市消防大队  |2|        |
5 市规划局    |2|        |
6 市工商局    |2|        |
             ----------------------
```

图4—12　改革前分块相邻矩阵

```
Fitness measure: HAMMING
              5 2 3 4 6 8    1 7
            ----------------------
5 市消防大队  |  2 1 1 1 1|        |
2 市综合窗口  |2     2 2 2 2|2      |
3 市卫生局    |1 2     1 1 1|        |
4 市环保局    |1 2 1     1 1|        |
6 市规划局    |1 2 1 1     1|        |
8 市审改办    |1 2 1 1 1     |      1|
            ----------------------
1 审批相对人  |      2       |      1|
7 市工商局    |              1|1      |
            ----------------------
```

图4—13　改革后分块相邻矩阵（制度设计）

```
Fitness measure: HAMMING
               1   2 3 4 5 6 7 8
            ---------------------------
1 审批相对人  |  | 2 2 2 2 2 1 2 |
            ---------------------------
2 市规划局    |2|     1 1 1   1 1 |
3 市卫生局    |2| 1   1   1   1 1 |
4 市环保局    |2| 1 1   1     1 1 |
5 市消防大队  |2| 1   1       1 1 |
6 市工商局    |2|                 |
7 市审改办    |1| 1 1 1 1 1     1 |
8 市综合窗口  |2| 1 1 1 1 1       |
            ---------------------------
```

图4—14　改革后分块相邻矩阵（实际运作）

三　A+B→A′→ A′+B→A″模式转换

由上述分析可知，在 A+B 模式和 A′ 模式下，审改政策的执行结果是不同的。由于在 2002 年底，宁波市审改决策团体对规范政府行为、深化审改尚无具有可操作性的方案。因此，在 A+B 模式难以为继、浙江省行政发展服务中心试点成功的情况下，市审改决策团体决定成立宁波市经济发展服务中心以巩固审改成果，并继续规范政府行为的审改也是水到渠成的结局。回顾这一段由 A+B→A′模式转换的历史，我们可以得出这样的结论：虽然在现在看来，宁波市审改政策的执行结构由 A+B→A′模式转换具有某种必然性，但是在转换过程中也有许多偶然性因素。如果在 2004 年进一步深化审改中出台的具有可操作性政策能提早两年出现；如果在宁波市 A+B 模式难以为继的时候，浙江省行政发展服务中心没有试点成功并推广，那么宁波市的审改政策可能将是不同的执行结果。

但是历史不能假设。

宁波市审改政策的执行结构发展到了新的 A′ 模式。对于这一模式下的政策执行结果，无论是市审改决策团体在建立中心时预计到的，或没有预计到的，在中心运作一段时间后都会以各种形式、通过各种途径被审改决策团体所感知。笔者不敢断言：宁波市今后的审改政策执行结构必然由 A′→A′+B 模式转换，因为历史总有超乎想象的偶然性。但是，从目前宁波市审改政策执行结果来看，将来发生这种转换是有证据和理由的。首先，推行规范政府行为、转变政府职能的审改政策已被主流意识形态所接受。其次，中心成立后，随着审改办与各审改部门的权力互动日常化，审改决策团体对审改政策执行的信息将不断积累，提出可操作化的审改政策的可能性也会越来越大。这有利于 A′+B 模式的启动。最后，中心只是一个过渡的形式，职权界定亦不清晰，A′ 模式尚有待改进。在目前的政治与行政体制下，寻找和设立新的 A″ 模式也需要启动 A′+B 模式。那么，何时可以走出 A+B→A′→ A′+B→A″……模式转换的局面呢？笔者认为，关键在于 A、A′、A″ 这些正式制度能否在政治上越来越具有合理性，在技术上能否越来越具有科学性。理由归理由，笔者还是希望宁波市审改的发展能有超乎研究者想象力的新篇章。

第五章 中国政府改革政策的执行理论

通过对宁波市行政审批制度改革案例的分析，我们可以发现，这一政府改革政策的执行过程既不是在单纯的政治动员模式下审改决策团体控制、协调执行团体的行为实现政策目标的过程，也不是审改决策团体与执行团体在某种制度结构下展开博弈而促动制度结构变迁的过程。事实上，宁波市审改政策的执行过程，并没有一个固定的政策执行结构。无论是正式的执行结构（A 模式），还是非正式的执行结构（B 模式），或是正式、非正式执行结构相黏合模式（A+B 模式、A-B 模式），都不能确保自身长期独立的运作。它们在审改政策执行过程中一直处于相互转换之中。那么，宁波市执行审改政策的案例究竟给我们带来何种理论启示呢？是否可揭示出一些中国政府改革政策执行的普遍性规律？在这些规律的指引下，又如何理解、推进当前中国的政府改革？这就是本章所致力于解决的问题。

第一节 执行结构转换的动力学

宁波市执行审改政策的案例分析至少可揭示出以下两个维度的理论内涵：执行结构转换和权力互动模式。其中执行结构转换可从动力学角度来加以概括。在执行结构转换的过程中，改革决策团体是执行结构转换的原动力；改革决策团体与改革执行团体之间的权力互动作为随机因素，通过政策执行结果影响执行结构的转换；而改革决策团体通过政策执行结果的经验积累影响执行结构转换的原动力。

一 原动力：改革决策团体

为什么在政府改革政策的执行过程中改革决策团体是执行结构转换的原动力呢？这是由转型期中国政府改革的特征和改革决策团体在政府结构中的权力地位所决定的。

从转型期中国政府改革的特征来看，政府改革是"政府的自我革命"。近 30 年来，中国正经历着从高度集中的计划经济体制向市场经济体制的转型。与之相伴随，政府改革也面临着从全能政府向经济、社会领域逐渐转移权力的过程。① 而中国改革的初始条件和"以稳定为前提"的渐进改革类型，决定了政府改革必然是政府主导型的。如在宁波市审改的案例中，企业界人士和民众都迫切地希望审改，但他们并不是审改的发起者，甚至在审改过程中也没有组织起来，在政策执行结构中扮演自发行动团体的角色。② 当然，企业界人士和民众的需求以及宁波市改革开放的大环境都是宁波市审改政策执行的间接推动力。但是宁波市审改决策团体却是审改的直接推动者。那么政府主导的改革又怎么会削减政府自身的权力呢？③ 事实上，政府组织内部并不能视作统一的整体。政府组织内部不同的群体在面对同一改革政策时，其预期收益可能是不同的。处于领导地位的决策团体对执行改革政策有着更多政治上的预期收益。因此，决策团体往往会推动改革政策的执行。如宁波市审改决策团体在浙江省委、省政府将宁波市作为审改试点单位后，其审改预期收益就发生了变化。④

改革决策团体不仅是政府改革政策执行的直接推动者，而且是政策执行结构转换的原动力。这是由改革决策团体在当前中国政府结构中的职位权力和关系权威决定的。

当前中国的政府结构从组织法来看，是中国共产党领导下的首长负

---

① 康晓光：《权力的转移——转型时期中国权力格局的变迁》，浙江人民出版社 1999 年版。

② 参见第四章第一节。

③ 有不少学者将这一问题称为"中国政府改革的悖论"。如康晓光《权力的转移——转型时期中国权力格局的变迁》，浙江人民出版社 1999 年版，第 150 页。

④ 参见第四章第二节关于宁波市审改由起的相关论述。

责制。改革决策团体如果能整合党政两个系统的力量，那么其在改革政策执行中就具有了决定人、财、物的调配、使用大权。而且有权根据政府改革环境与任务的发展变化，决定是否重组政策执行的正式结构。[①]但是，这些职位权力在现实的权力运作过程中并不是畅通无阻的。在"有限分权"的正式执行结构下，这些职位权力往往会在政策执行团体之间的相互牵扯、纠缠、推诿中如入迷宫之中。因此，为了充分行使职位权力以推动政府改革政策的执行，改革决策团体就会起用自己的"关系权威"。一般而言，领导者在"关系网络"中居于核心地位。如果改革决策团体能将各自的"关系网络"整合起来，那么推动政府改革政策执行的"关系权威"将大大增加。改革决策团体在行使职位权力时，起用或不起用"关系权威"，以及"关系权威"的起用是否促进职位权力的行使，这就导致了政策执行结构在 A 模式、A+B 模式、A-B 模式、A′ 模式之间的不断转换。由此可见，在目前中国政府改革政策的执行过程中，只有改革决策团体有促动执行结构转换的动力和能力。改革执行团体既没有转换执行结构的职位权力，也没有足以改变执行结构的"关系权威"。因此，该团体在政府改革政策的执行过程中只是作为权力互动的一方，通过政策执行结果而影响执行结构的转换。

　　改革决策团体是执行结构转换的原动力，但在不同的政府改革政策的执行过程中，执行结构转换的频率、力度都是不同的。影响原动力大小的因素可分成外在变量和内在变量两类。外在变量包括执行结构的层级幅度、资源充足与否、改革政策的可实现程度等;[②] 内在变量则包括改革决策团体的整合程度、改革决策者的预期收益、改革决策团体职位权力和关系权威的大小。外在变量通过内在变量起作用。一般而言，执行结构的层级幅度越小、资源越充足、改革政策的可实现程度越高，改革决策团体转换执行结构的原动力就越强。这些外在变量通过改革决策者的预期收益和预期成本比较而影响其转换执行结构的意愿。由于改革决策团体是由不同职位的改革决策者组成的。这些改革决策者在推行政府改革政策时的个人选择模型是否基本一致，特别是党、政部门的一把

---

① 参见组织法或国家公务员暂行条例。
② 影响政策执行结果的变量都会影响改革决策团体转换执行结构的原动力。

手能否形成改革的合力，将直接关系到改革决策团体的整合程度。这是影响执行结构转换原动力的重要变量。如宁波市在深化审改阶段，由于市党、政一把手均刚刚调入宁波市开展工作，改革决策团体的整合程度就有别于审改试点阶段。另外，除改革决策团体的整合程度外，改革决策团体的职位权力和关系权威的大小，也影响其转换执行结构原动力的大小。

二　随机因素：权力互动过程的影响

改革决策团体是转换执行结构的原动力，但并不是唯一的影响因素。在政府改革政策的执行过程中，改革决策团体与执行团体之间权力互动时的众多随机因素，也会间接影响执行结构的转换。

在政府改革政策的执行过程中，改革决策团体有能力促动政策执行结构在 A 模式、A+B 模式 、A−B 模式、A′ 模式之间不断转换。虽然不同的政策执行结构会引发执行团体不同的预期收益，从而导致权力互动模式的差异，但这并不决定政府改革政策的执行结果。因为在权力互动过程中，影响改革决策团体与执行团体运用权力资源的各种随机因素都会关系到政府改革政策的执行结果，并影响改革决策团体转换执行结构的原动力。如在宁波市执行审改政策的案例中，从浙江省政府把宁波市列入审改试点单位开始到 2005 年底第三轮审改结束，这期间有着众多的随机因素影响着改革决策团体与执行团体之间的权力互动。比较重要且显见的因素，如审改期间宁波市市长、市委书记的调任及市委、市政府领导班子的两次重组；市审改办与市经济发展服务中心合署办公的权力配置；① 中心管委会成员的职位权力、关系权威，及其对执行审改政策的态度、预期收益、个人能力等；审改政策执行者的预期收益、机变能力、业务素质；市领导对审改政策执行者的嘉奖和处罚态度。另外，还有审改期间的其他重大事件，如"非典"事件的影响、2004 年 7 月1 日《中华人民共和国行政许可法》的下发等。除此之外，还有不计其数的细碎且不显见的因素。比如，市审改办主持的某一次年终评奖结

---

① 在审改正式执行结构的重组中，并不是所有的省、市都将审改办与经济（行政）发展服务中心合署办公。如山东省日照市的行政服务中心就与市法制办合署办公。这种结构设计上的差异将影响下一步审改政策的执行。

果；中心管委会或各审改部门的某一次人事调整；某一项审改政策在实际运作中的成功或失败；执行审改政策时，某一次愉快或不愉快的权力互动经历。这些大大小小的影响因素，谁也无法控制、谁也无法预测。它就作为个体经验随着权力互动过程的展开而影响审改政策执行参与者的行为选择，最终影响审改政策的执行结果。同时，为下一阶段改革决策团体选择新的政策执行结构模式提供新的初始条件。

三　反馈机制：执行结果的经验积累

那么在政策执行结构的转换过程中，起决定性作用的到底是作为原动力的改革决策团体，还是作为间接影响力的权力互动中众多的随机因素呢？

从上述分析可知，在政府改革政策的执行过程中，只有改革决策团体有动力和能力来促动政策执行结构的转换。但是，改革决策团体转换政策执行结构又不是随心所欲的，它受到权力互动中众多随机因素的影响。那么执行结构转换是否可看作基于自身效用最大化之上的政策执行参与者在权力互动中达成的均衡解？然而，这又无法解释改革决策团体与执行团体在转换执行结构中巨大的权力落差。通过宁波市执行审改政策的案例可以发现，在政府改革政策的执行结构转换中，改革决策团体与执行团体之间存在着基于执行结果经验积累之上的反馈机制。通过这一反馈机制，改革决策团体转换执行结构的原动力会发生变化；同时，改革执行团体随着执行结构的转换也会改变其对政府改革政策的理解和政策执行中的行为选择。

在宁波市试点审改之初，审改决策团体正是估计到在 A 模式下与执行团体的权力互动难以达到审改的预期目标，于是启动了 A+B 模式的执行结构。这一估计既凭借以往执行政府改革政策的经验，也来自当时权力互动的感受。A+B 模式启动之后，审改决策团体虽然能估计到政策执行结果会有所改善，但是能改善到何种程度、最后达到什么样的政策执行结果，审改决策团体并不能完全预料到。也正因为此，才会有审改决策团体和执行团体在 A+B 模式下协商式的权力互动。宁波市在 A+B 模式下审批事项大量削减与削减事项转入政府日常工作、保留备案的审改结果，正是协商式权力互动的结果。同时，这一政策执行结果也让审改决策团体认识到 A+B 模式在推行规范政府行为上将难以为继。因此，审改决策团体才会成立宁波市经济发展服务中心，确立新的政策执行结构 A′ 模式以贯彻规范政府行为的审改政策。继而，A′ 模式下的政策执行结果又将为审改决策团体下一步转换执行结构提供经验积累。

同时，对审改执行团体而言，试点审改初期 A 模式下的权力互动并不会真正改变原有审批制度的执行。但是 A+B 模式的启动改变了他们对宁波市审改形势的理解。审改并不是走过场，而是动真格的。当然，这一理解的转变并不意味着审改执行团体会立马按照决策团体的政策目标去不折不扣地落实审改政策。因为依据以往政策执行的经验，审改执行团体知道决策团体的有些政策目标和审改任务并不具备当下情形的可操作性。① 而且审改执行团体知道，决策团体也知晓这种难以操作的情形是存在的。更主要的是，审改执行团体还知道决策团体推行审改政策本身不是目的，而是促进经济发展、社会稳定的手段。基于此，审改执行团体在动真格的 A+B 模式下还可以与审改决策团体就如何落实审改政策进行协商式的权力互动。A′ 模式下的权力互动对审改执行团体而言，也是审改政策执行结果的经验不断积累的过程。在宁波市经济发展服务中心（下称中心）成立之初，各审改部门不能确定中心将在审改中发挥什么样的协调作用，中心所设立的窗口将发挥什么样的功能。随着中心与各审改部门在落实审改政策过程中权力互动的不断展开，以及由此而产生的审改政策执行结果，将不断强化审改政策执行参与者对中心及窗口作用的理解。②

由此可见，有关政府改革政策执行结果的经验是政策执行参与者在权力互动中不断习得的，同时也是在权力互动中通过与其他参与者的交往感受到的。当权力互动达到某一稳定状态时，政策执行参与者会就政府改革政策的执行结果达成某种共识。执行结构的转换则是改革决策团

---

① 如审改决策团体提出的采取市场调节优先、社会自治优先、行政干预从缓的审改原则。从应然上说，这一审改原则是符合政府改革的规范性要求；但从实际操作上看，这一审改原则的贯彻需要政府、市场、社会三方的长期努力。

② 这比较明显地反映在笔者在 2003 年及 2005 年就窗口的作用对审改办同一个人的采访。

体基于执行结果的经验积累而做出的策略选择。改革决策团体估计到现行的执行结构难以达至预期的改革目标时，则会设法采用另一种执行结构。而在新的执行结构下权力互动所产生的执行结果又将作为新的经验反馈到改革决策团体下一轮的执行结构设计中去。改革执行团体虽然不能直接促动执行结构的转换，但是它通过与改革决策团体的权力互动影响政策执行结果，从而影响执行结构的转换。

第二节　权力互动的行为模式

权力互动是指在中国政府改革政策的执行过程中，政策执行参与团体在政策执行结构中运用权力资源相互讨价还价、策略互动的过程。当这一权力过程涉及多个政策执行参与团体时，其间发生的行动、事件和决策必然是纷繁复杂的。面对这一纷繁复杂的现象，在政府改革政策执行的经验研究中，我们首先需要对其进行阐释性的理解。但为了知识的积累和可验证性，我们还需要在阐释性理解的基础上对权力互动的复杂现象进行理论概括与归纳。① 从宁波市执行审改政策的案例中，笔者认为，可以归纳出政府改革政策执行过程中权力互动双方表现出来的行为模式。

在宁波市执行审改政策的案例中，审改决策团体和审改执行团体在预期收益、预期成本、内在规范和贴现率等四个变量的共同影响之下，权力互动展开时均有着众多的应对不同情境的策略选择。现将这两个政策执行参与团体的行为模式分述如下。

一　改革决策团体的行为模式

改革决策团体在政府改革政策执行的权力互动中往往居于主动地位。这主要体现在改革决策团体促动改革执行团体执行政府改革政策时有着主动型的策略选择模型。这些策略选择模型依据改革决策团体运用权力资源表现方式的差异，可分成转换执行结构模型和执行结构内的强

---

① 参见 Michael Hill《关于政策执行研究中实证主义和阐释主义的论述》，Michael Hill, *The Policy Process in the Modern Capitalist State*, New York: Harvester Wheatsheaf, 1993, p. 11。

制、规范与交换的行为模式。

（一）转换执行结构模型

转换执行结构模型是指改革决策团体通过政策执行结构在 A 模式、A+B 模式、A-B 模式、A′ 模式之间的不断转换而影响改革执行团体在权力互动中的策略选择。在此，执行结构转换不仅指中国政府改革政策执行的结构性特征，而且指改革决策团体在权力互动中影响政府改革政策执行的策略选择模型。

改革决策团体转换政府改革政策的执行结构主要有两类行为方式：一是关系驱动；二是权力重新配置。改革决策团体转换执行结构的第一类行为方式是关系驱动。所谓关系驱动是指改革决策者将政府改革政策执行与个人关系权威的维护和发展联系起来。改革政策执行者是否能获得权威就在于他是否能在政策执行过程中解决各种事务、协调各种人事关系而获得上司的赏识并在下属中形成较高的威望和威信，从而成为政策执行的"关键人物"深深地介入到政府改革政策的执行中去。他们在协调人事关系过程中做出仲裁，或在调整政策执行过程中产生的冲突方面做出仲裁。他们不仅可以承担事后的解决功能，还可以起到事前的预防作用。可以说，改革决策团体转换执行结构时的关系驱动不仅可以激发政策执行中的"关键人物"发挥作用的积极性，同时也给他们提供了推动政府改革政策执行的行动舞台。改革决策团体转换执行结构的第二类行为方式是权力重新配置。这主要发生在正式执行结构从 A 模式向 A′ 模式转换的过程中。改革决策团体虽然无法确保政府改革政策在"有限分权"的正式执行结构内有效贯彻，但可以通过转换正式执行结构使其尽可能有利于政府改革政策的执行。当然，由于我国是单一制国家，各级政府在机构设置上实行"对口设置"原则，即上级政府有哪些部门，下级政府也相应设置哪些部门。① 而且改革决策团体也往往以社会稳定、经济发展为前提，不以政府改革政策的落实为唯一宗旨。因此，改革决策团体在改造正式执行结构时的权力和力度都是有限度的。但在自上而下的政府改革政策的执行过程中，执行部门的增设（如宁波市经济发展服务中心）、撤销、合并、合署办公等正式执行结

① 谢庆奎：《中国政府体制分析》，中国广播电视出版社 1998 年版，第 104 页。

构的转换经常成为改革决策团体推动政府改革政策的策略手段。

　　改革决策团体通过关系驱动和权力重新配置转换执行结构仅仅是其权力互动的众多行为模式中比较特殊的一种类型。除此之外，改革决策团体更多地在 A 模式、A+B 模式 、A−B 模式等某一确定的执行结构内与政策执行团体展开权力互动。[①]

　　（二）执行结构内的行为模式：强制、规范与交换模式

　　改革决策团体在 A 模式、A+B 模式 、A−B 模式等某一确定的政策执行结构中与执行团体展开权力互动，根据改革决策团体运用权力方式的差异可分成三种不同的行为模式，即强制模式、规范模式与交换模式。关于权力运用的这三种模式，国内外学者早已做过类似的划分。[②]然而，在中国政府改革政策的执行过程中，改革决策团体在权力互动中的这三种行为模式却具有一定的特殊性。这种特殊性表现在不同的政策执行结构下，强制、规范与交换等行为模式的内容和方式各不相同。其具体内容如表 5—1 所示。

　　由表 5—1 可知，改革决策团体在与执行团体的权力互动中所采取的强制、规范和交换的行为模式并不是固定不变的。比如，在 A 模式下"比较泛化的党的意识形态教育"规范模式，在 A+B 模式下可以与具体的政府改革政策执行结合起来而变得非常具体。在宁波市审改政策执行的案例中，A+B 模式下审改政策执行者在改革中的表现直接与党员是否体现了"三个代表"、"党员先进性"，与是否符合"依法行政"等要求联系起来。并成为考察党员、干部是否合格、是否先进的依据。而考察的结果则反映个体"关系权威"的变化。因此，在不同的政策执行结构下，即便是相同的行为模式其内容也会有所不同。身处其间的政策执行参与者大多能明白其中的差异和变化。当然，这种差异和变化也大大增加了政府改革政策执行中权力互动的复杂性。

---

　　① 按逻辑推论，本书将中国政府改革政策的执行结构分成 A 模式、A+B 模式 、A−B 模式、B 模式。由于改革开放后，中国政府改革政策的执行基本上都是通过各级政府进行的。因此，在此对 B 模式不加讨论。前面行文中出现的 A′模式可看作是 A 模式的另外一种形式。A′模式与 A 模式一样都是政策执行的正式结构。

　　② 如艾茨尼将权力运用方式分成强制性的（coercive）、功利性的（utilitarian）和规范性的（normative）三种类型。Etzioni, A., *A Comparative Analysis of Complex Organizations*, New York：Free Press, 1961.

表 5—1　　　　　　改革决策团体在政策执行结构内的行为模式

模式	强制模式	规范模式	交换模式
A 模式	依据法律、规章等制度性文件，通过相关监督部门的监督进行强制	比较泛化的党的意识形态教育如"三讲"、"三个代表"、"党员先进性"、"依法行政"等	执行政府改革政策是部门的职责
A+B 模式	改革决策者亲自或通过某种渠道来体认改革执行者落实政策目标的状况，并以维持、加强或淡化与改革执行者的关系进行强制 依据法律、规章等制度性文件，通过相关监督部门的监督进行强制	党的意识形态教育如"三讲"、"三个代表"、"党员先进性"、"依法行政"等与具体的政府政策执行联系起来 强调政府改革政策执行与关系权威之间的联系。如"不换思想就换人"等	执行政府改革政策中的利益得失与个人关系权威的维持、加强或减少相交换
A−B 模式	改革决策者亲自或通过某种渠道来体认改革执行者落实其个人的政策目标的状况，并以维持、加强或淡化改革执行者的关系进行强制	强调政府改革政策执行与个人关系权威之间的联系	执行政府改革政策中的利益得失与个人关系权威的维持、加强或减少相交换

二　改革执行团体的行为模式

虽然改革执行团体在执行政府改革政策的权力互动中往往居于被动地位，但是改革执行团体在与决策团体的权力互动中也有四种应对型的策略选择模型。

（一）个人地位模型

个人地位模型是指政府改革政策的执行者在政策执行中以提升个人地位为目的的行为策略选择方式。所谓个人地位是指个体单位自身具有的社会重要性在社会交往中被他人（社会）所承认的方式及其程度。[①]

---

① 翟学伟：《个体地位：从一个概念到一种日常社会学分析框架》，载《人情、面子与权力的再生产》，北京大学出版社 2005 年版，第 212 页。

提升个人地位的策略模型中主要有两类行为：一是表现性行为，二是工具性行为。[①] 表现性行为是政府改革政策的执行者通过在政策执行中表现专业素养、协调能力、心理素质和人格品行等才能来提升个人地位的行为。之所以将政策执行中的个体才能归入表现性行为，主要是因为在提升个人地位的策略模型中，这些行为重要的不是个体自身到底有多少真才实学，而是他人如何评价这些行为。工具性行为是政府改革政策的执行者通过政策执行与他人建立、维系、发展关系来提升个人地位的行为。这类关系包含着两层含义：一是，连带关系。在政府改革政策的执行中，如果某一个地位较低的执行者（A）能得到另一地位较高的执行者（B）的器重信任、委以重任、尽力支持，那么 A 与 B 就有了连带关系。A 有 B "撑腰"，在权力的行使上就可以 "沾光"。因此，A 无形中提升了个人地位。二是，回报关系。在政府改革政策的执行过程中，如果某一执行者（A）给予了另一执行者（B）某种利益或援手解决了某个紧迫且棘手的问题，那么 B 就欠了 A 一个人情，在适当的时候，B 需要给 A 以回报。

需要指出的是，个人地位模型与个人利益息息相关，政策执行者在个人利益的驱动下选择个人地位的策略模型。无论是表现性行为还是工具性行为，其目的都是提升个人地位。

（二）进退平衡模型

进退平衡模型是指政府改革政策的执行者在政策执行中以保持原有的个人地位为目的的行为策略选择方式。当政策执行者感觉到没有提升个人地位的机会或提升个人地位的预期成本远大于预期收益时，就会放弃个人地位策略选择模型。表现在政策执行上是不再采取积极的表现性行为和工具性行为，而是采取跟随其他政策执行者进退的平衡原则。

政策执行者采取进退平衡的策略选择模型，主要受两方面结构性因素的影响。一是职位的要求；二是关系运作的要求。

在政府改革政策的正式执行结构中，如果政策执行者（A）居于一

---

① 对提升个人地位的策略模型的行为分析，借鉴了林南（1989）、翟学伟（2005）等社会学者关于个体地位的研究成果。鉴于社会学者的研究主要是针对社会领域内的，笔者用来概括政府组织内个体的行为方式时做了若干适用性改造。

定的职位，便有相应的政策执行上的规范和要求。若与 A 相同或类似职位的其他执行者（B、C、D、E……）都完成了相应的政策执行的规范和要求，则 A 除非有充足的且"摆得上台面"的理由才能不达到这些政策执行的规范和要求。否则一旦上级领导追究起来，就是失职行为。这将降低 A 的个人地位。但若是 B、C、D、E……都没有完成政策执行的规范和要求，那么 A 没有完成也就不必承担责任，即所谓法不责众。所以，出于维护职位权力的需要，A 必须在政策执行上与他人保持平衡。

在政府改革政策的非正式执行结构中，出于维持"关系网络"的需要，政策执行者与他人保持平衡也是必要的。① 如政策执行者 A、B、C、D、E……居于同一的"关系网络"之中，其中 A 是 B、C、D、E……的领导。若 A 与 B 之间完成了一项政府改革政策（X）的执行，那么 A 对 C、D、E……有相同的政策执行要求时，C、D、E……也需要完成 X 的政策执行。若 C、D、E……中 C 没有采取一致行动，他就要承受"与 A 领导的关系比其他人远"的心理压力。②

在政策执行者采取进退平衡的策略选择模型时，职位要求和关系运作要求可能是同时起作用的，也可能是独立起作用的。政策执行者在任一要求的驱动下都能够做出进、退或留在原地不动的选择。因为政策执行者在与别人保持平衡的情况下，心理上总是感觉安全且平和的。

（三）暗盘管理模型

暗盘管理模型是指政府改革政策的执行者在政策执行中利用政策本身的缺陷而谋取私利的行为策略选择方式。③ 在此，私利具有广泛的含义。它可以是个人地位、直接的经济（物质）利益，也可以是免受批

---

① 政府改革政策非正式结构下的平衡策略有些类似于社会学者归纳的中国社会人际关系中的平衡模式。所不同的是，政府改革政策执行中的平衡是以政策执行为内容的，而不是社会人际交往的礼物赠送、礼遇程度等。参见翟学伟《中国人际关系网络中的结构平衡模式》，载《人情、面子与权力的再生产》，北京大学出版社 2005 年版，第 92 页。

② 这种关系远近的感觉就类似于费孝通所说的"差序格局"。

③ 暗盘管理（clandestine management）一词原用来描述帝制中国时期的胥吏和下级僚属看准制度本身的缺失和缺乏效率，有计划侵夺各种职权，担任实质的管理工作，然后，借此图谋私利。本书借以概括政府改革政策的执行者利用政策本身的缺陷而谋取私利的行为。参见 Richard L. A Sterba《帝制中国官僚体系中的暗盘管理》，载黄光国、胡先缙《面子——中国人的权力游戏》，中国人民大学出版社 2004 年版，第 157 页。

评或惩罚等。暗盘管理不同于自由裁量权的使用。最宽泛的自由裁量权概念也仅至于职位权力留给政策执行者自由选择的空间。[①] 但暗盘管理却是以隐蔽的方式超出职位权力，图谋私利的行为。

暗盘管理模型包括两个层面的内容：一是政策执行者个体层面，二是政策执行团体层面。奇妙的是这两个层面的暗盘管理行为在进退平衡模型下又会相互转化。

目前，我国的行政监督基本上依靠党和政府组织内部的监督。因此，在政府改革政策的执行过程中，如政策执行者（A）为图谋私利、利用职务之便采取了暗盘管理行为，其行为总有被其他执行者（B、C、D、E……）发现的风险。但若是 B、C、D、E……都采取了类似于 A 的暗盘管理行为，那么 A 的风险成本几乎为零。而事实上，A 有两条途径可达至这一目的，即关系运作和政策的非正式化。[②] 前者是 A 通过"关系网络"中的人情—面子运作，让同一"关系网络"内 B、C、D、E……利益均沾、互相庇护。后者则是 A 基于与 B、C、D、E……政策执行中的相同利益，通过上行下效等方式将执行的政策非正式化。[③]

当然，暗盘管理模型中各种策略行为的性质、风险是各不相同的。有的行为对社会影响太大，政策执行者在党纪国法面前需要承担巨大的风险成本，所以无法堂而皇之地将它正式化。

（四）照章办事模型

照章办事模型是指政府改革政策的执行者在政策执行中严格按规章制度、执行程序办事的行为策略选择方式。前面提出的个人地位模型、进退平衡模型、暗盘管理模型都是政策执行者在执不执行政策、何时及如何执行政策上自由选择的三种行为模式。而照章办事模型则是放弃这

---

① 参见 Michael Hill 有关政策执行中自由裁量权的分析。Michael Hill, *The Policy Process in the Modern Capitalist State*, New York: Harvester Wheatsheaf, 1993, pp. 151–171.

② 荣敬本等人将这种暗盘管理模型称为"减压阀"，并指出其两种形式为"关系"和"统计方法和手段"。称前者是制度的非正式化，后者为制度的正式化。笔者认为，从同情基层干部在政策执行中面临的不合理的巨大压力立场出发，将这种暗盘管理模型称为"减压阀"也似乎没什么不妥。但暗盘管理中制度的非正式化不止"统计方法和手段"一种。"统计方法和手段"只是较为典型的一种罢了。参见荣敬本等《从压力型体制向民主合作型体制的转变——县乡两级政治体制改革的比较研究》，中央编译出版社 2001 年版，第 34 页。

③ 相关内容的论述请参见周雪光《逆向软预算约束：一个政府行为的组织分析》，《中国社会科学》2005 年第 2 期。

种自由选择的行为模式。

尽管照章办事模型最有可能排除政策执行者追逐个人利益所必须承担的风险，但这一模型并不是在许多情况下都会被政策执行者选择的。

在政府改革政策的执行中，如政策执行者（A）将自己想象成只不过是一个不断运转的机构中的小齿轮，遵照指示探循一条（基本上已经）固定的道路前进。A虽然被赋予特定的职责，然而机构的运转与否，取决于最高首脑（X），而与A无关。[1] 倘若其他政策执行者（B、C、D、E……）也做如是想、并按此行事，那么A、B、C、D、E……的功绩可凭其照章办事的能力由X做出评判。如此，则A、B、C、D、E……都可能在此模型下实现个人利益。然而，倘若X面临着极其复杂的决策环境，无法制定出执行政策的原则；而且即便是能制定出原则也远比意识到的含混不清，在操作过程中可能会产生严重的"反功能"（dysfunctional）效果。[2] 这些反功能效果需要A、B、C、D、E……在政策执行过程中加以消除。但倘使只有A严格照章办事，B、C、D、E……都对政策做了灵活处理，那么如果X以政策执行结果为考评标准，则A显然无法在照章办事模型中提升个人利益。

当然，这并不是说照章办事模型只存在于韦伯理想化的"官僚制"进路中。因为，在现实的政府改革政策的执行过程中，总有一些执行行为是X能够将其精确化和程序化的。而且，倘若X以执行者是否听从他的命令为考评标准，而不关心政策执行结果，那么A也能在照章办事模型中实现个人利益。

第三节　影响政府改革政策执行成败变量的分析

在本书的研究中，政府改革政策执行的成败是相对于改革决策团体的政策目标而言的。关于影响政策执行成败变量的研究历来是国内外政

---

① 韦伯作品集（Ⅲ）：《支配社会学》，广西师范大学出版社2004年版，第65—66页。
② ［美］戴维·毕瑟姆：《官僚制》，韩志明、张毅译，吉林人民出版社2005年版，第8页。

策执行研究者关注的焦点。① 如保罗·A.萨巴蒂尔曾将影响政策执行成败的因素归为三类变量，即问题的可办性、政策本身的规制能力、影响实施的非政策因素;② 而有的研究者则将影响政策执行成败的关键变量归为政策执行者之间的合作问题。③ 国外研究者得出的上述变量在一定条件下当然会影响中国政府改革政策执行的成败。但是，这并不影响研究者在这些变量的基础上，在执行结构转换、权力互动为特征的中国政府改革政策执行现象中，去寻找解释中国政府改革政策执行成败的关键性变量。

一　执行结构转换的影响

执行结构转换是影响政府改革政策执行成败的重要变量。这可以在宁波市审改政策执行的案例得到验证。如果我们假设宁波市审改一直在A模式下推进而没有A+B模式的驱动，那么改革执行团体在权力互动的行为模式是难以从暗盘管理模式走向个人地位模式的，也就不会有改革决策团体和执行团体之间协商型的权力互动。如果没有在A+B模式难以为继时A′模式的出现，也就难以出现以巩固审改成果为目的的照章办事模式的权力互动。在审改政策的执行过程中，执行结构在A模式、A+B模式、A-B模式、A′模式之间的不断转换才改变了改革决策团体与执行团体之间的权力互动。由此可见，执行结构转换是中国政府改革政策执行重要的推动力。

然而，执行结构转换仅仅是政府改革政策执行的推动力。这并不意味着执行结构转换下的中国政府政策执行必然能成功。A+B模式、A

---

① 关于影响政策执行成败变量的研究，政策执行研究中不同的学派有不同的回答。自上而下学派的学者从如何控制、协调政策执行者出发来寻找相关变量。自下而上学派的学者则从政策执行者，特别是基层官员对政策执行的影响做出回答。上下综合学派的学者则同时从决策者与执行者之间的执行互动、相互调适等来寻找关键变量。

② Paul Sabatier and Daniel Mazmanian, "Implementation and Public Policy: A Framework of Analysis", *Policy Studies Journal*, Vol. 8, No. 4, 1979-1980, p. 542.

③ 如奥托尔和施伯莉的相关研究。参见 O'Tool, L. J., Jr, "Implementing public innovations in network setting", *Administration & Society*, Vol. 29, No. 2, 1997, pp. 115 - 138; Scheberle, Denise, *Federalism and Environmental Policy: Trust and Politics of Implementation*, Washington, D. C.: Georgetown University Press, 1997, pp. 10-22。

模式也不与中国政府改革政策执行的成功和失败一一对应。事实上，从宁波市审改政策执行的案例，我们可以发现，A 模式、A+B 模式、A′模式下的政府改革政策执行都没有完全实现预期的审改目标。它们所取得的成绩仅仅是局部性或阶段性的。① 因此，执行结构转换可能会导致政策执行结果的变化，也可能不对政策执行结果产生影响。其对政府改革政策执行成败的影响，还与执行结构转换所改变的权力互动过程及行为模式有关。

由此可见，执行结构转换虽然是影响政府改革政策执行成败的重要变量，但各个执行结构模式与政策执行成败之间并不存在一一对应关系。执行结构转换需通过权力互动的中介变量影响政策执行结果的成败。如在宁波市审改政策执行的案例中，启动 A+B 模式使削减审批事项的权力互动得以发生。但在当时的条件下，却无法形成规范政府行为的权力互动。A′模式下的宁波市经济发展服务中心与各审改部门之间的权力互动只能维持原有的审改成果，而无法形成推动审改政策进一步深入的权力互动。因此，执行结构能否转换并形成有利于政府改革政策执行的权力互动，成为影响政府改革政策执行成败的重要变量。

二　权力互动的影响

在中国政府改革政策执行过程中，存在着复杂的权力互动现象。之所以复杂，是因为在权力互动中，有不断转换的政策执行结构、有不断改变着策略选择模型的政策执行参与团体、由于政府改革的缘故而比较不稳定的政策执行环境，以及在政策执行的手段不明时本质上难以控制的改革执行团体。因此，在权力互动过程中，政策执行参与团体是否形成、政策执行者的策略选择以及基于其上集体行动是否形成、政策执行参与团体之间是否能展开协商型的权力互动都是影响政府改革政策执行成败的重要变量。

首先，改革决策团体、改革执行团体和自发行动团体是否能在权力互动中出现，是影响政府改革政策执行成败的关键变量。在这三类行动团体中，改革决策团体和改革自发行动团体的集体行动是基于个人策略

---

① 参见本书第四章的分析。

选择模型之上的；改革执行团体的出现则是可能组织行为。换言之，当某一项政府改革政策在政府组织内推行时，其相关的改革执行团体也就出现了；改革决策团体和自发行动团体的出现则遵循曼瑟尔·奥尔森所演绎的集体行动的逻辑。[①] 改革决策团体的形成是指政府改革政策执行的主要决策者形成推动政策执行的合力。在宁波市审改政策执行的案例中，A+B 模式的启动是宁波市市长与市委书记通力合作的结果，从而完成了削减审批事项的政策目标。A′ 模式下审改的继续则是代表审改决策团体的宁波市经济发展服务中心管委会的设立。在政府改革自发行动团体缺失的情况下，改革决策团体能否出现成为影响政府改革政策执行成败的决定性变量。改革自发行动团体对政府改革政策执行结果也有重要影响。倘使社会领域内产生的自发行动团体能与政府组织内的改革决策团体形成推动政府改革政策执行的合力，相互以政策输出和民间反馈的互动方式彼此沟通、纠偏和磨合，那么自发行动团体在权力互动中的出现与否也将成为影响政府改革政策执行成败的重要因素。

其次，改革执行者的策略选择以及基于其上的集体行动能否形成是影响政府改革政策执行成败的重要变量。改革决策团体通过执行结构转换能促使改革执行者的策略选择模式发生改变。当改革执行者，特别是重要的改革执行者的策略选择模式与政府改革政策目标相一致时，成功执行政府改革政策的可能性就比较大。在本书的研究案例中，审改决策团体启动 A+B 模式，使审改执行团体在削减审批事项的政策执行中形成了个人地位模式的策略选择，从而实现了削减审批事项的政策目标；而在 A′ 模式下，审改决策团体无法使执行团体在规范政府行为的审改中形成同样的策略选择，则使 A′ 模式下规范政府行为的审改政策目标难有进展。

最后，政策执行参与团体之间是否能展开协商型的权力互动是影响政策执行结果的重要变量。改革执行团体的策略选择模式与政府改革政策目标相一致，并不意味着政府改革政策执行的必然成功。因为在这两者之间还有一个政策执行参与团体之间是否能展开协商型的权力互动的

---

① 即集体行动能否形成与集团的性质、集团的大小和有无选择性激励、行为成本大小相关。[美] 曼瑟尔·奥尔森：《集体行动的逻辑》，上海三联书店 1996 年版。

问题。这主要是因为在执行手段不明确的政策决策过程中，改革政策的可执行性不能被完全理解，在改革政策执行过程中存在着一个不曾规划的领域。因此改革政策的执行者可在这个不曾规划的领域中缔造新的联络。在这个领域内他们是开创者。在这种情况下，政策执行就分成了三个领域：一是决策机构主导领域；二是行政和支持主导领域；三是操作者主导领域。[①] 政府改革政策的成功执行需要这三个领域之间的信息交流、利益交换。因此，政策执行参与团体在这三个领域内是否能展开协商型的权力互动就成为影响政府改革政策执行成败的重要变量。

三 推进政府改革政策执行的若干结论

由上述分析可知，执行结构转换和权力互动过程是影响中国政府改革政策执行成败的重要因素。改革决策团体是执行结构转换的原动力，改革决策团体与政策执行团体之间的权力互动过程作为随机因素，通过政策执行结果影响执行结构的转换。政府改革政策的执行结果作为经验积累，影响政策执行参与者在权力互动中的行为策略选择，同时也作为改革决策团体转换执行结构的依据。据此，研究者认为，改革决策团体应该在以下三方面着手推进政府改革政策的执行。

（1）改革决策团体必须形成推进政府改革政策执行的合力。

改革决策团体是政府改革政策的推动者。当其形成改革的合力时，既有利于"有限分权"的正式执行结构内的权力协调，也有利于"关系主导"的非正式执行结构的启动。改革决策团体必须形成推进政府改革政策执行的合力才能成为政策执行结构转换的原动力。当我们用这一观点来考察"党政分开"问题时，就能理解"党政分开"为什么在实践时总是不能完全分开。

（2）改革决策团体必须适时推进政策执行结构的转换，并适当选择政策执行结构内的行为模式。

改革决策团体必须深入政府改革政策执行的权力互动中，了解权力互动中的各种随机因素、积累政策执行结果的经验。在此基础上适时推

---

① Angela Browne and Aaron Wildvasky, "Implementation as mutual adaptation", Tadao Miyakawa, *The Science of Public Policy: Essential Readings in Policy Sciences* Ⅱ, Volume Ⅵ, Policy Process, part Ⅱ, London and New York, 2000.

进政策执行结构的转换，并适当选择政策执行结构内的行为模式。由于改革决策团体必须与改革执行团体展开权力互动，因此，改革决策团体需要了解政府改革政策执行的相关信息。即使不能亲力亲为，也必须确保有真实信息来源的政策执行结构。

（3）改革决策团体必须了解政策执行团体的策略行为模式，促使政策执行团体的策略行为模式有利于政府改革政策目标的实现。

改革执行团体在政府改革政策的执行中人数众多，而且目标各异。改革决策团体不仅要及时了解政策执行团体的策略行为，而且要运用权力资源促使政策执行团体的策略行为模型有利于政府改革政策目标的实现。

第六章　结论与讨论

本章的任务有四个：第一，概括本书的主要结论。第二，讨论本书的理论创新之处和理论适用范围。第三，指出本研究存在的问题。第四，指出有待进一步研究的几个问题。

第一节　主要结论

改革开放后，我国政府推行了众多的政府改革政策，那么政府是怎样执行政府改革政策的？有哪些变量影响并决定了政府改革政策执行的成功与失败？这些变量之间又有着什么样的逻辑关系？本书建构了中国政府改革政策执行的"执行结构—政策执行—执行结果"的分析框架，并通过分析宁波市政府从 1999 年 7 月至 2006 年 1 月的审改政策执行过程，提出了中国政府改革政策的"结构转换和权力互动"执行理论，试图对上述研究问题做出符合历史与逻辑的回答。

结论 1：中国政府改革政策的执行结构是不断转换的。

中国政府改革政策有两种不同性质的执行结构，即"有限分权"的正式执行结构（A 模式）和"关系主导"的非正式执行结构（B 模式）。这两种模式之间的整合和排斥又分别形成 A+B 模式、A-B 模式。因此，中国政府改革政策有四种执行结构模式：A 模式、A+B 模式、A-B 模式和 B 模式。在中国政府改革政策的执行过程中，政策执行结构在这四种模式之间不断转换。比如，在宁波市审改政策执行之初，执行结构为 A 模式；执行一段时间后转换至 A+B 模式；最后转换至 A′ 模式；其中又有 A-B 模式的影响。

当然，中国政府改革政策的执行结构从哪种模式出发、转换成哪种模式、最后又变成哪种模式并无固定的程序。一项政府改革政策的执行可能从 A 模式出发，也可能从 A+B 模式开始；在比较特殊的情况下，甚至会从 A–B 模式和 B 模式开始。而且在具体的政府改革政策执行中，上述执行结构模式也可能单独或联合起作用。但是从一项政府改革政策执行的历史过程来看，主导的执行结构模式是在不断交替出现的。

结论 2：在中国政府改革政策的执行过程中，改革决策团体和改革执行团体之间是权力互动的。这种权力互动通过改变各自运用权力资源的策略选择模式来实现。

在中国"有限分权"的正式执行结构和"关系主导"的非正式执行结构中，改革决策团体和改革执行团体各自拥有不同类型的权力资源。在中国政府改革政策的执行过程中，政策执行参与团体在政策执行结构中会改变各自运用权力资源的策略选择模式来进行讨价还价和策略互动。

改革决策团体和改革执行团体在政府改革政策执行过程中，通过改变各自运用权力资源的策略选择模式来实现权力互动。具体而言，改革决策团体有转换执行结构和执行结构内的强制、规范与交换等策略选择模式；而改革执行团体则有应对型的个人地位模型、进退平衡模型、暗盘管理模型、照章办事模型等策略选择模式。这些不同的策略选择模式相互作用形成不同的权力互动结果。

结论 3：改革决策团体是转换执行结构的原动力。

中国政府改革缺失社会领域内的自发行动团体。因此，政府改革政策的执行基本上是"政府的自我革命"。由于政府组织内部不同的行动团体在面对同一政府改革政策时，预期收益并不相同。处于领导地位的改革决策团体对执行政府改革政策有着更多的政治上的预期收益。因此，改革决策团体成为转换执行结构，推进政府改革政策执行的原动力。而且，改革决策团体在当前中国政府结构中拥有转换执行结构的权力资源。

结论 4：执行结果的经验积累是改革决策团体转换执行结构的依据。

在执行政府改革政策的权力互动中，政策执行参与者不断积累关于政策执行结果的经验。当权力互动达到某一稳定状态时，政策执行参与者会就当下的政府改革政策的执行结果达成某种共识。改革决策团体估计到现行的政策执行结构难以达至预期的政策目标时，就会通过转换执行结构来推进政府改革政策的执行。在新的政策执行结构下，权力互动产生的政策执行结果又作为经验反馈到改革决策团体下一轮的转换执行结构的设计中去。

结论5：改革执行团体通过权力互动影响执行结构的转换。

在中国当前的政府结构中，改革执行团体不拥有直接转换政策执行结构的权力资源。但是改革执行团体通过与决策团体的权力互动影响政府改革政策的执行结果。政府改革政策的执行结果又作为经验积累成为改革决策团体转换执行结构的依据。

结论6：能否形成更合理、更科学的执行结构是影响中国政府改革政策执行成败的因素。

在目前政府改革政策执行的过程中，A 模式、A+B 模式、A−B 模式和 B 模式等执行结构是不断转换的。在目前的政治与行政体制下，寻找和设立新的 A′模式需要启动 A+B 模式，同时又会受到 A−B 模式和 B 模式的影响。那么，何时可以走出 A+B→A′→ A′+B→A″······模式转换的局面呢？笔者认为，关键在于 A、A′、A″这些正式制度能否在政治上越来越具有合理性，在技术上是否越来越具有科学性以及是否能与非正式制度很好地融合，这是影响政府改革政策执行成败的重要变量。

第二节　理论创新与适用范围

本书的理论创新主要有以下三点：一是，从政策执行的视角来研究中国政府改革现象，提出了政府改革政策执行的研究进路；二是，建立了中国政府改革政策执行的"执行结构—政策执行—执行结果"的分析框架；三是，提出了中国政府改革政策的"结构转换—权力互动"的执行理论。

首先，本书是从政府改革政策的执行来研究中国的政府改革现象的。这为中国政府改革经验研究的可观察性创造了良好的理论平台。既有的中国政府改革的研究视角，如利益研究、行政生态学研究和新制度经济学研究，固然有各自的研究优势，但是在提出具"可观察性"的解释变量上，总有其研究视角的局限性。[①] 政府改革政策执行的研究进路，在利用政治学学科体系内已有的知识积累、提出系统且具"可观察性"的解释变量上，具有一定的研究优势。这有可能使中国政府改革的经验研究逐步积累具有指导性的中层理论，并最终走出长期局限的似是而非的宏大理论阐释层面。

其次，本书建立了中国政府改革政策执行的"执行结构—政策执行—执行结果"的分析框架。既有的中国政府改革的分析视角固然各有理论功用，但是尚没有对中国政府改革不断反复的现象（所谓"怪圈"）提出恰当的、具有可观察性的解释变量。本书的分析框架从结构（structure）与行为（agency）互动的视角出发，在执行结构层面和政策执行过程层面选取了一个具有逻辑性的变量体系，来解释中国政府改革政策的执行结果。同时，本研究将中国政府组织文化中存在的"关系主导"的本土化特征纳入政府改革政策的执行结构中进行分析，这为建构中国政府改革的本土化理论提供了可能性。

最后，本书在上述分析框架的基础上提出了中国政府改革政策的"结构转换—权力互动"的执行理论。虽然该理论是在宁波市审改政策执行（1999—2013 年）的个案分析基础上得出的，但鉴于中国政府改革政策的执行结构具有较好的同质性，该理论对解释中国政府改革政策的执行现象，并在此基础上提出推进政府改革政策执行的政策设计和建议是有一定指导意义的。

本书的分析框架和研究结论只适用于改革开放后的中国大陆地区政府改革政策的执行。而且只适用于本书表 1—1 中所示的第③—2 类中国政府改革政策的执行。这一类型政府改革政策利益冲突性高，政策目标基本确定，但实现目标的手段并不明确。如行政审批制度改革、中央

---

① 虽然新制度经济学的研究进路在这一问题上有所改进，但其所提出的"可观察性"变量在解释政府改革现象时尚缺乏系统性。并且用经济学的概念、框架和理论假设来分析政治现象时的贴切性亦有待进一步提高。

与地方关系改革、事业单位改革等。对于其他国家（地区）、其他历史时期、其他类型的政府改革政策的执行，本书的分析框架和研究结论只具有借鉴意义。

第三节　研究中存在的问题

虽然中国政府改革的经验现象是极其丰富的，但是由于政府组织相对于其他社会组织的特殊性，也由于研究者本人的精力和能力限制，本项研究尚存在不少一时难以克服的问题。

第一，宁波市审改政策执行个案研究的特殊性问题。尽管研究者在选取个案时尽量考虑了其代表性，但总难以彻底避免个案的特殊性问题。首先，宁波市作为东部沿海开放城市，其政府改革政策的执行结构转换和权力互动可能会有别于中西部地区和比宁波更靠南的温州、海南、深圳等城市。但研究者认为，这种差别不是质上的差异，而只是量上的表现。因为中国政府改革政策的执行结构基本上是同质性的。而且随着改革开放的深入、全国政策的趋同化，这种差别应该会越来越小。其次，本书仅研究了宁波市政府组织内的审改政策执行现象，但市级政府只是全国中央—省—市—县—镇（乡）五级政府中的一级。其他四级政府的政策执行是否也适用本书的分析框架和研究结论呢？研究者认为，从中央到乡镇的五级政府中，"有限分权"的正式执行结构是一致的，但非正式执行结构中"关系主导"的程度可能会有差异。当然，这一判断只凭借研究者的个人经验，并没有实证意义上的证据支持。最后，审改政策也只是第③—2类中国政府改革政策中的一种，此类政策中的其他政府改革政策是否也如此，笔者只做了理论上的推论，并没有经验材料的验证。因此，笔者如果有精力和能力多研究几个案例，则本书的研究结果可能会更有说服力。

第二，宁波市审改政策执行研究时段上的局限性。对政府改革政策执行过程和结果的研究，需要较长的研究时段。从严格意义上讲，政策过程的研究需要 20 年或更长的时间。在这样长的时期里，政策才能从其丰富的实践中发现问题开始，到政策实施，再到合理的政策影响评价。① 本研究虽然跟踪调研了宁波市从 1999—2013 年的审改政策执行情况，但相对政策过程的研究而言，这个时间跨度还是不够长的。如果研究时段能更长一些，则研究结论可能会更严谨、更有说服力。

第三，本书的研究资料绝大多数来自政府的内部资料，而不是社会科学定性研究中普遍采用的实地访谈。在本案例的研究中，笔者充分掌握了宁波市近十几年来审改政策执行的各种资料。而访谈材料只是辅助性的。由于技术上的原因，笔者在近十几年的研究中，主要跟踪采访了宁波市审改办的一位负责同志。如果笔者能在这七年里跟踪采访宁波市审改决策团体和执行团体内的更多成员，那么本书中的文件资料和访谈资料将会更加相得益彰。

第四节 有待进一步研究的问题

最后，笔者认为本书提出的研究视角、分析框架和理论模型还值得在以下几个问题上做进一步的研究。

（1）政府改革政策作为一种政策类型，与其他公共政策类型有什么样的区别与联系？在研究内容和研究方法上应该有什么样的特色？政府改革政策作为一种比较特殊的政策类型，它在政策执行结构、政策目标团体、政策执行结果等方面都与其他类型的公共政策有一定的区别。但是，政府改革政策的执行又与其他公共政策有着密切的联系。这些区别和联系应该反映在政府改革政策的研究内容和研究方法上，这样才能挖掘出政府改革政策执行研究的深度。

（2）本书表 1—1 所示的其他政府改革政策类型是如何执行的？彼此之间是否有联系？本书表 1—1 依据政府改革政策的利益冲突性和目标模糊性两类标准将政府改革政策分成四种类型。本书只研究了第③—2 类中国政府改革政策的执行。从理论上看，其他几种类型的政府改革

---

① Sabatier, Paul, and Hank Jenkins-smith, *Policy Change and Learning：An Advocacy Coalition Approach*, Boulder：Westview Press，1993.

政策的执行会不同于第③—2 类政府改革政策。但在真实的政府改革政策的执行过程中，这些类型的政府改革政策又是混合在一起的，它们的执行会相互影响。因此，在以后的研究中需要沟通这些政策类型之间的相关性。

（3）本书表 1—1 所示的第③—1 类和第③—2 类中国政府改革政策，即手段的清晰性和模糊性，在执行过程中是否有关联和转化？以及这些关联和转化如何影响政府改革政策的执行？本书研究的是第③—2 类中国政府改革政策的执行，但事实上，在一项政府改革政策的执行过程中，手段的清晰性和模糊性是不能截然分开的。两者之间随着时间和信息的改变而发生转化。即原来手段模糊的可能会变得清晰起来，而原来清晰的也可能会变得模糊起来。这种转化对政府改革政策的执行有着重要的影响。

（4）自发行动团体出现后，本书提出的分析框架是否还适用？如果适用的话，自发行动团体如何影响执行结构转换、权力互动和政策执行结果？在宁波市审改政策执行的案例中，社会领域内的自发行动团体是不存在的。假设存在自发行动团体，那么政府改革政策执行中的权力互动与执行结构转换将会有新的理论内涵，而且又会产生新的影响政府改革政策执行成败的关键变量。

附　录

宁波市审批制度改革实施意见
（市委办〔1999〕44号）

为进一步转变政府职能，规范政府行为，提高工作效率，改善投资环境，加快建立社会主义市场经济体制，促进全市经济和社会事业的快速健康发展，根据省委、省政府要求，经市委、市政府研究，现就审批制度改革制定本实施意见。

一　审批制度改革的指导思想和总体目标（从略）

二　审批制度改革的主要内容

（一）取消部分审批事项

1. 不属于政府职能，以及不应当由政府直接管理的事项，必须取消审批，政府实行间接管理。

（1）《公司法》和其他法律、法规已经规定，属于企业自主权或属于企业行为的，应还权于企业，政府部门只是依法监督，加强服务。

（2）属于我市非限制性项目，在工商部门注册登记前由其他部门进行前置审批的，除国家法律、法规明确规定必须审批并指定由某部门审批的外，都应取消，由申请者直接到工商部门依法注册登记，工商部门采用核准登记注册制。

（3）属于中介组织职能范围或可以由中介组织完成的事项，应交给中介组织管理，政府部门依法监督、协调，加强行业规划。

（4）凡是可以通过市场化手段，如招标、拍卖、抽签等方式，公平、合理地分配指标或营利性项目的，应当采取市场化手段，通过市场竞争来解决。

2. 我市自行确定的审批事项，应当从实际出发，能取消的坚决取消，大胆放开。

（1）由市人大、市政府制定的法规、规章和其他规范性文件所确定的审批事项，凡是能够明确规定审批事项的各项内容，并能有效实施事后监管的，都应取消审批，或采取核准、备案制，或彻底放开。

（2）机关事业单位"三定"方案中确定的审批事项，如果国家、省和我市其他法律、法规和行政规章没有明确规定需要审批的，应取消审批。

（3）市政府各部门自行设立的审批事项，应予取消；确需进行必要管理的，经市政府重新审定后，可改为核准和备案。

（4）同一事项，国内其他城市没有审批的，我市原则上也要取消审批。

3. 对国家和省有关法律、法规、行政规章和其他规范性文件要求地方政府直接管理的事项，要根据实际情况，依法改变管理方式和管理手段。

（1）对国家和省没有明确要求地方有关部门审批，只要求核准的事项，应取消审批，严格按规定条件实行核准制；对国家和省只要求地方政府进行一般管理的事项，应取消审批，必要时实行备案制。

（2）对国家和省只要求地方政府审批，并没有指标和额度限制的事项，可取消审批，严格实行核准制；对国家和省既要求地方政府审批，又要求进行指标和额度控制的少数项目，应在严格审查条件的基础上，对营利性项目的额度和指标，采用招标、拍卖等市场化管理方式进行分配。

（3）对国家和省要求根据一定的条件，评定、确认、认定、认证资格和资质，或进行年审、年检、验收的事项，应取消审批和指标控制，实行核准制，只要符合规定的条件，就承认其相应的资格和资质，或议定其合格。

（4）对国家和省授权我市审批的事项，应根据实际情况，对不适应我市社会经济发展要求的审批事项应予以取消，并积极与上级主管部门沟通，取得上级部门的理解和支持。

（5）对国家明确要求的审批，我市又必须审批的事项，审批部门不得超出国家规定的审批内容和审批范围，自行扩大审批权限部分应予取消。

（二）规范保留事项的审批

1. 对一些关系到经济发展和社会安定的重大事项，必须依法审批：

（1）涉及外事、国家安全、社会治安等方面的重要事项；

（2）涉及土地资源、水资源、森林资源、海洋资源和文物资源等国家重要资源的开发利用项目；

（3）涉及市属国有资产管理方面的重大事项；

（4）涉及市重大建设项目、财政支出项目和政府基金管理项目；

（5）涉及城市规划和城市建设方面的重要事项；

（6）涉及城市管理和环境保护方面的重要事项；

（7）国家法律、法规明确规定的关系到社会安定和人民生命财产安全的特种行业和项目；

（8）关系到国计民生的少数重要商品的定价和服务项目的收费标准；

（9）国家法律、法规明确规定的关系到国计民生的少数专营专卖项目；

（10）涉及少数必须严格控制的指令性计划指标和不宜进行招标、拍卖的少数进出口配额；

（11）涉及机关事业单位机构、编制和人事、劳动管理方面的重要事项；

（12）涉及精神文明建设重大活动及重要建设项目；

（13）国家和省委托地方政府代行的审批事项；

（14）其他由国家、省和我市有关法律、法规明确规定必须从严审批的事项。

2. 规范审批程序

（1）严格规定审批内容，明确审批条件。对每项审批都要制定出明确的、具体的、详细的审批内容、审批范围和审批条件，减少审批人员的自由裁量权；对技术性比较强的审批事项，必须制定审批技术规范。

（2）减少审批环节，简化审批手续。对审批环节多、审批手续较复杂的，要依法进行清理，除国家和省有关法律、法规、行政规章明确规定的审批部门外，其他部门不应参与审批；若国家和省没有明确规定审批部门的，由市政府确定审批部门；在审批部门内部，应由有关业务部门进行审批，不得重复审批，多头审批。

（3）明确审批时限。每项审批必须科学、严格规定审批时限。国家和省有关法律、法规、行政规章规定审批时限的，我市审批部门只能缩短，不应延长；若报送材料齐备，审批部门在规定的时间内未予以答复的，应追究审批部门和审批人员的责任。

（4）制定严密的审批操作规程。每项审批必须制定详细的操作规则和操作程序，其中包括审批内容、审批条件、审批程序、审批人员、审批时限等有关事项。对不予以批准的，必须以书面形式说明理由。

3. 改进审批方式

（1）实行政务公开。除国家明确规定不能公开的外，每个审批事项的设立、调整和取消，以及审批内容、条件、程序、时限等，应事先公告，各部门必须向社会作出承诺，并形成制度。对涉及多个部门或涉及内部几个处室的审批事项，要按市委办〔1999〕29号通知的要求推行窗口服务制度。

（2）建立健全社会听证制度。对物价、收费、市政、城管、环保等与公众利益联系密切的事项，推行社会听证制度，充分听取有关方面的意见，以促进政府决策的民主化和科学化。

（3）强化专家审查、咨询制度。对技术性、专业性比较强的验收、评审和许可事项，由有关专家进行专业技术审查，提供咨询意见，以提高政府决策的科学性和合理性。

（4）加快政府各部门的电脑联网，通过电脑互联网络实现信息共享，改进审批的技术手段，探索多部门联网审批的新模式。

4. 加强对审批行为的监督

（1）建立内部审批检查监督制度。各部门对每项审批都要制定相应的内部约束和监督措施，重大审批事项必须建立集体决定的制度。

（2）建立对审批部门和审批人员的社会监督制度。对违反规定的审批行为，实行社会举报制度，在市监察局和各审批部门设立举报信箱；对审批管理和审批执行情况，实行社会质询制度和人大定期检查制度；对审批结果不服的，按国家有关规定，申请行政复议或提起行政诉讼。

（3）建立审批责任追究制度。要加强对审批人员的监督，明确规定审批责任和审批义务，并制定严厉的处罚措施，对违法审批、审批失误等情况要依法处理。对已取消的审批事项仍在审批的，要追究部门（单位）领导的责任。市纪检监察部门负责监督全市各部门的组织实施。

（三）加强对审批后实施情况的监管

1. 对保留的审批事项，法律、法规和行政规章已经制定监管措施的，按规定执行；没有制定监管措施的，各有关部门要结合我市实际，制定严格的、可操作的监管措施，并尽可能通过市人大和市政府以法规和行政规章的形式颁布。

2. 对取消的审批事项，有关部门必须提出加强宏观调控和行业监管的意见，并制定相应的管理办法和措施。

3. 要定期和不定期组织对审批事项的实施情况进行监督和检查，对不符合原认定条件的，要及时指出，提出改进意见；情况严重的，要按照有关规定严肃处理。

4. 在部门内部，要减少审批人员，加强监督力度，按照审批人员和监管人员必须分开的原则，对职能、机构和人员进行调整。监管人员应严格考核，持证上岗，定期进行岗位交流，并实行监管责任制。

5. 另外，对核准事项，应参照审批事项改革的有关原则和措施，进行相应的改革。各部门不得擅自将核准变成审批。

三　审批制度改革的工作步骤（从略）

四　审批制度改革的保障措施（从略）

中共宁波市委　宁波市政府
批转市政务公开暨审批制度改革领导小组《关于深化行政审批制度改革的实施意见》的通知
（甬党〔2002〕12 号）

我市作为全省试点城市，1999 年 7 月率先开始行政审批制度改革。通过改革，推动了行政机关和公务员队伍的观念更新；大幅度削减了行政审批事项；初步形成高效、透明的运作机制和有效的监督机制；建成了一批行政服务中心，从而优化了投资环境。但是这些成果从总体上看是阶段性和浅表性的。为了进一步适应社会主义市场经济和 WTO 规则，必须进一步推进行政体制创新，继续深化行政审批制度改革。深化改革必须认真贯彻国务院批转的《关于行政审批制度改革工作实施意见》和《浙江省行政审批暂行规定》的精神，立足本市实际，广泛发动，周密部署，有序推进，务求实效。

一　指导思想和基本原则（略）

二　基本目标和主要任务

通过深化改革，行政审批事项再削减 30%、办理时限进一步提速，重点在市场准入、市场监管、要素配置领域取得实质性突破，努力创立结构合理、管理科学、程序严密、制约有效的行政制度，营造全国一流的发展环境。深化改革的主要任务。

（一）进一步转变政府职能

取消不符合政企分开和政事分开要求、妨碍市场开放和公平竞争以及实际上难以有效发挥作用的行政审批。确立企业的市场主体地位；发挥市场在资源配置中的基础作用；发挥社会中介机构、自治组织的服务、自律功能；把政府职能的重点切实转移到经济调节、市场监管、社会管理和公共服务上来，着力营造良好的发展环境，提供优质的公共服务。

1. 还给投资者投资决策权

（1）鼓励投资者依据相关法律、法规和国家颁布的产业政策、外商投资产业目录，自主选择投资领域和投资方式，取消所有限制合法投资行为的地方规定和相关行政审批。

（2）正确界定基本建设程序中的投资者行为和行政行为。取消属于投资者行为的行政审批环节。相关行政管理部门要督促投资者自觉遵循基本建设程序，加强对投资者的引导和指导。

（3）国家、省投资建设项目，以及项目建设需要争取国家和省资金、土地、税收等政策支持的建设项目，按国家和省规定的环节和程序由投资主管部门审批或报批。市本级财政资金和市财政承诺还贷资金、国债资金、市国有资产经营公司资金投资或参股项目，要区别于民间投资项目，建立职责分明、运作顺畅、约束有效的投资管理机制。

（4）投资主管部门对不是政府直接投资（参资）的建设项目（含外资项目）根据性质和规模实行分类管理：对生产力布局、产业结构、战略性资源开发和国家安全有重要影响的重大项目依据国家投资主管部门制定和颁布的标准确定，国家限制投资的项目，公益项目，权限内项目审批项目建议书，可行性研究和开工由投资者自主决策；权限外项目按国家和省有关部门要求报批。其他项目，能够自行平衡资金来源和落实建设条件的各类企业的投资项目，均由企业自主决策，一律实行备案制管理。

（5）对各类投资项目，非投资主管部门（除土管、规划、环保部门外）一律通过参与主管部门牵头的联合审批、联合审图或采用非审批方式参与管理，取消独立行政审批环节。其中无基本建设内容的技术改造投资项目一律实行备案制管理；由政府招标获得土地使用权的投资项目，除规划、环保可保留简化核准环节外，其他环节取消行政审批；由政府连同方案招标获得土地开发权的投资项目（相关控制指标在招标文件中明确，管理目标在评标及修正方案中实现），取消所有环节的行政审批，实行备案制管理。

要积极探索实行环境污染物排放交易制度，取消相关行政审批的可行性。

2. 保障企业的经营自主权

（1）开办企业实行登记制。对工商注册登记事项，法律、行政法规没有规定前置审批的，一律不得前置审批；法律、行政法规规定的前置审批事项，原则上实行告知承诺制管理，个别必须保留的前置审批实行并联审批。

（2）对属企业经营自主权（包括生产经营决策权、产品劳务定价权、产品销售权、物资采购权、法定准许的进出口权、投资决策权、资金支配权、财产处置权、联营兼并权、劳动用工权、人事管理权、工资奖金分配权、机构设置权等）和法律、法规规定的其他企业行为，取消行政审批。

（3）对涉及公共安全的重大机器设备的生产、销售、安装、使用的行为，由行政审批改为由质量技术评审机构按照法定技术标准检测、鉴定（法律、行政法规规定应当由行政机关核准的，从其规定）。对其他一般性产品的市场准入、经营服务，取消行政审批。

（4）除国家明确规定需政府定价和未形成市场竞争格局的商品、经营服务价格外，取消政府定价，由市场进行调节。

（5）对除涉及公共安全和特殊技能要求外，各类人员从业岗位的条件，由用人单位或行业协会自行确定，取消行政审批和发证。

（6）对除法律、行政法规明确规定需年检、年审的资质、资格外，其他年检、年审一律取消或实行备案制管理。

3. 发挥中介机构、自治组织的服务和自律功能

（1）通过规范、公正的中介机构自律能够解决的事项（包括产品质量鉴定、房地产评估、环境评估、专业技术咨询、经纪业务、业务技能培训、职业介绍、律师、会计、审计等事务），要视中介成熟程度逐步交给中介机构办理，取消行政审批。行政机关要积极培育中介市场，规范中介行为，防止中介垄断。

把行业管理的一般事务逐步移交给行业协会等自律机构，行政机关的工作重点转移到制定产业政策和产业发展规划、营造产业发展推动机

制和环境等宏观事务上。

（2）对各类企事业人员的从业资格，通过全国或省统一考试、行业协会或专家评审机构评审取得。法律、行政法规规定需行政机关（含报上级行政机关）确认发证的，作为程序性工作办理。

（3）对企事业单位的各类资质，除产品质量鉴定机构外，由行业协会、专家评审机构评审。法律、行政法规规定需行政机关（含报上级行政机关）确认发证的，作为程序性工作办理。

（4）对除国家法律、行政法规规定外，各类业务技能培训机构的设立，一律取消行政审批。实行培训机构与考试机构分离制度，逐步走向培训市场化。

4. 发挥市场配置资源的基础作用

（1）对国有土地使用权出让、国有与集体投资工程项目建设、大宗物品政府采购、国有资产转让等国有资产、公共资源的配置，采用公开招标、拍卖等市场方式，除法律、法规有明确规定外，取消行政审批。

（2）进一步培育金融、信息、技术和资本产权、知识产权、人力资源等要素市场，构筑顺畅的流通渠道和便捷的操作平台。

5. 营造开放、公平、诚信的市场环境

（1）取消保护行业垄断、阻碍商品和生产要素有序流通、造成地区封锁、市场分割的行政审批。

（2）整合对企业和中介组织的管理资源，构筑信息共享平台，建立企业、中介组织诚信信息披露制度。

（3）收回赋予企业、中介组织的行政职能；行政机关与所办经济实体、中介组织脱钩。建设工程项目招投标、重点工程项目招投标、土地拍卖、产权交易、政府采购、药品采购、机电设备进出口招投标等交易机构必须与政府管理部门脱钩，实现人员职能分离，形成有效约束机制。

（4）探索和创建市场监管新机制，专项整治和长效监管结合，加大力度打击非法经营、不正当竞争、制假造假、哄骗欺诈、欺行霸市、虚假广告、走私骗税等扰乱市场、经济秩序的行为。

6. 不断优化社会环境

（1）取消有碍公民参与合法经营活动、投资活动和社会生活的行政审批。

（2）创新机制，强化社会管理，保障人身安全和财产安全，维护社会秩序和治安环境。

（3）改善生活环境、文化环境，丰富物质、精神生活，提高人民生活质量。

（4）促进就业，提高社会保障水平，保障公民基本社会生活权利。

7. 提供优质的社会公共服务

（1）制定和完善促进经济发展，社会进步，提高人民生活的政策、规章，提高政策、规章的统一性、透明性和稳定性，建立咨询系统，提供权威、完善的政策、规章和 WTO 规则咨询服务。

（2）强化经济、社会宏观发展环境的研究和预测，提高宏观经济调控水平，及时公开发布经济、社会发展信息，准确、及时提供全方位、多层面的信息服务。

（3）及时有效地提供行政司法、仲裁服务。

（4）大力发展社会公益事业，整合社会服务资源，不断完善社会服务体系。

（5）进一步完善社会特殊群体帮扶体系，及时有效地提供救助服务。

（二）改革行政管理方式

更新行政理念，实现行政管理方法和手段的创新，使政府对投资和经营主体的市场行为从"严入宽管"转变为"宽入严管"；从"注重审批"转变为"注重服务"；从习惯于直接和微观管理转变为间接管理和宏观调控；行政指令的管理方式转变为以法律、法规为准则的法制管理方式。着重推行以下几项制度：

（1）强化"规则管理制"。行政机关要从微观管理和个案审批中解脱出来，把着力点从行政审批转为制定和发布规则、标准，通过严格执行规则、标准实现监管目的。

（2）实行"告知责任制"。对已有明确准入条件、质量标准、技术规范的事项，取消行政审批。行政机关要书面明确告知行政管理相对人从事某种行为应当符合的法定条件、履行的法定义务，依法加强事后监督；对保留的审批事项，行政机关在履行审批手续时，也要告知行政管理相对人应承担的相关义务。

（3）实行"备案监管制"。对通过实施事后监督等其他行政管理方式能够解决的事项，当事人在实施具体行为前事先向行政管理部门登记备案后即可按相关要求自主行使，行政机关依法加强日常监督检查，对违法行为依法处理并责成当事人事后救济补偿。

（4）实行"窗口服务制"。对于保留的行政审批事项，积极推广集中办公、代理、代办服务的做法，为申请人提供"一站式"服务。市经济发展服务中心和各部门的服务窗口要按照提高效率、方便群众、服务企业的宗旨，进一步完善功能、规范运作，在法定办理期限内尽可能压缩办理时限，并向社会作出郑重服务承诺。

（5）试行"网络办公制"。市经济发展服务中心和各部门的服务窗口，要发挥现有计算机系统的潜能，逐步实现信息发布、咨询服务和网络办理三个层次的服务功能，使计算机网络从单纯发布信息向政策咨询、资料下载、网络备案方向转变，条件成熟时推行"网上审批"，提高行政管理的现代化水平。

（6）推行"一事一批制"。一个行政机关只能以一个内设机构（一个"窗口"）以本机关名义统一受理行政审批事务，并答复办理结果，不得由多个内设机构对外；一个行政审批事项，一个行政部门原则上只能在一个环节实施审批；一个行政审批事项，两个以上行政部门为达到同一管理目标，根据各自职能分别进行审批的，要把行政审批程序改为行政机关之间的工作程序，即要明确主办部门和协办部门，主办部门受理申请，并转告有关部门分别提出意见后统一办理，或者组织有关部门联合办理、集中办理。

（7）实行"并联审批制"。一个行政审批事项，两个以上行政部门为达到不同管理目标，根据各自职能分别进行审批的，要改"串联审批"为"并联审批"，即要明确直接受理部门和非直接受理部门，直接受理部门负责受理，并转告非直接受理部门在规定期限内同步进行审核并出具批件，或者以会审、会签、联合踏勘等方式联办（必须按照先后顺序进行审批的事项除外），由直接受理部门负责答复。

（8）完善"政务公开制"。除涉及国家保密法规明确规定不能公开的事项外，每一审批事项的设立、调整和取消，以及审批条件、内容、时限、程序等都必须按依法公开、客观真实、方便群众、有利监督的要求，采用政府公报、政府网站、公开栏、告知单、电子触摸屏、便民手册等多种形式公开，便于公民、法人和其他组织的知情和监督。

（9）试行"重大政策公开征询制"。制定重大政策特别是重大改革事项以及房屋拆迁、医疗、养老、社会保险等直接涉及公众切身利益的事项，要广泛征询人民群众意见；政策出台后要通过媒体向社会公开发布。

（10）探索"企业身份信息一卡制"。积极创造条件试行企事业单位持"身份证"卡，从事工商经营、税务登记、技术质量标准登记、财务收支结算等行为，以减少行政成本和交易成本。

（三）规范行政审批行为

合理界定审批范围，依法实施审批，简化审批环节，减少职能交叉，避免重复审批，最大限度控制行政审批自由裁量权，使行政审批真正做到依法、简便、高效和公开、公平、公正。

1. 明确行政审批内涵

行政审批是指行政机关根据自然人、法人或者其他组织提出的申请，经依法审查，准予其从事特定活动、认可其资格资质或者确立其特定主体资格、特定身份的行为。

现有行政审批中有关行政机关对其他机关或者机关内部的外事、财务、公文、人事等审批事项；作出奖励决定、制定政策措施、确定收费标准等具有普遍约束力的抽象行政行为；经登记确认特定民事权利义务关系、特定事实的事项，不再列入行政审批范围。上述事项仍分别依照有关法律、法规和规定实施，但也要减少环节，简化程序，提高效率。

2. 界定设立审批事项的范围

（1）保留和设立行政审批必须讲求成本。凡设立行政审批后产生的综合成本（机会成本、附加成本和交易成本）超过未设立行政审批所造成损失的事项，不得设定行政审批。

（2）保留和设立行政审批应当遵循市场调节优先、社会自治优先、行政干预从缓的原则。凡通过竞争、价值规律等市场机制能够解决的事项，不设定行政审批；凡通过制定并实施强制性标准能够解决的事项，不设定行政审批；凡通过制定并执行行业标准、职业行为规范约束同业行为，奖优罚劣等自律机制可以解决的，不设定行政审批；凡可通过行政奖励、行政合同、行政指导等非行政强制手段可以解决，或可以通过备案、监督检查等非行政审批的行政强制方式可以解决的事项，不设定行政审批。

（3）可以保留和设立行政审批的主要领域为：直接关系国家安全、经济安全、公共利益以及人身健康、生命财产安全的事项；有限自然资源的开发利用、有限公共资源配置的事项；通过事后补救难以有效消除影响或者造成难以挽回重大损害的其他事项。

3. 明确设立审批事项的权限和程序

（1）除法律、行政法规、国务院有普遍约束力的决定，地方性法规、地方政府规章外，国务院部门规章以及依法不享有规章制定权的地方人民政府和其他机关制定的规范性文件一律不得设定行政审批。

（2）对同一事项，法律、行政法规、国务院有普遍约束力的决定已有规定但没有设定行政审批的，地方性法规、地方政府规章不得设定行政审批。对同一事项，地方性法规已有规定但没有设定行政审批的，地方政府规章不得设定行政审批。

（3）新增审批事项，必须为新的法律、法规、规章明确规定的，或经市政府常务会议批准的。起草法规、规章草案，设定行政审批的，应当广泛听取意见，并对设定行政审批的必要性、对经济和社会可能产生的影响、听取意见的范围及其采纳情况等向制定机关说明。

（4）市政府设定的行政审批，必须在《宁波日报》或《宁波市人民政府公报》上公布，未经公布的，不得作为行政审批依据。

4. 规范具体审批行为

（1）行政机关收到申请人提出的行政审批申请，且申请材料齐全、符合法定形式的应当予以受理，并出具书面受理凭证；申请材料不全或者不符合法定形式的，行政机关应当一次性书面告知申请人需要补正的全部内容。申请人按照书面告知内容补正后，行政机关应当予以受理。

（2）受理申请后，依法不需要对行政许可作实质性审查、核实可以当场作出决定的行政机关应当当场作出决定；需要对有关申请材料进行实质性审查、核实或实地核查的，应当在承诺期限内根据法定条件和程序进行审查、核实或核查，并作出是否准予的决定。

（3）对未采用招标、拍卖方式并且涉及申请人、利害关系人重大利益的事项；直接关系到申请人、利害关系人重大利益或者社会公共利益的重大事项，行政机关应当积极推行听证制度（申请人或者利害关系人要求组织听证的，行政机关应当组织听证），听证后再依法作出决定。

（4）对技术性和专业性比较强的审批事项，由行政机关组织专家评审委员会对其可行性进行评审论证，行政机关履行必要的审批手续。

（5）对符合法定条件且没有批准数量限制的申请，应在规定期限内予以审批；对有数量限制的事项，两个或两个以上申请人均符合法定条件的，行政机关应当按先后顺序或者采用招标、拍卖等公平竞争方式作出是否批准的决定。

（6）除法律、行政法规有明确规定外，行政机关实施行政审批，不得收取任何费用，所需经费应当列入本机关的预算，由本级财政予以保障，按照批准的预算予以核拨。

（7）行政审批部门必须就审批时间和审批行为的公正性向社会作出公开承诺，向社会承诺的内容必须履行。

（8）行政审批机关和承办人应当对审批行为和审批结果的合法性、准确性承担责任，对申办人获准事项承担事后监管责任。

（四）健全行政监督机制

通过深化行政审批制度改革，建立健全职责明确，内部监督和外部监督、自律和他律有机结合的行政审批监督体系，努力消除行政失职、行政不作为和利用审批权力寻租现象，防止权力异化，促进规范行政，廉洁行政。

1. 明确责任主体

按照深化改革方案的各项要求，明确政府部门、部门领导人、行政审批行为人的行政审批责任和批后监管责任。政府各部门必须严格按照相关法规和本方案规定的审批原则、事项、方式、程序实施审批，并定期公开和报告审批权力的行使情况；部门行政首长对本部门的审批行为负全面领导责任，分管领导对具体审批行为负直接领导责任；行政审批行为人对具体审批行为负直接责任。

2. 完善制约措施

所有审批事项都要制定严密的内部监督制约措施和规范的运作制度；对重大审批事项，要加强事前调查研究，做到充分论证，严格把关，科学决策，并对审批权进行适当分解。行政审批收费要纳入财政预算内管理，行政审批与部门利益必须彻底脱钩。要用整体权力结构的设置与运作，制约特定权力的行使；用整体利益结构的设置与运作，制约特定利益的获取。

3. 强化监督责任

要建立行政执法责任制、目标考核管理责任制，切实加强上级行政机关对下级行政机关、政府对其所属部门的层级监督和各职能部门的专项监督，并自觉接受人大、司法、社会公众和新闻媒体的监督。市行政监察部门、政府法制部门为行政审批行为监督的职能机构，负责日常监察和考核工作；政府各部门的相关机构为本部门的监督责任处室；"96178" 廉政投诉中心负责受理社会公众和申办对象投诉。

4. 落实责任追究

要结合深化行政审批制度改革，对 1999 年颁行的《宁波市行政审批责任及其追究制度》（试行），进行修改完善。对擅自设定行政审批或者对已经取消的事项仍继续审批、超越职权审批或者不按规定程序进行审批、不依法履行监督职责或者监督不力造成重大事故或者重大损失等违规、违纪、违法行为的要视情节轻重分别追究审批部门、部门领导人、行政审批行为人的责任。有关部门要切实履行监督职责，严格执行责任追究制度。

三 实施步骤和主要措施 （略）

关于进一步深化行政审批制度改革
推进行政机关内设机构审批职能整合的意见
（甬党〔2007〕19 号）

近年来，我市以行政审批制度改革和行政服务中心建设为突破口，着力转变政府职能、创新行政制度，在减少审批、规范程序、加强监管、强化服务上取得了重要的阶段性成果。但必须看到，政府行政审批效能和服务水平还有待进一步提高，深化改革的任务仍然艰巨。以推进行政机关内设机构行政审批职能整合为重点的行政审批制度改革，是创新行政管理体制，建立规范高效的审批运行机制，破解体制性障碍，提升行政服务效能的重要举措。为切实抓好此项改革，现提出如下意见。

一　指导思想和实施原则

（一）指导思想

围绕服务型政府建设的总体要求，以行政机关内设机构行政审批职能归并为核心，以行政服务中心为操作平台实施配套改革，加快推进政府职能转变和管理创新，健全行政服务体制，提高行政效能，促进公共权力依法规范运行。

（二）实施原则

合法合理原则。要以理顺内设机构职能配置，建立分工合理、权责清晰、监督有效的管理体制为前提，依照《中华人民共和国地方各级人民代表大会和地方各级人民政府组织法》和《中华人民共和国行政许可法》的相关精神实施改革。

精简效能原则。以节约行政成本、提高行政效能为宗旨，在原有内设机构、人员编制、中层领导职数限额内，调整内设机构，归并行政审批职能。

积极稳妥原则。既要全力推进、积极作为，又要实事求是、量力而行。在整体部署、统一要求的前提下，充分考虑各地、各部门的具体情况分批分步实施。

二　改革目标和主要任务

（一）改革目标

1. 建立"批管分离"体制

在行政机关内部行政审批与执法监管职能相对分离，强化日常执法监管职能，扭转和克服长期以来由于批管一体导致的"重审批轻监管"，甚至"以批代管"、"不批不管"的现象，为实现"审批简便规范、监管到位有力"提供体制条件。

2. 理顺内设机构职能配置

行政机关内设机构的行政决策、执行、监督职能界定更加清晰，内设机构间的分工明确、沟通顺畅、衔接紧密。行政审批、执法监管职能相对独立又相互制约，对行政审批的内部监督以及对被审批人的批后监督加强，行政监管效能和服务水平提高。

3. 形成高效顺畅的审批运作机制

健全联合审批高效运作机制，政府各部门间在行政审批操作平台上的协调更加通畅，涉及多部门行政审批事项的会审会办、联合踏勘程序简化，互动能力和牵头部门的协调能力增强。

4. 完善行政服务中心整体功能

市和各县（市）区政府行政审批及相关公共服务基本实现一个门进出，所属的行政部门基本实现一个窗口对外，真正做到"两集中、两到位"（即一个行政机关的审批事项向一个处室集中，行政审批处向行政服务中心集中；进驻行政服务中心的审批事项和审批权限到位）。以行政服务中心为综合平台的行政审批服务体系建立，服务功能增强。市级中心与县（市）区中心及部门分中心之间的联动工作网络形成，服务效率和服务质量提高。

（二）改革的主要任务

1. 梳理行政审批事项，调整内设机构职能配置

有行政审批职能的行政部门，都要清理、梳理本部门法定的行政审批职能和在本部门内设机构或直属单位的分布情况，按照改革原则拟定行政审批职能调整方案。事项的梳理、清理范围包括：行政许可事项、非行政许可审批事项以及与企业群众生产、生活密切相关的行政服务事项。

2. 调整相关处室，设立行政审批处

有行政审批职能的行政部门根据行政职能的多少等具体情况，在现有编制数、内设机构数、中层领导职数不增加的前提下，通过撤、并或增挂牌子等方式设置行政审批处（审批量大、涉及处室多、情况特别复杂的个别部门，允许增加一个内设机构和中层职数），代表本部门集

中办理法定的行政审批事项。

3. 行政审批处成建制移驻行政服务中心

各行政部门根据新设的行政审批处的职能情况，独立设置的，全体成员进驻中心，挂牌的要保证有足够的力量和专业骨干进驻中心。同时，行政部门尽可能向行政审批处授权，实现一个领导分管，一个窗口对外。

4. 建立相互衔接又相互制约的内部工作制度

各行政部门要按照审批和监管相对分离的要求，建立分工明确、职责清晰、沟通顺畅、衔接紧密的内部工作制度。行政审批处做好行政审批工作，相关业务处室把主要精力转到制定行政审批事项的规则、标准和批后监管上来。按流程建立审批和监管相互贯通、前后衔接的工作机制。

5. 以优化流程、提高效能、强化监督为重点实行配套改革

行政服务中心要充分发挥综合服务平台的功能，在现有基础上以优化流程、提高效能、规范运作、强化监督为重点实行配套改革，全面提升行政效能和服务质量。一要建立健全涉及多部门事项的并联审批、联合办理制度；二要抓紧建设网上行政审批暨电子监察平台，提高技术保障能力；三要完善多渠道监督机制，加强对审批权力运作过程的集中监管；四要做好场所设施的保障工作；五要建立健全市各级行政服务中心及分中心之间的互动工作机制。

三 改革范围和实施步骤

（一）改革范围

具有行政许可和非行政许可审批职能的市和县（市）区政府部门和直属单位。

（二）实施步骤

各县（市）区结合本地实际制定具体方案推进实施，明年上半年完成。

市本级各部门按照"整体部署，统一要求，分步推进"的原则，根据各行政部门已有工作基础和行政审批事项办理的实际以及业务处室设置的情况，分三批完成内设机构行政审批职能调整：

第一批，分两类情况进行（年底前完成）：

（1）通过前几年改革有职能归并基础或者行政审批事项分布在一至二个处室的部门。这些部门职能调整可根据具体情况采取"撤一建一"、"并一建一"和在综合性比较强的处室增挂行政审批处牌子等方式进行职能归并。

（2）选择情况比较复杂的一两个部门作为试点，为第二批顺利实施做准备。

第二批，行政审批事项分散在三个以上处室的部门（明年上半年前完成）。这些部门要通过职能整合，采取"撤一建一"或"并一建一"的方式建立行政审批处。

第三批，难点部门（明年年底或 2009 年上半年完成）。主要是未列入一、二批改革的少数难点部门。情况特别复杂的部门，允许增加一个内设机构和中层职数。在完成内设机构行政审批职能调整的基础上，按照"成熟一批，进驻一批"的原则，组织各行政部门的行政审批处统一进驻市行政服务中心。

市级各部门根据本意见的分批原则和自身的实际情况，确定实施的批次和时间，报审批职能归并改革办公室审定。

四　组织机构和相关职责

（一）加强组织领导

行政审批职能归并改革是政府的自我革命，难度大，涉及面广，要建立党委领导、政府主抓，纪检监察机关督促检查、相关部门密切配合的领导体制和工作机制。各级行政审批制度改革领导小组负责做好推进工作。

（二）建立工作机构

按照本次改革的特点，各级要成立由政府办牵头，发改、监察、宣传、法制、人事（编办）、行政服务中心等部门参加的行政审批职能归并改革办公室，选调素质高、能力强的中层骨干组成具体工作班子，集中力量，具体组织实施。

（三）落实改革责任

制定行政审批职能归并改革任务书，明确各行政部门的改革任务及其相关部门职责，制订具体工作计划和职责分工：

审改领导小组：审核批准由行政审批职能归并改革办公室上报的部门改革具体方案和市行政服务中心配套改革方案。

行政审批职能归并改革办公室：指导各部门对行政审批事项再作一次全面梳理，制定行政许可事项和非行政许可审批事项目录；指导部门制定职能归并改革工作方案，负责部门上报改革工作方案的审查；提出行政审批处成建制进驻行政服务中心总体方案。

相关部门：列入改革范围的各职能部门（单位），要对本部门（单位）行政许可和非行政许可审批事项进行全面梳理，在此基础上结合本部门实际，提出内设机构职能调整的工作方案和行政审批处成建制进驻行政服务中心的具体方案。同时，要全力支持、指导和推进各县（市）区对口部门的改革，不得以任何理由设置障碍。

宣传部门：组织媒体积极宣传行政职能归并改革工作的重大意义，及时报道改革动态，全面介绍我市推进这项改革的成功经验，以一定的密度和时段营造改革的舆论氛围。

监察部门：对各部门落实改革任务和工作进展进行专项执法监察，督促和推进改革任务的落实。

法制部门：对各部门内部职能调整和行政审批事项调整的合法性进行审查。

人事（编制）部门：对各部门改革方案涉及的机构编制问题进行审查，办理经改革领导小组和办公室批准同意的部门改革后新调整设立处室职能和编制的批复手续。

发改部门：根据经济社会体制改革意见指导、协调和推进改革；牵头做好投资项目办理程序的进一步规范和简化工作。

行政服务中心：对中心进驻部门和事项进行梳理，经市政府同意做好分中心的调整和撤并工作，做好部门行政审批处进驻中心的准备工作。以优化流程、提高效能、规范运作、强化监督为重点实行配套改革。

（此件发至各县市区委、人民政府，市直各单位及部省属驻甬单位）

宁波市人民政府关于深化行政审批
制度改革推进行政审批服务标准化建设的实施意见

（甬政发〔2010〕45 号）

各县（市）区人民政府，市政府各部门、各直属单位：

近年来，我市围绕转变政府职能、提高行政效能、创新管理方式的总目标持续深化行政审批制度改革，在减少审批、规范程序、加强监管、强化服务上取得了重要进展，特别是行政审批职能归并改革后，批管分离体制初步建立，行政服务中心功能大大强化，行政服务效能进一步提高。但是，行政审批领域政府内部条块隔阂，政策法规脱节，审批标准不够细化、条件互为前置等问题依然存在，在市场准入和创业环境方面，与公众需求还有较大差距。为进一步打造创业创新的便利环境，引导经济转型升级，满足人民群众日益增长的公共服务需求，市政府决定，进一步深化行政审批制度改革，推进行政审批服务标准化建设。为此，特提出如下意见。

一　指导思想和改革原则

（一）指导思想

深入实践科学发展观，按照建设服务政府、责任政府、法治政府和廉洁政府的要求，在行政审批职能归并改革的基础上，充分发挥行政服务中心综合平台的集聚优势，大力推进行政审批服务标准化和联合审批运作机制建设，为经济社会发展营造一流的创业环境，提供优质的公共服务。

（二）改革原则

服务为本。以投资创业者便利化服务为出发点，将服务的意识、理念体现在审批标准和流程的制定上，把"方便让给公众，麻烦留给政府"的宗旨落实到具体环节。

便利为要。以满足公众、企业、社会的需求为立足点，以营造办事便捷、导向清晰的投资创业环境为目标，从投资创业者角度研究制定简便规范的行政审批标准和流程。

创新为途。以改革创新作为根本手段和途径，勇于打破不符合科学发展、不符合市场规律、不利于投资创业、不利于企业转型升级的陈旧条规和传统行政习惯。

合力为重。以统筹兼顾、密切协作的精神共谋改革，站在党和政府全局的高度，打破部门之间、上下级之间以及政策法规之间的障碍，互动配合，合力推进。

二　改革目标和总体任务

（一）改革目标

行政审批服务标准化建设是一项将先进行政管理方式和标准化理念引入行政审批服务的改革。通过建立单个事项审批标准、多部门联合审批标准和联合审批运作机制，实现以下基本目标：

——行政理念进一步更新。各级政府和广大公务人员破除管理者本位思想，树立"以民为本，服务至上"的理念；破除全能型管理理念，确立规则导向的有限管理理念；打破"部门小我"意识，树立党和政府的全局意识。讲诚信、负责任、重服务成为行为规范。

——行政审批标准化程度进一步提高。每一审批事项的依据、条件更加明确，审批程序更加简便高效，审批行为更加规范。行业（市场）的许可（准入）标准进一步清晰透明，部门之间、法规之间互为前置、互相矛盾的现象逐步减少。

——投资创业环境进一步优化。为投资创业者提供更加便捷、透明、高效的行政审批服务，同时也为政府提供有效的调控手段，充分运用行政审批标准的调控性和导向性，引导投资创业，推动企业转型升级，推进经济发展方式的转变。

——联合行政审批运作机制进一步顺畅。涉及多部门审批事项的政策规定之间衔接更加紧密，互动协作更加顺畅。基本建设、企业注册登记等重点投资创业领域的联合审批运作机制更加健全，统一审批、联合审批、集中审批等制度及配套措施得到更好的落实。

——行政审批权力运行进一步规范。行政审批自由裁量权进一步压缩，信息不对称问题得到有效解决，决策、执行、监督相对分离又相互协调的批管分离体制得到巩固和深化，行政监督更加到位，公众的知情权和监督权得到切实保障。

（二）总体任务

通过分步制定不同行业、不同区域的许可（准入）标准，逐步建立一整套基于一级政府权限内的基本建设、行业准入、技术改造和外资、外商、外贸等方面行政审批的一体化标准，同时建立联合审批会审会办工作机制，实现行政审批标准一体化、环节整体化、进度同步化、过程透明化。

这一改革涉及面广，体系庞大，情况复杂，因此在改革过程中要切实坚持：

——分步推进。采取先易后难、先单后联、突出重点、试点先行的方法。即先细化各个部门单个事项的行政审批标准，再综合形成行业、领域涉及多个部门的联合审批标准体系；先选取基础较好、贴近民生的热点行业以及关系经济社会发展大局的基本建设领域作为试点，再在试点成熟的基础上加以总结推广和深化提升。

——上下联动。这一改革涉及不同职能和不同层级的政府部门，市、县（市）区政府及其相关部门要按照整体部署，统一行动，密切协作。

——行政审批的标准与运作机制同步推进。在研究制定联合审批标准的同时，应建立与之相配套的联合审批运作机制。

三　近期工作和责任分工

近期以推进投资领域审批标准化为工作重点，选取关系民生的七类热点行业作为试点，研究制定不同区域、不同功能定位的行业准入标准和流程；选择特定区域的基本建设项目为试点，研究制定基本建设项目的规划布局和环保、消防、安全以及水、电、气等方面的联合审批标准，并建立联合审批运作机制；深化完善已实施多年的工商注册前置审批告知承诺制等多部门联合审批的成功做法。具体任务为：

（一）编制单个事项的行政审批标准（5—10月份）

市和县（市）区政府职能部门要依据法律、法规、规章和实施细则以及行业规定，重点梳理每一行政审批（包括行政许可、非行政许可审批、行政服务）事项的前置条件和具体要求，在此基础上进一步细化标准和流程，详细列明对不同的投资主体、投资规模、经营面积、兼营内容等情况下的不同条件和要求，以及申办人必须履行的义务，并按照统一的要求和格式（参考样本另发）以多种途径向社会公开。

此项工作由市和县（市）区政府各行政审批职能部门负责，各级监察、法制、审管部门负责指导督促，今年10月底前完成。

（二）编制七类试点行业多部门联合审批标准和流程（6—12月份）

市本级和海曙、江东、江北三区同步推进餐饮业（中西式餐、快餐、干湿式点心）、文化娱乐业（歌舞厅、KTV、演艺场所、健身中心、酒吧等）、修理业（机动车修理、汽车美容、洗车）、金属制品加工业（铝合金、塑钢门窗、防盗窗）、再生资源回收业、宾馆业和洗浴业等七类行业的联合审批标准编制工作。

在联合审批的标准和流程研究制定过程中，要列明上述试点行业的区域规划标准、产业准入标准、城市管理标准、环保标准、消防标准、治安标准等方面内容，一次性告知行政相对人。涉及审批标准和条件互为前置或相互矛盾的，由市审管办、工商局、规划局、城管局牵头协调统筹；涉及不同区域的特殊标准和要求，由市有关部门协调本系统或由所在区审管办协调相关部门提出。

此项工作由市审管办、工商局、规划局、城管局牵头，相关责任部门参与（详见附件）。今年12月底前完成标准和流程编制并实施。其他县（市）区要参照市里做法，选择1—2个行业开展改革试点。

（三）建立健全联合审批标准及运作机制

凡依法涉及两个以上部门（单位）的行政审批事项，都要确定主办部门和协办部门，按照"一门受理、抄告相关、内部运作、限时办结"的原则，建立联合审批运作机制。

基本建设项目是联合审批标准及运作机制建设的重点。市本级选择东部新城作为试点区域。根据试点区域的发展规划和功能定位，研究制定基本建设项目的规划布局和环保、消防、安全以及水电气等方面的审批标准，并建立起审批标准一体化、环节整体化、进度同步化的基本建设项目联合审批运作机制。

此项工作由市发改委、审管办、东部新城指挥部牵头，相关部门参与（详见附件）。今年6月底前，市政府出台关于基本建设项目联合审批的实施意见。各县（市）区要参照市里做法，选择卫星城和1—2个开发园区、产业基地作为试点区域。

（四）积极推进网上审批和告知承诺制

把行政审批的标准和流程固化到网上行政审批系统，探索实施网上申报、受理和审批办理，逐步实现行政审批全过程的电子化运作。继续贯彻执行《关于扩大前置审批告知承诺实施范围完善实施程序的通知》（甬政发〔2003〕254号）精神，纳入该文件实施范围的各相关部门，要根据近年来法律、法规变化情况重新编制告知承诺书，按规定的实施程序运作。七类试点行业的联合审批标准制定完成后，应纳入工商企业注册前置审批告知承诺制的实施范围。凡已完成行政审批标准化建设，侧重于形式审查、书面审查的审批事项，应积极探索实行告知承诺制。

涉及工商企业注册前置审批告知承诺制的审批事项由市审管办、工商局牵头。网上审批和告知承诺制由各职能部门坚持成熟一项实施一项的原则推广。

四　工作要求

（一）统一思想，加强组织领导

各地各部门要以科学发展观为指导，把行政审批服务标准化建设作为新的历史阶段政府管理创新工程，服务社会和公众的民心工程，预防腐败的廉政工程和推进经济社会发展的基础工程来抓。要在市行政审批制度改革领导小组的统一领导下，周密部署，落实责任，精心组织，全力推进。市行政审批制度改革领导小组办公室要从发改、监察、审管、法制、质监、工商、规划、城管等部门中抽调骨干力量，组建专门工作机构集中办公，具体负责组织、协调、督促和指导全市的改革工作。

（二）勇于创新，高标准推进改革

市和县（市）区政府各部门要坚持把行政审批服务标准化建设作为服务政府、责任政府、法治政府和廉洁政府建设的具体行动，敢于打破陈规，勇于开拓创新，用创新的理念、创新的思路高起点、高要求、高质量地推进改革，切实把此项改革作为得民心、惠企业、推动经济社会科学发展的实事工程来做。

（三）落实责任，确保改革有序推进

各行政审批职能部门要确立改革的主体意识和责任意识，建立部门"一把手"负总责，分管领导具体抓的工作责任制，指定相关职能处室具体承担改革工作，在部门内部逐步形成决策、执行、监督相对分离又相互协调的职能分工格局。行政监察部门、政府督察机构要对各部门的改革进程进行跟踪监督；质监部门要做好对标准制定的指导和认证工作；法制部门要积极为改革提供法律支持，并对标准化体系进行合法性审查；财政部门要保障和落实改革的经费；发展研究部门要把行政审批服务标准化建设作为重要课题，引入专家学者等外部智力，为改革提供理论支持。各有关部门要从各自职能出发，研究新情况新问题，采取有效措施，指导支持改革，确保改革顺利推进。

（四）大力宣传，积极营造改革氛围

行政审批服务标准化建设是一项创新性的改革。各地各部门要积极争取国家权威部门、权威研究机构和权威专家的支持，积极拓展有利于改革创新的外部空间。宣传部门和各新闻媒体要及时跟踪了解并大力宣传改革的进展情况和成效，积极发动社会公众关注和参与改革，形成良好的改革氛围。

附件：七类行业、基本建设项目试点工作的牵头部门、参与单位（略）

二〇一〇年五月十日

主要参考文献

一　英文部分

（一）英文论文

1. Andrew G. Walder, "Organized Dependency and Cultures of Authority in Chinese Industry", *The Journal of Asian Studies*. XLII, No. 1, 1983.

2. Angela Browne and Aaron Wildvasky, *Implementation as mutual adaptation*, 1983; Tadao Miyakawa: The science of public policy, *Essential readings in policy sciences* Ⅱ, Vol. Ⅵ, policy process, Part Ⅱ, London and New York, 2000.

3. Berardo R., Scholz J. T., "Self-Organizing Policy Networks: Risk, Partner Selection, and Cooperation in Estuaries", *American Journal of Political Science*, Vol. 54, No. 3, 2010.

4. Christopoulos D. C., "The governance of networks: Heuristic or formal analysis? A reply to Rachel Parker", *Political Studies*, Vol. 56, No. 2, 2008.

5. Cortell, A. and S. Peterson, "Altered states: explaining domestic institutional change", *British Journal of Political Science*, Vol. 29, 1999.

6. Cynthia Mcclintock, "Reform Governments and Policy Implementation: Lessons from Peru", *Politics and Policy Implementation in the Third Word*, Princeton University Press.

7. Desmarais B. A., Cranmer S. J., Forecasting the locational dynamics

of transnational terrorism: a network analytic approach//Intelligence and Security Informatics Conference (EISIC), 2011 European, IEEE, 2011.

8. Dowding, K., "Model or Metaphor? Review of the Policy Network Approach", *Political Studies* (XLII), 1995.

9. Duckett J., "Political interests and the implementation of China's urban health insurance reform", *Social Policy & Administration*, Vol. 35, No. 3, 2001.

10. Edelenbos J., Klijn E. H., "Trust in Complex Decision – Making Networks A Theoretical and Empirical Exploration", *Administration & Society*, Vol. 39, No. 1, 2007.

11. Elmore, R. F., "Organizational model of social program implementation", *Public Policy*, Vol. 6, 1978.

12. Ewa Nowacka and Konrand Nowacki, "The reform of public administration and the decentralization of the state in Poland", *European Public Law*, Vol. 6, Issue 1.

13. Gains, Francesca, "Implementing privatization policies in 'next steps' agencies", *Public Administration*, Vol. 77, Issue 4, 1999.

14. Hanneke, Steve, Wenjie Fu and Eric P. Xing, "Discrete Temporal Models of Social Networks", *Electronic Journal of Statistics*, Vol. 4, 2010.

15. Hatmaker D. M., Rethemeyer R. K., "Mobile trust, enacted relationships: social capital in a state – level policy network", *International Public Management Journal*, Vol. 11, No. 4, 2008.

16. Hay, C. and D. Wincott, "Structure, agency and historical institutionalism", *Political Studies*, Vol. 46, No. 5, 1998.

17. Henry A. D., Lubell M., McCoy M., "Belief systems and social capital as drivers of policy network structure: The case of California regional planning", *Journal of Public Administration Research and Theory*, Vol. 21, No. 3, 2011.

18. Irene Fraser Rothenberg, "Administrative Decentralization and the Implementation of Housing policy in Colombia", *Politics and Policy Imple-*

mentation in the Third Word, Princeton University Press.

19. Isett, K. R., & Provan, K. G., "The Evolution of Dyadic Interor-ganizational Relationships in a Network of Publicly Funded Nonprofit Agencies", *Journal of Public Administration Research and Theory*, Vol. 15, No. 1, 2005.

20. James S. Coleman, "Social capital in the Creation of Human Capital", *The American Journal of Sociology*, Vol. 94, Supplement: Organizations and Institutions: Sociological and Economic Approaches to the Analysis of Social Structure, 1988.

21. Judge, D., B. W. Hogwood and M. McVicar, "The pond life of executive agencies: Parliament and informatory accountability", *Public Policy and Administration*, Vol. 12, No. 2, 1997.

22. Klijin, E. H. and Koppenjan, J. F. M., "Public management and policy net works: foundations of a network approach to governance", *Public Management*, Vol. 2, No. 2, 2000.

23. Lubell M., Henry A. D., McCoy M., "Collaborative institutions in an ecology of games", *American Journal of Political Science*, Vol. 54, No. 2, 2010.

24. Mark Granovetter, "Economic Action and Social Structure: The Problem of Embeddedness", *The American Journal of Sociology*, Vol. 91, No. 3, 1985.

25. Mathur N., Skelcher C., "Evaluating democratic performance: Methodologies for assessing the relationship between network governance and citizens", *Public Administration Review*, Vol. 67, No. 2, 2007.

26. McGinnis M. D., "An introduction to IAD and the language of the Ostrom workshop: A simple guide to a complex framework", *Policy Studies Journal*, Vol. 39, No. 1, 2011.

27. Mellon, E., "Executive agencies: leading change from the outside in", *Public Money and Management*, Vol. 13, No. 2, 1993.

28. Melanie, manion, "Policy implementation in the People's Republic of China: Authoritative Decisions Versus Individual Interests", *The Journal of Asian Studies*, Vol. 50, No. 2, 1991.

29. Meier, K. J., and O'Tool, L. J., Jr, "Managerial strategies and benavior in networks: A model with evidence from U. S. public education", *Journal of Public Administration Research and Theory*, Vol. 11, No. 3, 2001.

30. O'Tool, L. J., Jr, "Implementing public innovations in network setting", *Administration &Society*, Vol. 29, No. 2, 1997.

31. O'Tool, L. J., Jr, and Meier, K. J., "Modeling the impact of public management: implications of structural context", *Journal of Public Administration Research and Theory*, Vol. 4, 1999.

32. Parker R., "Networked governance or just networks? Local governance of the knowledge economy in Limerick (Ireland) and Karlskrona (Sweden) ", *Political Studies*, Vol. 55, No. 1, 2007.

33. Paul Sabatier and Daniel Mazmanian, "Implementation and Public Policy: A Framework of Analysis", *Policy Studies Journal*, Vol. 8, No. 4, 1979-1980.

34. Pierson, P., "When effect becomes cause: policy feedback and political change", *World Politics*, Vol. 45, 1993.

35. Piotrowski S. J., Zhang Y., Lin W., et al., "Key issues for implementation of Chinese open government information regulations", *Public Administration Review*, Vol. 69, No. s1, 2009.

36. Provan K. G., Kenis P., "Modes of network governance: Structure, management, and effectiveness", *Journal of Public Administration Research and Theory*, Vol. 18, No. 2, 2008.

37. Richards, D. and M. J. Smith, "How departments change: windows of opportunity and critical junctures in three departments", *Public Policy and Administration*, Vol. 12, No. 2, 1997.

38. Richards, D. and M. J. Smith, "Reconceptualizing the British state: theoretical and empirical challenges to British central government", *Public Administration*, Vol. 76, No. 1, 1998.

39. Robins, Garry, et al., "An introduction to exponential random graph models for social networks", *Social Networks*, Vol. 29, No. 2, 2007.

40. Schneider, Mark, John Scholz, Mark Lubell, Denisa Mindruta, and

Matthew Edwardsen, "Building Consensual Institutions: Networks and the National Estuary Program", *The American Journal of Political Science*, Vol. 47, 2003.

41. Scholz, John T., and Cheng-Lung Wang, "Cooptation or Transformation? Local Policy Networks and Federal Regulatory Enforcement", *The American Journal of Political Science*, Vol. 50, 2006.

42. Scholz J. T., Berardo R, Kile B., "Do networks solve collective action problems? Credibility, search, and collaboration", *Journal of Politics*, Vol. 70, No. 2, 2008.

43. Smith, M. J., D. Marsh and D. Richards, "Central government departments and the policy process", *Public Administration*, Vol. 71, No. 4, 1993.

44. Walker A., "Understanding social capital within community/government policy networks", *Social Policy Journal of New Zealand*, 2004.

（二）英文著作

45. Alfred, Chan, *Mao's Crusade: Politics and Policy Implementation in China's Great Leap Forward*, Oxford University Press, 2001.

46. Brian J. Cook, *Bureaucracy and Self-Government: Reconsidering the Role of Public Administration in American Politics*, Johns Hopkins University Press, 1996.

47. Borras, S., & Olsen, H. P., Combining Qualitative and Quantitative Methods for the Analysis of Network Governance: Promises, Problems, Payoffs and Potentials. In P. Bogason & M. Zolner (eds.), *Methods inDemocratic Network Governance*, New York: Palgrave, 2007.

48. Barnett, A. Doak., *Cadres, Bureaucracy, and Political Power in Communist China*, New York: Columbia University Press, 1967.

49. Burt R. S., *Structural Holes: The Social Structure of Competition*, Harvard University Press, 2009.

50. Dassen A. Networks, *Structure and Action: Steering in and Steering by Policy Networks*, University of Twente, 2010.

51. David M. Lampton, *Policy Implementation in Post-Mao China*,

Berkeley, California Press, 1987.

52. Evans, P., D. Rueschemeyer and T. Skocpol (eds.), *Bringing the State Back in*, Cambridge: Cambridge University Press, 1985.

53. Hus, Szue-chin Philip, *Policy Implementation under Dual Decentralization in the People's Republic of China 1979 – 1995*, the doctor degree dissertation for Denver University, 1998.

54. Kenneth Lieberthal and Michel Oksenberg, *Policy Making in China: Leaders, Structures, and Processes*, Princeton University Press, 1988.

55. Kenneth Hanf and Theo A. J. Toonen, *Policy Implementation in Federal and Unitary Systems*, The Netherlands: Erasmus university press, 1985.

56. Kevin J. O'Brien, *Reform without liberalization: China 'National People' Congress and the Politics of Institutional Change*, New York: Cambridge University Press, 1990.

57. King G., Keohane R. O., Verba S., *Designing social Inquiry: Scientific Inference in Qualitative Research*, Princeton University Press, 1994.

58. Lin, Nan, *Social Capital: A Theory of Structure and Action*, Cambridge University Press, 2001a.

59. Lee, James Zhongzi: Central-local Political Relationships in Post-mao China—A Study of Recruitment Policy Implementation in Wuhan, the doctor degree dissertation for Ohio University, 1993.

60. Luo, Jar – Der, "Guanxi Revisited—An Exploratory Study of Familiar Ties in a Chinese Workplace", *Management and Organizational Review*, Vol. 7, No. 2, 2011.

61. Lucian W. Pye, *The Sprit of Chinese Politics*, London: Harvard University Press, 1992.

62. Lych Ruth Aitchision: *Bureaucratic Reform in a Transitional Economy – the Role of Urban Chinese Health Care*, the doctor degree dissertation for Harvard University, 1997.

63. March, James and Johan P. Olsen, *Rediscovering Institutions: The Organizational Basis of Politics*, New York: Free Press, 1989.

64. Merilee S. Grindle, *Politics and Policy Implementation in the Third World*, New Jersey: Princeton University Press, 1980.

65. Michael Hill, *The Policy Process in the Modern Capitalist State*, New York: Harvester Wheatsheaf, 1993.

66. Salamon, Lester M., ed., *The Tools of Government: A Guide to the New Governance*, Oxford University Press, 2002.

67. Susan, Barrett and Colin, Fudge, *Policy and Action: Essays on the Implementation of Public Policy*, Methuen, New York Press, 1981.

68. Susan L. Shirk, *The Political Logic of Economic Reform in China*, Berkeley, University of California Press, 1993.

69. Stuart Negel, *Bureaucratic and Governmental Reform*, London, JAI Press, 1986.

70. Tadao Miyakawa, *The Science of Public Policy*, Essential readings in policy sciences Ⅱ, Vol. Ⅵ, policy process, part Ⅱ, London and New York, 2000.

二　中文部分

（一）学术论文

71. 张丙宣：《海外中国地方政府行为研究的几个视角》,《上海行政学院学报》2013 年第 14 卷第 1 期。

72. 朱新力、石肖雪：《程序理性视角下的行政审批制度改革》,《中国行政管理》2013 年第 5 期。

73. 严俊：《博弈分析政治学研究探要》,《社会科学研究》2013 年第 4 期。

74. 夏行：《行政审批标准化建设的宁波探索》,《宁波通讯》2013 年第 11 期。

75. 陈新：《宁波市行政审批标准化建设的探索与实践》,《行政法学研究》2013 年第 2 期。

76. 夏行、段美玉：《行政审批的"宁波标准"》,《今日浙江》2013

年第 6 期。

77. 章平、刘婧婷：《公共决策过程中的社会意见表达与政策协商》，《政治学研究》2013 年第 3 卷。

78. 陈水生：《动机、资源与策略：政策过程中利益集团的行动逻辑》，《南京社会科学》2012 年第 5 卷。

79. 周雪光：《运动型治理机制：中国国家治理的制度逻辑再思考》，《开放时代》2012 年第 9 卷。

80. 周雪光：《权威体制与有效治理：当代中国国家治理的制度逻辑》，《开放时代》2011 年第 10 卷。

81. 贺东航、孔繁斌：《公共政策执行的中国经验》，《中国社会科学》2011 年第 5 卷。

82. 李斌：《政治动员与社会革命背景下的现代国家构建——基于中国经验的研究》，《浙江社会科学》2010 年第 4 期。

83. 余明桂、回雅甫、潘红波：《政治联系，寻租与地方政府财政补贴有效性》，《经济研究》2010 年第 45 卷第 3 期。

84. 丁煌、定明捷：《国外政策执行理论前沿评述》，《公共行政评论》2010 年第 1 卷。

85. 韩志明：《行动者的策略及其影响要素》，《公共管理学报》2010 年第 4 期。

86. 朱春奎、沈萍：《行动者，资源与行动策略：怒江水电开发的政策网络分析》，《公共行政评论》2010 年第 3 卷第 4 期。

87. 吴帅：《"省管县"改革的维度与进度：基于政策文本的分析》，《北京行政学院学报》2010 年第 6 期。

88. 郑杭生：《改革开放三十年：社会发展理论和社会转型理论》，《中国社会科学》2009 年第 2 期。

89. 郭巍青、涂锋：《重新建构政策过程：基于政策网络的视角》，《中山大学学报（社会科学版）》2009 年第 49 卷第 3 期。

90. 陈天祥：《大部门制：政府机构改革的新思路》，《学术研究》2008 年第 2 卷第 3 期。

91. 邱展谦、洪晨桓、祝道松等：《知觉关系量表之发展》，《管理评论》2007 年第 26 卷第 1 期。

92. 胡伟、石凯：《理解公共政策："政策网络"的途径》，《上海交通大学学报（哲学社会科学版）》2006 年第 14 卷第 4 期。

93. 周雪光：《逆向软预算约束：一个政府行为的组织分析》，《中国社会科学》2005 年第 2 期。

94. 邱红艳：《超越"结构—行为体"的二元分析——1980—1999 年天津市政府投资政策及实践分析》，《华中师范大学学报》2005 年第 1 期。

95. 龚虹波：《政府组织内的制度变迁——对宁波市行政审批制度改革案例的解释》，《华中师范大学学报》2005 年第 1 期。

96. 毛寿龙：《西方公共政策的理论发展之及其对本土化研究的启示》，《江苏社会科学》2004 年第 1 期。

97. 徐湘林：《从政治发展理论到政策过程理论——中国政治改革研究的中层理论建构探讨》，《中国社会科学》2004 年第 3 期。

98. 徐湘林：《党管干部体制下的基层民主试改革》，《浙江学刊》2004 年第 1 期。

99. ［美］保罗·A. 萨巴蒂尔、汉克·C. 简金斯-史密斯：《支持联盟框架：一项评价政策过程理论》，生活·读书·新知三联书店 2004 年版。

100. 边燕杰、刘翠霞、林聚任：《中国城市中的关系资本与饮食社交：理论模型与经验分析》，《开放时代》2004 年第 2 卷第 4 期。

101. 杨光斌：《制度范式：一种研究中国政治变迁的途径》，《中国人民大学学报》2003 年第 3 期。

102. 仝志辉：《政治体制"形式化"改革的生成逻辑——湖北晓镇"海推直选"个案研究》，《战略与管理》2003 年第 6 期。

103. 王俊拴：《当代中国政治体系权威性建构的基本特色》，《政治学研究》2002 年第 2 期。

104. 扬鹏：《产业政策在中国的境遇———一位基层官员的实践体会》，《战略与管理》2001 年第 2 期。

105. 徐湘林：《以政治稳定为基础的中国渐进政治改革》，《战略管理》2000 年第 5 期。

106. 谢庆奎：《中国政府的府际关系研究》，《北京大学学报》2000

年第 1 期。

107. ［美］盖·彼特斯：《政府管理与公共服务的新思维》，《国家行政学院国际合作交流部》，载《西方国家行政改革述评》，国家行政学院出版社 1998 年版。

108. ［美］帕特里夏·英格拉姆：《公共管理体制改革的模式》，载国家行政学院国际合作交流部《西方国家行政改革述评》，国家行政学院出版社 1998 年版。

109. 丁煌：《传统的人情面子观念及其对政策执行的影响》，《行政与法》1997 年第 3 期。

110. 金耀基：《关系和网络的建构———一个社会学的诠释》，《二十一世纪》（香港）1992 年 8 月号。

111. 林南：《社会资源和社会流动———一种地位获得的结构理论》，载南开大学社会学系编《社会学论文集》，云南人民出版社 1989 年版。

（二）学术著作

112. 曹堂哲：《公共行政执行的中层理论———政府执行力研究》，光明日报出版社 2012 年版。

113. ［英］希尔、［荷］休普：《执行公共政策》，黄健荣等译，商务印书馆 2011 年版。

114. 姚华、耿敬：《政策执行与行动者的策略———2003 年上海市居委会直接选举的个案研究》，北京大学出版社 2010 年版。

115. 谢炜：《中国公共政策执行中的利益关系研究》，学林出版社 2009 年版。

116. 李允杰、丘昌泰：《政策执行与评估》，北京大学出版社 2008 年版。

117. 莫勇波：《公共政策执行中的政府执行力问题研究》，中国社会科学出版社 2007 年版。

118. 丁茂战：《我国政府行政审批治理制度改革研究》，中国经济出版社 2006 年版。

119. 翟学伟：《人情、面子与权力的再生产》，北京大学出版社 2005 年版。

120. 周玉：《干部职业地位获得的社会资本分析》，社会科学文献出版社 2005 年版。

121. 李传峰：《政府组织行为学》，中国人民大学出版社 2005 年版。

122. ［美］杜鲁门：《政治过程——政治利益与公共舆论》，天津人民出版社 2005 年版。

123. ［韩］吴锡泓、金荣枰编：《政策学的主要理论》，金东日译，复旦大学出版社 2005 年版。

124. 金太军、钱再见、张方华等：《公共政策执行的梗阻及消解》，广东人民出版社 2005 年版。

125. ［美］戴维·毕瑟姆：《官僚制》，韩志明、张毅译，吉林人民出版社 2005 年版。

126. ［英］米切尔·黑尧：《现代国家的政策过程》，赵成根译，中国青年出版社 2004 年版。

127. 翟学伟：《中国社会中的日常权威——关系与权力的历史社会学研究》，社会科学文献出版社 2004 年版。

128. 黄光国、胡先缙：《面子——中国人的权力游戏》，中国人民大学出版社 2004 年版。

129. ［美］保罗·A. 萨巴蒂尔编：《政策过程理论》，彭宗超等译，上海三联书店 2004 年版。

130. 徐湘林：《渐进政治改革中的政党、政府与社会》，中信出版社 2004 年版。

131. 李景鹏：《中国政治发展的理论研究纲要》，黑龙江人民出版社 2003 年版。

132. 刘熙瑞：《公共管理中的决策与执行》，中共中央党校出版社 2003 年版。

133. ［英］迈克尔·希尔：《理解社会政策》，刘华升译，商务印书馆 2003 年版。

134. ［美］詹姆斯·R. 汤森：《中国政治》，江苏人民出版社 2003 年版。

135. 陈红太：《当代中国政府体系与政治研究法》，经济日报出版社 2002 年版。

136. 朱光磊：《当代中国政府过程》，天津人民出版社 2002 年修订版。

137. 丁煌：《政策执行阻滞机制及其防治对策——一项基于行为和制度的分析》，人民出版社 2002 年版。

138. ［美］詹姆斯·W. 费斯勒：《行政过程中的政治——公共行政学新论》，中国人民大学出版社 2002 年版。

139. 荣敬本等：《从压力型体制向民主合作体制的转变——县乡两级政治体制改革的比较研究》，中央编译出版社 2001 年版。

140. ［美］丹尼斯·朗：《权力论》，中国社会科学出版社 2001 年版。

141. 夏海：《中国政府架构》，清华大学出版社 2001 年版。

142. ［美］威廉·F. 韦斯特：《控制官僚——制度制约的理论与实践》，重庆出版社 2001 年版。

143. ［美］拉雷·N. 格斯顿：《公共政策的制定——程序和原理》，重庆出版社 2001 年版。

144. ［英］F. A. 哈耶克：《立法、法律与自由》（第一卷），邓正来等译，中国大百科全书出版社 2000 年版。

145. 毛寿龙：《有限政府的经济分析》，上海三联书店 2000 年版。

146. 胡鞍钢、王绍光：《政府与市场》，中国计划出版社 2000 年版。

147. ［美］埃莉诺·奥斯特罗姆：《公共事物的治理之道》，上海三联书店 2000 年版。

148. 傅小随：《中国行政体制改革的制度分析》，国家行政学院出版社 1999 年版。

149. 何明、万浩波：《权力的运作——行政执行例话》，江西人民出版社 1999 年版。

150. 张曙光：《中国制度变迁的案例研究》（第二集），中国财政经济出版社 1999 年版。

151. ［美］文森特·奥斯特罗姆：《美国公共行政的思想危机》，上海三联书店 1999 年版。

152. 康晓光：《权力的转移——转型时期中国权力格局的变迁》，浙江人民出版社 1999 年版。

153. 胡伟：《政府过程》，浙江人民出版社 1998 年版。

154. 林尚立：《国内政府间关系》，浙江人民出版社 1998 年版。

155. ［美］李侃如：《治理中国》，杨淑娟译，"国立"编译馆 1998 年版。

156. 毛寿龙、李梅、陈幽泓：《西方政府的治道变革》，中国人民大学出版社 1998 年版。

157. 汪玉凯：《中国行政体制改革二十年》，中州古籍出版社 1998 年版。

158. 谢庆奎：《中国政府体制分析》，中国广播电视出版社 1998 年版。

159. 谢庆奎：《中国地方政府体制概论》，中国广播电视出版社 1998 年版。

160. ［英］伯特兰·罗素：《权力论》，商务印书馆 1998 年版。

161. 张静：《国家与社会》，浙江人民出版社 1998 年版。

162. 张曙光：《中国制度变迁的案例研究》（第一集），上海人民出版社 1996 年版。

163. 周志忍：《当代国外行政改革比较研究》，国家行政学院出版社 1996 年版。

164. ［美］查尔斯·林德布洛姆：《政治与市场：世界的政治——经济制度》，上海三联书店 1996 年版。

165. 曼瑟尔·奥尔森：《集体行动的逻辑》，上海三联书店 1996 年版。

166. ［美］戴维·奥斯本、特德·盖布勒：《改革政府——企业精神如何改革着公营部门》，上海市政协编译组、东方编译所编译，上海译文出版社 1996 年版。

167. ［美］詹姆斯·威尔逊：《美国官僚政治：政府机构的行为及其原因》，中国社会科学出版社 1995 年版。

168. 张成福：《大变革：中国行政改革的目标与行为选择》，改革出版社 1993 年版。

169. ［美］史蒂文·凯尔曼：《制定公共政策》，商务印书馆 1990 年版。

170. ［美］罗伯特·达尔：《现代政治分析》，上海译文出版社

1987 年版。

171. ［美］约翰·肯尼思·加尔布雷思:《权力的分析》,陶远华、苏世军译,河北人民出版社 1988 年版。

172. ［美］格尔哈斯·伦斯基:《权力与特权:社会分层的理论》,关信平、陈宗显、谢晋宇译,浙江人民出版社 1988 年版。

173. ［美］塞缪尔·P. 亨廷顿:《变化社会中的政治秩序》,上海三联书店 1989 年版。

三 宁波市行政审批制度改革的重要资料

第一类:出台的审改政策、法规及通知

1. 宁波市审批制度改革实施意见,《宁波市审批制度改革实录》,1999 年 10 月。

2.《宁波市审批制度改革若干规定》,1999 年 12 月 14 日。

3.《宁波市审批制度改革第二阶段工作要点》,1999 年 11 月。

4.《宁波市委办公厅、市政府办公厅关于积极推进县(市)区审批制度改革的通知》,1999 年 11 月。

5.《市政府各部门和直属单位保留和取消的审批、核准、备案事项目录》,1999 年 12 月 14 日。

6.《宁波市深化行政审批制度改革实施方案》(送审稿 1)。

7.《宁波市深化行政审批制度改革实施方案》(送审稿 2)。

8.《宁波市深化行政审批制度改革实施方案》(征求意见稿)。

9.《宁波市深化行政审批制度改革实施意见》,甬党〔2002〕12 号。

10.《宁波市行政审批暂行规定+重复、交叉行政审批事项处置办法+保留、取消、不列入行政审批事项目录》(送审稿)。

11.《宁波市行政审批暂行规定+重复、交叉行政审批事项处置办法+清理后行政审批事项目录》(征求意见稿)。

12.《宁波市行政审批暂行规定+重复、交叉行政审批事项处置办法》,宁波市人民政府令 1994 年 105 号。

13.《关于规范转为政府日常工作事项和备案事项操作程序的意见》

（送审稿）。

14.《关于规范转为政府日常工作事项和备案事项操作程序的意见》（征求稿）。

15.《关于规范转为政府日常工作事项和备案事项操作程序的意见》（附事项目录）。

16.《关于集中力量做好深化行政审批制度改革下阶段几项重点工作的通知》。

17.《市委办公厅、市政府办公厅关于扩大县（市）区经济管理权限的通知》。

18.《转发省政府办公厅关于印发浙江省行政服务中心管理办法（试行）的通知》。

19.《浙江省人民政府办公厅关于印发省行政服务中心管理办法（试行）的通知》。

20.《中共宁波市委、宁波市政府关于进一步加强市经济发展服务中心建设的通知》。

21.《中共宁波市委、宁波市人民政府批转市政务公开暨行政审批制度改革领导小组〈关于进一步深化行政审批制度改革的实施意见〉的通知》，甬党〔2004〕11号。

22.《关于印发宁波市实施行政许可法工作方案的通知》。

23.《转发市监察局、市审改办关于宁波市深化行政审批制度改革效能监察工作实施方案的通知》。

24.《关于贯彻落实三轮审改有关工作的通知》，象民服，2006年1月16日。

25.《关于印发象山县基本建设投资项目联合审批操作细则（试行）的通知》，象政服，2006年1月16日。

26.《关于表彰2005年度办证大厅优胜服务窗口和优质服务标兵的通报》，甬经管，2006年1月12日。

27.《关于进一步深化行政审批制度改革　推进行政机关内设机构审批职能整合的意见》，甬党〔2007〕18号。

28.《关于印发宁波市推进行政机关内设机构审批职能整合主要任务与责任分工的通知》，甬归并办发〔2008〕1号。

29.《关于对县（市）、区 2008 年度行政审批服务和公共资源交易工作实行目标管理考核的通知》，甬审管办〔2008〕8 号。

30.《关于印发 2008 年宁波市行政服务中心行政审批大厅考核办法的通知》，甬审管办〔2008〕13 号。

31.《关于贯彻落实浙江省人民政府办公厅深入推进行政审批制度改革意见的通知》，甬政办发〔2009〕217 号。

32.《关于印发宁波国家高新区推进行政审批制度改革实施方案的通知》，甬高新〔2009〕66 号。

33.《关于印发宁波市建立基本建设项目联合办理机制实施意见的通知》，甬政发〔2010〕84 号。

34.《宁波市人民政府关于深化行政审批制度改革推进行政审批服务标准化建设的实施意见》，甬政发〔2010〕45 号。

35.《宁波市人民政府关于印发宁波市行政审批服务管理暂行办法的通知》，甬政发〔2010〕39 号。

36.《宁波市人民政府印发关于简化优化基本建设项目办理环节和流程的实施办法（试行）的通知》，甬政发〔2012〕89 号。

37.《宁波市地方标准批准发布公告》，2011 年第 5 号。

38.《关于加大力度探索特定区域和项目审批标准及运行机制的指导意见》，甬推进办〔2012〕1 号。

39.《宁波市人民政府关于深化行政审批制度改革的实施意见》，甬政发〔2013〕88 号。

第二类：内部运作情况

40.《黄兴国书记在全市审批制度改革动员大会上的讲话》，1999 年 8 月 20 日。

41.《张蔚文市长在全市审批制度改革动员大会上的讲话》，1999 年 8 月 20 日。

42.《黄兴国书记在市审批制度改革领导小组办公室检查工作时的讲话》，1999 年 9 月 1 日。

43.《张蔚文市长在市审批制度改革领导小组第二次会议上的讲话》，1999 年 9 月 8 日。

44.《黄兴国书记在市审批制度改革领导小组办公室检查工作时的讲话》，1999 年 10 月 18 日。

45.《张蔚文市长在市审批制度改革领导小组第五次会议上的讲话》，1999 年 12 月 24 日。

46.《宁波市房地产开发项目等七项审批制度改革方案》，1999 年。

47.《关于印发宁波市经济发展服务中心办证大厅运作方案的通知》，2001 年 9 月 2 日。

48.《宁波市经济发展服务中心建设和运作情况》，2001 年 11 月 18 日。

49.《宁波市劳动和社会保障局保留备案事项登记表修改稿 11 份》，2002 年 12 月 12 日。

50.《宁波市贸易局保留备案事项登记表修改稿 13 份》，2002 年 12 月 3 日。

51.《宁波市水利局保留备案事项登记表修改稿 16 份》，2002 年 12 月 10 日。

52. 邱士金：《关于深化行政审批制度改革实施方案有关问题的说明》，2002 年 9 月 3 日。

53.《审改办和部门意见差异事项对照表》，2002 年 9 月 3 日。

54.《宁波市政协提案 3 份》，2002 年 2 月。

55. 审改办编《情况反映》、《宁波市行政审批工作情况》2002—2013 年。

56.《金德水市长在全市深化行政审批制度改革动员大会上的讲话》，2002 年 10 月 25 日。

57.《宁波市政府各部门和直属单位行政审批事项及运作规范 45 个部门》，2003 年。

58.《市领导与地区各中心主任对行政服务中心的认识和地区各行政服务中心的实践简介》，2004 年 4 月。

59.《宁波市经济发展服务中心管委会汇报提纲》，2004 年。

60.《毛光烈同志在全国依法行政工作电视电话会议宁波分会场上的讲话电子版文件》，2004 年。

61. 宁波市经济发展服务中心大厅服务对象评议表一份。

62. 各类办证手续指南 7 份。

63.《宁波市经济发展服务中心管理委员会职能配置、内设机构和人员编制规定》。

64.《关于进一步加强我市招投标管理的工作措施，宁波市招投标工作管委会办公室》，2006 年 1 月 16 日。

65.《市委副书记唐一军在市经济发展服务中心 2005 年度总结表彰会上的讲话》，2006 年 1 月 16 日。

66.《行政审批职能归并改革》，宁波市审改办，2008 年 4—8 月（共 10 期）。

67.《全市行政服务中心运作情况调查表》，2009 年 1 月 20 日。

68. 2009 年全市行政审批事项目录。

69.《王勇同志在全市推进行政审批职能归并改革和公共资源市场化配置工作会议上的讲话提纲》，2009 年 8 月 2 日。

70.《公安局三个突出确保进驻中心审批事项实现"批管分离"》，2010 年 10 月 4 日。

71.《象山县召开石浦镇行政审批扩权工作会议》，2010 年 5 月 24 日。

72.《行政审批事项办理指南编写规则》，2011 年 8 月 15 日。

73.《行政审批事项办理指南编写规则》地方标准编制说明，2011 年 8 月 17 日。

74.《宁波市行政审批各局的审批的事项数目统计表》，2011 年 10 月第 1 期。

75.《宁波市行政审批服务标准化体系框架，宁波市行政审批标准化建设技术委员会》，2012 年 9 月。

第三类：机构设置和监督机制

76.《宁波市委办公厅、市政府办公厅关于建立审批制度改革领导小组的通知》，1999 年 7 月 9 日。

77.《宁波市审批制度改革领导小组办公室工作职责、职责分工、工作规则》，1999 年 7 月 9 日。

78.《宁波市纪委、市监察局关于严明纪律保证我市审批制度改革顺利进行的通知》，1999 年 8 月 25 日。

79.《宁波市行政审批责任及其追究制度》，1999 年。

80.《王卓辉在深化行政审批制度改革民主监督动员大会上的讲话》，2002 年 5 月 28 日。

81. 宁波市深化行政审批制度改革工作目标考核办法。

82. 被考核单位工作责任分解表。

83. 非被考核单位工作责任分解表。

84. 关于对《宁波市××局行政审批职能归并改革实施方案》的批复，甬审改〔2008〕（1—34）号。

85.《1999—2013 年宁波市行政审批制度改革介绍、工作汇报及工作总结》。

第四类：新闻报道

86.《新闻媒体市政府、消息、通讯选录》，1999 年 7 月—2013 年 10 月。

87.《有关媒体对宁波市深化行政审批制度改革的报导》，1999—2013 年。

第五类：其他层级政府行政审批制度改革的材料

88.《深圳市深化行政体制改革试点方案实施意见》，2004 年。

89.《关于行政审批制度改革工作的实施意见》，国发〔2001〕33 号。

90.《国务院关于取消第一批行政审批项目的决定》，国发〔2002〕24 号。

91.《国务院关于取消第二批行政审批项目和改变一批行政审批项目管理方式的决定》，国发〔2003〕5 号。

92.《中华人民共和国行政许可法》，2004 年 7 月 1 日。

93.《国务院关于第六批取消和调整行政审批项目的决定》，国发〔2012〕52 号。

94.《浙江省行政审批服务管理办法》，浙政办发〔2010〕138 号。

95.《中共中央办公厅、国务院办公厅印发关于深化政务公开加强政务服务的意见》，中办发〔2011〕22 号。

96.《中共顺德区委、顺德区人民政府关于全面深化行政审批制度改革的工作意见》，顺发〔2011〕17 号。

97.《关于印发顺德区全面深化行政审批制度改革实施方案的通知》，顺办发〔2011〕34 号。

98.《印发顺德区政府职能向社会转移暂行办法的通知》，顺办发〔2012〕35 号。

99.《关于印发浙江省深化行政审批改革实施方案和浙江省政府投资项目省级联合审批实施办法（试行）的通知》，浙政发〔2013〕19 号。

第六类：其他

100. 访谈记录 28 份。

101. 调研问卷 107 份。

102.《行政审批制度改革的宁波实践、行政审批标准化建设研讨会》，宁波市人民政府、浙江大学，2012 年 10 月 28 日。

103. 宁波市行政审批制度改革办公室（宁波市经济发展服务中心）的审改运作资料，1999—2012 年。（电子版）